SVPERBIA ·

SVPERBIA ·

圖 1　以撒克 · 范 · 歐斯達德，〈教堂前的鄉村市集〉（局部），1643。

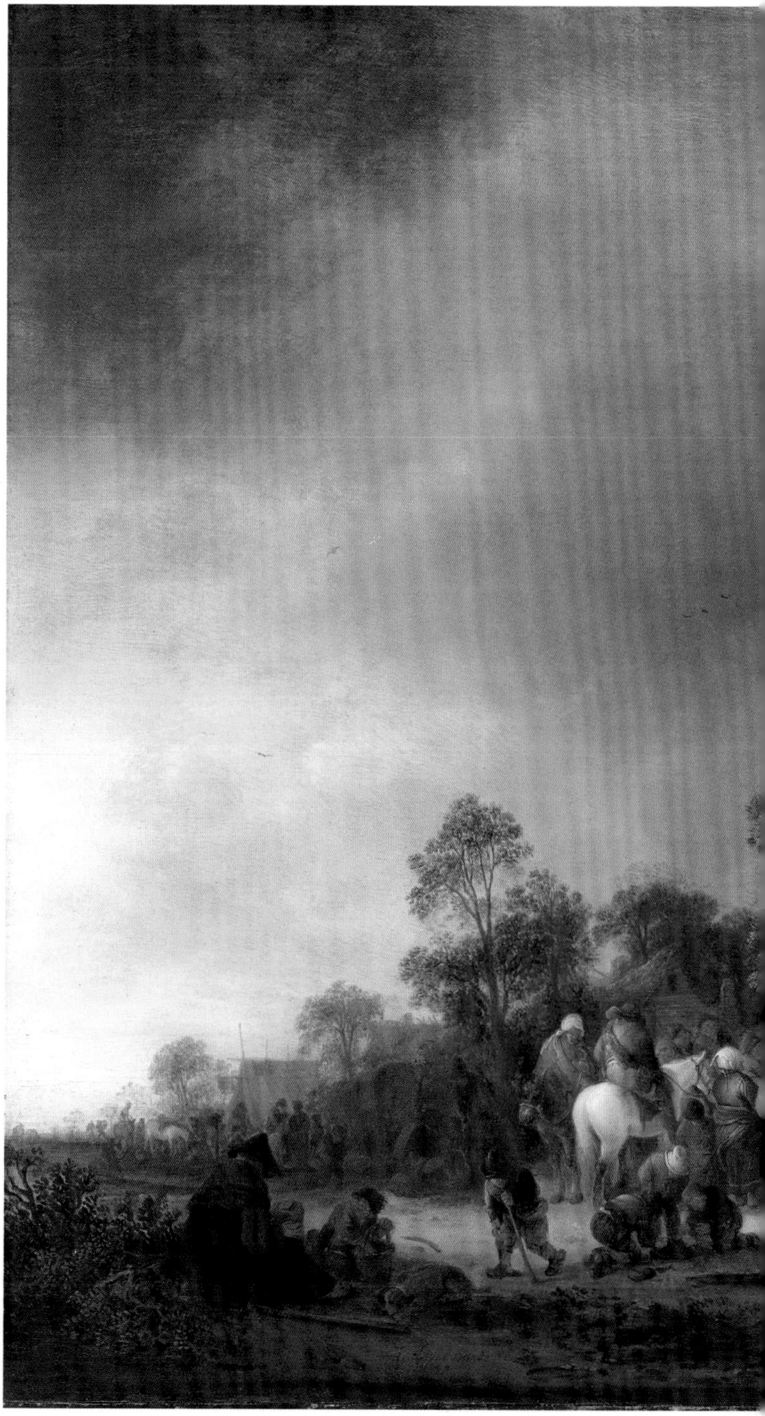

圖2　以撒克・范・歐斯達德，〈教堂前的鄉村市集〉，1643。

在畫面右側（圖1）有個人正在排便，表現出了農民的動物性。一隻喜歡人類糞便的狗興致勃勃地看著（參見90頁）。

圖3　以撒克·范·歐斯達德，〈農民在農家前宰殺一隻豬〉，1641。

這幅畫也表現了同樣的寓意：農民是以人類糞便餵養宰殺的豬，這糞便即是來自畫面左側蹲著排泄的人。這個人物曾因這幅畫受到審查而被塗抹掉，在修復後才恢復了原有的樣貌。

H. Cock excu. 1562

圖4　皮耶·布勒哲爾，又稱老布勒哲爾（約1525-1569），〈猴子搶劫縫紉用品流動攤商〉，1562。

這幅畫表現了文藝復興時期藝術家、醫生共有的想法：人類的糞便比動物的糞便來得臭（參見77頁）。

圖 5　五種感官感受，列為第一的感官感受是嗅覺。

圖 6　荷蘭畫家克里斯平・范・德・帕斯（約 1564-1637）的版畫。

一位時髦的仕女左手持花，懷裡抱著一隻狗。在她右邊有一位紳士捏著鼻子鄙夷地看著她：沒有什麼比女人更臭的。

圖 7　楊・彼得斯容・珊列丹（1565-1607）的版畫，仿亨德里克・霍爾奇尼斯（1558-1617），〈味道〉，1595。

一隻狗把鼻子擱在仕女的腰際，暗示了她身上有天然的難聞氣味，即使她捧著鮮花，花香味還是遮掩不斷她身上的臭味。有不少畫表現了類似的主題，譬如圖 10。

圖 8 〈五官感受的寓意〉，一般認為是安傑洛．卡塞羅利（1585-1652）的作品，油畫。

香水瓶指出了畫中的女子是聖經裡的人物抹大拉的馬利亞，她是巴黎香氛手套商的主保聖人（參 242），她也象徵了罪人，身上滿是味道，還讚賞自己在鏡中的影像。

圖 9 （上圖）嗅覺（1625-1627）。

圖 10 （下圖）嗅覺。〈天使獻花給女士〉（約 1662-1663）。耶雷米斯 · 法勒克（1609 或 1610-1677）的版畫。

圖 11　嗅覺。作者不詳，複製亞伯拉罕・博斯（1602 或 1604-1676）著名的版畫（左右顛倒），約製於 1638 年。

仕女手上拿的菸斗，裡面的菸草有麝香、麝貓香，和龍涎香調味（參見 147 頁）。

I. Falck fecit
L'ODORAT. 3
MARS. 3.
Toutes choses ſont en leur ſeve
Tandis que les Gemeaux conſtans,
Viennent renouueler la terre
De l'Hyuer auec le Printemps.
A ce mois l'odorante Flore
Se plaiſt à ſhumecter des pleurs.
Qu'icy bas l'amoureuse Aurore
Repend ſur l'eſsence des fleurs.
A ce mois le Dieu de la Thrace
Met en campagne ſes Guerriers;
Et Diane mene à la chaſse,
Ses chiens courans et ſes limiers.
le Blond excud auec Priuilege du Roy.

圖 12　月令圖—嗅覺—三月。耶雷米斯・法勒克（1609 或 1610-1677）。

圖中的仕女不只是有花香味。她身上強烈的動物性氣味，以及袒露的胸部都在引誘人犯下肉慾之罪。畫面右上角的一隻公山羊顯示了誘人犯罪的魔鬼在春天布下網羅。

圖 13　在羅馬的鼠疫醫生的服裝。保羅．福爾斯特的版畫（1656）。

鼠疫醫生的服裝完全隔絕了與外在空氣的接觸，在面具前端似鳥喙的地方還放著具有預防、保護作用的氣味物質，這種服裝是眾多氣味胸甲的一種。不論富人或窮人要保護自己不受魔鬼散發的有毒惡臭氣體的侵擾，都必備這樣的氣味胸甲。

圖 14　嗅覺（1700）。

圖 15　嗅覺（約 1695-1696）。一名仕女躺在長椅上聞著花香。羅勃・伯納爾（1652-1733）的版畫。

圖 16　居斯貝・馬利亞・克斯比（1665-1747，外號西班牙人），〈拿著花、抱著貓的仕女〉（1700-1710），油畫。

在十七世紀末，對香氛的喜好悄悄地起了革命，麝香、麝貓香和龍涎香漸漸喪失了主導地位。花香味在嗅覺上漸形重要，並體現為女人的香味（根據現代科學的研究，女人比男人對香味更加敏感）（第七章）。

狗在畫面裡消失（圖 14、15）表示了動物性的香氛受到排斥，也表示了不再把女人看做是天生難聞的。並把花香視為一種誘惑愛情的力量，即使它所挑起的愛情如玫瑰般多刺。

圖 17　可放四瓶香水和一個漏斗的香水匣，十七世紀末（象牙、黃金、鑽石，和絲綢；7.5×6.4×4.1 公分）。

在十八世紀時，花香味香水隨著貴重香水瓶的製作而有進一步的發展。香水裝在香水瓶裡可以避免在氣味上騷擾不喜歡它味道的人（參見 298 頁）。

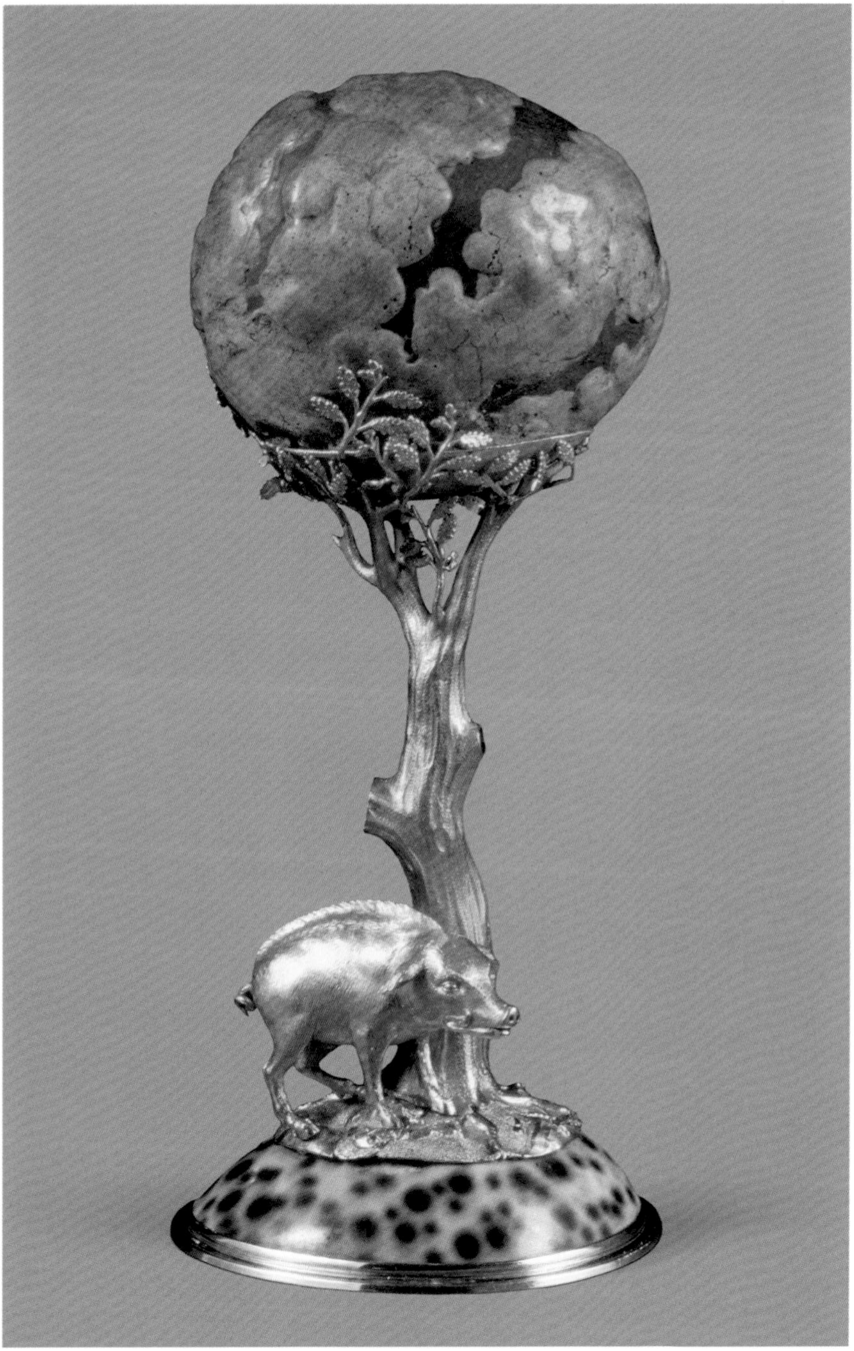

圖 18　架在一棵橡樹上的東方馬糞石，樹底下還有一隻豬，約 1700 年（黃金、貝殼；17.8 公分）。

來自反芻動物胃裡的馬糞石很貴重，價格高昂，因為醫生認為它能預防鼠疫（參見 214 頁）。

圖 19　伊莉莎白・維傑・勒布倫（1755-1842），〈瑪麗－安東妮穿著白紗裝的肖像〉，油畫，1783。

女性之美都集中表現在臉龐上，仔細保養的臉龐抹上了香脂，雙頰還點上紅暈，其次，除臉部外，唯一裸露出來的脖子、前臂也撲上同樣成分的白粉，身上並帶著十八世紀的花香、果香味。這即成了宮廷中、都會裡的典範。女人把自己妝點成兩頰紅紅的瓷娃娃，永遠維持年輕的形象。王后的雙手在畫家筆下尤具表現力，掩飾了她手上初顯的老化跡象。

圖 20：伊莉莎白．維傑．勒布倫（1755-1842），〈瑪麗－安東妮和她的子女〉，油畫，1787。

宮廷中不只要求女人要有白嫩的臉龐，雙頰點紅暈，也要求各個年紀的兒童都要如此。皮膚黧黑被看做是粗野的，一律受到排斥。

圖 21　伊莉莎白・維傑・勒布倫（1755-1842），〈查爾・亞歷山大・德・卡隆恩肖像〉，油畫，1784。

男人也要撲粉，一如這幅肖像畫所顯示的，聲譽正隆的法國財政總監卡隆恩也是盛裝打扮。他頂著一頭華麗的假髮，撲上了白粉，白粉還灑在肩膀，沾了衣服。畫家可能是調皮地用這種方式來暗示這位財政總監使用附著力不佳的便宜粉末？（參見 294 頁）

圖 22　尚－巴蒂斯特・皮耶・勒布倫（1748-1813），自畫像，油畫，1795。畫家本身是女畫家維傑・勒布倫的前夫，他在畫中將自己表現為顯要人物。當時他身為羅浮宮博物館的專員。法國大革命並沒有讓假髮退了流行（參見 304 頁）。在十九世紀的資產階級眼中，假髮反而成為恥辱時代的象徵。

圖 23　作者不詳，《香氛商的衣裝》，約 1700 年。

1695 年發表在一冊名為「奇裝異服（？）」選集（巴黎，尼古拉．德．拉爾梅桑）中，版畫，後來這幅版畫在印刷時左右顛倒，而且上了色（此處放的是還沒上色的圖且沒被翻轉的版本）。圖片顯示了巴黎香氛商的重要性，並呈現他們各式各樣的產品。

La Civilisation des ODEURS

氣味文明史

從惡魔的呼吸到愉悅的香氣，
一段文藝復興起始的人類嗅覺開發史

Robert Muchembled
羅勃・穆尚布萊

法文翻譯名家
邱瑞鑾——譯

獻給雅好法國香水的珍娜

好評推薦

嗅覺被稱作最不易受大腦理性分析影響的感官，可謂是最直覺衝擊人體的感受。為呈現這種深度影響人類的感覺，英國《衛報》（*The Guardian*）曾在二〇二〇年報導英國與歐洲大陸的科學家、歷史學家、人工智慧（artificial intelligence，AI）專家投入名為（Odeuropa）的企畫，此為期三年的計畫目標是識別並重現歷史的氣味，帶領嗅覺重遊十六至二十世紀的歐洲。本書的出版，正好讓台灣讀者或研究者能快速跟上這股新潮流，相信讀者灑點香水或點著檀香，將是種新閱讀享受。

——莊德仁／北市建國中學教師、國立台灣師範大學歷史博士

從原先為掩飾惡臭而有的香氛演變到花香、果香味的女性香氛，羅勃·穆尚布萊以其熱情之筆描繪了嗅覺的歷史演變。

——費加洛報（Le Figaro）

從一七五〇年開始，歐洲人就非常在意清潔、美貌，和宜人的氣味，甚至是自然的香味。這本書就描述了香氛如何漸漸取得了重要地位。

——迴聲報（Les Echos）

香氛，也可以作為歷史研究的對象嗎？羅勃．穆尚布萊在他最新出版的這本書中提到了嗅覺是要經過學習的，因此它具有社會的面向：它會在人與人之間產生關聯，或是起排斥作用。

——科學與生命雜誌（Science et Vie）

鄭重推薦

◎江仲淵／「歷史說書人 History Storyteller」粉專創辦人
◎陳建守／中央研究院近代史研究所助研究員
◎溫佑君／肯園香氣私塾負責人
◎蔣竹山／國立中央大學歷史學研究所副教授兼所長
◎戴麗娟／中央研究院歷史語言所研究員

譯者序

當氣味遇上文明

邱瑞鑾

歷史可以觸及的面向很多，像是政治興衰、自然演化、音樂傳承、服裝演變等等，幾乎可以說凡存在過的事物皆可入史，但是在看到這樣一本以「氣味」這種捉摸不到、稍縱即逝的主觀嗅覺感受為史的作品，不免還是讓人偏頭一想，這也可以客觀地列入歷史來談嗎？

原來這也是這本書的作者羅勃．穆尚布萊的顧慮。他在書一開始就提到「硬」的科學時常攻擊「軟」的人文科學缺少客觀性，不過他也根據實例指出硬的科學並不見得那麼客觀，而軟的人文科學在從各個相關層面的耙梳下的確能賦予世界意義。本身擅長處理歷史上的女巫、魔鬼、感官歡愉等主題的穆尚布萊，在這本書中即發揮了長才，將他處理過的這些主題導入氣味的領域裡，不僅如此，他在論及嗅覺感受時，更旁徵博引了城市發展、香氛、藥劑、美容祕方、作家的詩文等具體的物事，細細闡述它們在當時社會中的景況，以及與嗅覺感受一起在時間長流中所起的嬗變，試圖從中勾勒「氣味」所激起的歐洲文明發展史。

首先，作者就從城市的發展切入，以視角開闊的觀察來描繪當時的背景環境。根據他的說法，在過去，歐洲的鄉村和城市臭不可聞，尤其是在十八世紀，主要原因是人口密集，舊時許多職業會使用造成氣味汙染的物質、沒有茅廁便坑（人畜的糞便積存在大街上）、沒有下水道系統（這要到十九世紀末才設置）等等的，而這樣的惡臭並未引起身處其間的人的反感，反而因為習以為常而嗅不到，甚至有時還故意製造惡臭，一般人隨地便溺不說，像是農民都會把散發惡臭的廄肥堆在家門前，因為這象徵了富有。更教我們不可想像的是，排泄物在當時還被視為是具有經濟價值的「原物料」，就連黑市也在做這種交易，原來排泄物不僅是種植蔬菜、水果的肥料，甚至是藥劑、美容保養品的祕方。

不過，每個時代總有些具有「先知卓見」之士。在十七世紀初期就有些不願忍受臭味的人起而對人的動物性發動強大的攻勢，在這些人當中有不少是虔誠信仰基督教。他們利用了簡單二分法，將世界劃分為善惡兩端，且將女人劃歸撒旦的一方，男人被劃歸神聖的一方。芬芳與惡臭也被扯進了這個二分法裡，芬芳是為善，惡臭是為惡。也就在這樣的二分法裡，女人等於惡臭、等於罪惡，尤其是女人的下半身，因為她們難聞的月經引人厭惡，她們會以性引誘男人犯罪。即使是沒有月經的老婦，也被指控為散發惡臭，其臭味接近魔鬼的臭。厭女的程度甚至到了連女人不說話都有事。有位十六世紀的作家在他作品裡隱約提到不說話的女人很可能滿腦子是魔鬼，因為「嘮叨可以讓她們淨化腦子，久而久之可以排出惡毒的體液，要是她們不說話，會讓她們受到毒害」。對女人身體的妖魔化，連帶使得女人使用的香氛或美容保養品也被妖魔化，就有位教會人士稱「天性是惡的女人總是以美妝品來粉飾自己，裝作自己是善的」，其實這些說法反而是突顯了男人對女人的畏懼心理，以為香氛會為性慾設下陷阱。在十六、十七世紀時，鼠疫橫行全歐。當時的人還是本於善惡之分，將鼠疫看做是「魔鬼」呼出的惡氣，抵抗這股惡氣的方式唯有在嗅覺上加以抵抗。抵抗的方式有兩種，一是靠帶有聖潔象徵的香氣，二是採取「以惡制惡」的方式。所以在數次鼠疫爆發期間，各種或香或臭的植物性及動物性氣味物質就徹徹底底地流行起來，認為這是對抗黑死病的唯一辦法。到了後來這也為香氛、香水的使用奠下了基礎。

多虧了作者穆尚布萊引經據典的詳細解說，我們才稍可想像在歐洲文明各個面向原來都有氣味的印記，這個我們以為不太受人重視的感官感受原來在歷史上有過重大的影響。尤其作者文筆優雅、講究，更增添閱讀的樂趣。

氣味文明史 目次

導論

在西方文明發展的過程中，人類的情感表達究竟是如何慢慢擺脫原始粗蠻的狀態而逐步達到自我克制，針對這個主題，諾爾博特・埃利亞斯*曾經提出全面性的看法[1]。他解釋了原始的情感表達是怎麼被逐出公共的場域，而由充滿符碼的禮貌態度所取代，由此界定合乎禮儀的舉止談吐。他以歐洲為本位的理論充滿了樂觀主義，往往引起許多討論，有時甚至是論戰，但他的理論仍不失其威信。他的理論源自於古老而多樣化的人文主義思想流派，這流派的代表人物相信他們的人類同胞之能力會隨著時間的推移而不斷提升。他和他多所引用的伊拉斯謨†一樣，認為不久

* 譯注：諾爾博特・埃利亞斯（Norbert Elias, 1897-1990），猶太裔德國社會學家，著有《文明的進程》、《風俗文明史》等書，頗具分量。

† 譯注：伊拉斯謨（Erasme, 1466-1536），文藝復興時期尼德蘭著名的人文主義思想家、神學家，以拉丁文創作了《愚人頌》一書，書中對教會的腐敗、歐洲傳統的迷信多所抨擊。

的將來即是「黃金時代」，他也認同孔多塞侯爵*，同意他「人類步伐堅定地走在真理、德行與幸福的道路上」的說法。

埃利亞斯這本書在一九三九年出版時是以智性對抗納粹黑暗威脅的良藥，但是，他在處理感官現象時，當然是無法運用今日的科學新知。作者主要以路易十四的宮廷為例，還將文明化的過程和以下兩點做了聯結：對身體功能之壓抑、對在別人面前過激或不得體的反應之貶抑。根據他的說法，新的行為模式讓個人粗暴的行為更加受到壓制，在上流社會中從小就得遵循的這些新的行為模式後來漸漸普及於其他社會階層。

在這個議題架構之下還有許多有價值的額外問題頗值得探討。一些談教育的創新書籍——例如伊拉斯謨那本比較小眾的拉丁文作品《論兒童的教養》（一五三〇年出版），即常觸及氣味這個主題，這也是現在這本書要處理的主題。新近在科學上取得的進展讓我們了解到氣味是通往情感和情感記憶的門戶。無疑地，嗅覺是唯一不是取決於先天，而是取決於後天的感官，是從經驗中取得的[2]。具有雙向性的嗅覺，它會輕易受到情感信息的引導，或是朝向愉悅，或是朝向害怕、厭惡。我因此覺得自己能夠藉由使用已經故去許久的前人留下的數不盡的資訊，來從事某種類似實驗性的歷史研究。

為此，我們必須試著了解前人的世界運作模式，了解當時人之感知、思想的運作模式，而不是將我們自己的預設套在他們身上。只有這樣，史學研究方法才能達到某種客觀性——儘管有時有人會不同意。對某種味道反感這種初等的感受並不完全是天生的。譬如，至少要四至五年的時間，才能讓一個歐洲小孩學會對他自己的排泄物起反感。我們這一代的人很少有人願意接受這一點，寧可認為排斥排泄物是大家普遍共有的自然天生的現象。但事實上，這是數個世紀以來的文化壓力造成的。就是靠著對每個新生代一再三令五申，才使我們排斥肛門的排泄物，並為之感到羞愧。儘管只是讓我們稍稍聯想起這些排泄物的味道也會讓我們覺得噁心。這種噁心的感覺也會僅因眼睛看到排泄物、口頭上提到排泄物，甚至是聽到涉及糞便的玩笑話便引發出來：一旦認定這種氣味是負面的，所有的感官也都會有負面的感受，就連意識也會受到影響。但在十六、十七世紀時情況卻不是如此。除了例外的極少數人，他們不只不同於鎮日沉浸在臭味中的廣大民眾，也不同於大部分的智識分子；智識分子主要指的是故事作者——這些故事作者不僅愛好糞便文

＊譯注：孔多塞侯爵（Marquis de Condorcet, 1743-1794），十八世紀法國啟蒙運動中的哲學家、數學家，著有《人類精神進步史表綱要》，是法國啟蒙運動的重要指標性著作。

化，還經常四處廣為傳播[3]。

有向諾爾博特．埃利亞斯其具有開創性的研究致敬意味的《氣味文明史》這本書，卻不大把歷史看做是直線前進的，這點和埃利亞斯遠遠不同。從文藝復興時期到第一帝國期間，嗅覺起了顯著的變化，但我們不能說這種變化是人類精神勢不可擋的進步力量帶來的。相反地，我們要優先根據當時的人生活中基本關注什麼來解碼嗅覺所起的變化。這一點也不是想要為某一個美好的古老年代重振聲威。因為在這些時期，臭味不僅可怕還非常普遍，空氣中瀰漫著令人噁心的惡臭，充滿了危險的汙染，尤其是被城牆圍起來的城市。在十八世紀，因為人口急速增加，城市的氛圍變得更加讓人難以忍受，甚至因為工業化的關係，空氣簡直可以說是有毒的，一直到十九世紀末設置了下水道系統才見改善（第二章）。惡臭經年累月不散的此一現象，讓我們無法相信在舊體制時期*嗅覺演變的根本原因來自於物質進步對整體腐臭環境的反擊。那個時代的人盡可能地適應臭味。因為常常看到、聞到拉伯雷筆下所謂的「愉悅的物質」，那個時代的人對人類或動物的糞便和尿液幾乎不起反感，當時的醫學甚至從其中提煉了不少藥劑和美容祕方。直到一六二〇年之前，文學和詩歌莫不賦予這些我們今天十分厭惡的排泄物一個非常重要的地位，大家還樂此不疲。此外，糞便的味道，以及難聞的體味也有助於對情色和性慾初入門的探索，不管是對社會菁英或一般大眾來說都是如此（第三章）。

從發生宗教戰爭[†]的那個不幸時期開始，看不慣眾人對臭味習以為常的那一小群人士，人數就逐漸增加。一六二〇年以後，這些不願容忍臭味的人，不管是天主教徒或是喀爾文教派教徒，對人的動物性發動了強大攻勢。他們在不知不覺中利用了嗅覺的簡單二分法，以此教育人數愈來愈多的學生和仿效者。他們告訴學生，無處不在的魔鬼正蟄伏在下半身、在大小便裡；這種壓抑肛門的做法，為後來的心理分析奠定了遙遠的基礎。他們最激切的言論乃是針對女人而發。之後，醫生也持同樣的想法，因為他們認為女人天生讓人作嘔，尤其是在她們月經期間。男人甚至對老婦人心懷恨意，在很多文學作品中都可見到這樣的表現。大家控告老婦人和惡毒的魔鬼勾結，在過去最厭女的年代，有些婦女還被當做女巫活活燒死（第四章）。在同一時期，醫學對一再爆發的鼠疫的解釋是，因邪惡撒旦呼出的毒氣汙染了空氣。龍涎香、麝香和麝貓香成了抵禦從

*譯注：舊體制（Ancien Régime），指法國從十五世紀文藝復興時期末期開始到十八世紀法國大革命為止的這段期間建基在王權、教士和貴族上的體制。

†譯注：宗教戰爭（Guerres de Religion），發生在一五六二年到一五九八年間的八次宗教戰爭，起因是天主教徒和喀爾文派新教徒之間的衝突。估計當時約有三百萬人死於戰亂，和戰亂引起的饑荒。

惡魔口中發出的氣息不可或缺之物——惡魔呼出的氣息成了罪孽的隱喻，大家認為它會引發可怕的瘟疫。大家會以「氣味甲冑」*來對抗瘟疫，另外，醫生還解釋說，更難聞的惡臭可以驅散有毒的臭味。因此根據許多學者的論述，致死的疾病是和惡臭息息相關的，相對地，宜人的氣味，如聖人屍體所散發出來的氣味，正可開啟天堂的大門（第五章）。

所以在初期，最好的香氛是用在拒斥邪惡力量和預防疾病之上。當然，我們也把香氛用在誘惑上，用來勾引他人。搖擺於這兩種面向之間的香氛，或是聯結到情愛的表現，或是聯結到死亡：尤其是當香氛是來自於被殘暴捕殺的異國動物的性腺時，香氛傳遞了當時的人如何看待死亡的訊息，這個訊息和生命的表現緊密相關，亦即情色與愛的表現。因為即使批評者表示那些為了取樂而大量使用香氛的人會下地獄也沒用，不管是富人或窮人都習慣把香氛當做對抗鼠疫的唯一良方，同樣也把它視為掩飾濃烈體味的唯一方法——因為在前後兩百年間，人人都拒絕接觸水，拒絕洗澡。香氛的盛行使得香氛手套商大發利市，因為服裝和各種用途的皮革都應該散發香氣，以保護不受疾病感染。其餘就由時尚來表現了。現代的第一次嗅覺革命重塑了從文藝復興時期到路易十四統治期間世人的嗅覺感受（第六章）。在啟蒙時期的那個世紀發展起來的第二次嗅覺革命則完全棄絕了麝香味，轉而偏愛帶果香、花香，或是香料味的香氛。在控制惡臭沒有決定性進展的情況下，這個嗅覺革命基本上是源自於社會與文化的選擇。對於當時就連權貴階層也免除不了的糞便味，這個革命說不定等於是對這愈來愈嚴重的惡臭的一種甩脫？這個革命是建立在對香氛和皮革臭味的日益反感之上，這兩者都是由動物遺骸製成。群眾的感受性的確是大大起了變化。一七二〇年以後，鼠疫銷聲匿跡，眾人對魔鬼也不再那麼恐懼，這使得以氣味來抗拒邪惡的力量變得無用武之地。厭女的氛圍消退了以後，也使得由總是散發著獵殺動物之臭味的男性主導的情愛關係退了流行。氣味甜美、宜人的香氛就像是以大自然柔和的意象為主的女性特質的反撲，尤其是在貴族的文化中，或是浸淫在啟蒙哲學思想中的沙龍文化裡。從一七八九年到一八一五年間，麝香味的香氛再次流行了起來，雖然這是發生在戰爭與武力向外擴張的時代，不過這並沒有讓仍占據重要地位的花香、果香味的香氛消失（第七章）。

就像在今日，取悅女人的香味仍然傲視群倫。無論某些評論家怎麼說，我們這個世紀一點也

＊譯注：氣味甲冑（armure odorante），是指將氣味（香味或臭味）噴灑在身上，形成了一層保護，彷彿甲冑一樣，並不是真的甲冑。在本書稍後的「氣味胸甲」（cuirasse odorante）也是一樣的意思。此處的「氣味甲冑」顯然是臭的。

不是完全不再有氣味的時代。認為現在是氣味盡除的說法是漠視了我們對病痛與死亡的認知起了劇烈變化，如今病痛與死亡已經遠離了我們的視線，遠離了我們的嗅覺，再也看不到、聞不到。西方人一點也沒有失去像嗅覺這樣對生命不可或缺的能力。曾經非常忽視嗅覺的科學，近來則不只是重新對它有所發現，而且還將它提升為最敏銳的感官，能夠覺察幾十億種氣味。在查考歷史之前，為了了解嗅覺為什麼突然受到重視，我們應該先來盤點這個引人入勝的主題在當前科學上的研究進展（第一章）。

第一章 獨特的感官

二〇一四年以前，嗅覺曾被嚴重貶低，甚至曾是被鄙夷的一個感官。在技術和科學迅疾發展的時代，太過動物性的嗅覺妨礙了人類在征服世界時不同於一般生物的特殊身分。它是遠古時代人類無用的動物性殘餘，被深深壓抑在我們將氣味盡除的文明中。學者對它向來不大感興趣，他們從不曾基於最敏銳的鼻子可以分辨得出高達一萬種氣味的事實去查驗先輩的看法。的確，嗅覺這個居五官之末的感官，在面對視覺這個可以分辨好幾百萬種顏色的感官，或是在面對能區別將近五十萬種聲音的聽覺之時，相對顯得黯淡無光。在生物研究上，對於嗅覺的研究真可以說是走進了死胡同，似乎走向了緩慢敗亡之途。

科學是否始終客觀？

二〇一四年，科學界有一起驚天的大發現。紐約洛克斐勒大學的一個研究團隊指出，人類可以分辨超過一兆種氣味[1]。本來居於敏銳感官最末位的嗅覺，這時一舉攀登首席位子。這麼一來，是否就讓那些認為我們正活在一個有長足進步的時代的人顯得更有道理呢？殘敗了，就像龍薩*筆下轉瞬即凋萎的命運玫瑰一樣，「殘敗了，殘敗了，它的美麗衰微了」。這驚天大發現很快即受到兩篇毫不容情的評論文章所抨擊，文章表示，二十六名志願者用來轉換經驗的數學模式是錯誤的[2]。我們簡直就像是在看美國著名喜劇影集《大爆炸理論》的其中一集。在這部影集裡，著名的物理學家史蒂芬・霍金十分讚賞薛爾頓・庫柏這位聰明又嚴謹的年輕研究員，認為他出色地展示了新理論，但霍金又很殘酷地說，這個新理論唯一的問題就出在計算錯誤，這使得理論無效。

歷史學家面對這種狀況，不禁感到困惑，不知該何去何從。沒有能力在智識論戰中區分真假，讓他不知所措，他心想究竟是什麼導致兩邊的立場如此針鋒相對。「硬」科學不是始終非常客觀嗎？——就像人所不斷宣揚的那樣，如此客觀的「硬」科學卻經常大肆攻擊他從事的「軟」

人文科學。

近二十五年來，對嗅覺實驗性的研究有著強勁的發展。將近四百種人類嗅覺受器的發現雖然只帶給分子生物學、生理學有限的進展，不過，很多神經生物學家卻對此非常感興趣[3]。在試著了解腦細胞如何識別特定信號之際，他們把嗅覺當成一個理想的參照系，因為嗅覺受器數量龐大，而且非常多樣。再者，每一個人都擁有幾乎可說是極其獨特的嗅覺受器基因，類似於一種個人標記，一種特別是和個人的免疫系統相聯結[4]的標記。

不過，我們不該天真地以為科學的進展都只是出於單純的好奇心，沒和利益掛勾。人類的嗅覺近來之所以受到重視，其實是和當前文明的現象有關，其深沉意圖雖然沒有明顯揭露，卻很容易看出來。我們只須探問誰是最大的受益者就知道了。首位受益者就是香水廠商，他們發明了千百種新款香水，他們近來還努力開發自然的香味——約在一九九〇年以前，自然的香味被批評臭味的人趕下了殿堂，這些批評者認為自然的香味一如臭味同樣對精神和肉體有害[5]。那些亟欲掌

＊譯注：龍薩（Pierre de Ronsard, 1524-1585），最早以法文寫作的法國詩人，公認是最卓越的愛情詩人，著有《給愛蘭娜的十四行詩》。

握資訊的香水廠商，總是大手筆地贊助相關研究。其他幾個主要的經濟領域同樣也要求擁有更多資訊，像是汙染環境的廠商，和他們的敵手（涉及衛生、健康層面的人士），以及擁有廣大市場的主管食品味道的廠商。這涉及了龐大的商機。還有許多年輕聰穎的研究人員也投入了這能在急速擴張並有厚利可圖的市場中帶來財富的實驗性研究裡。有些研究人員則汲汲營營於找到人類的費洛蒙，這種被認為可以吸引異性的化學物質——雖然這一點還有待證實。至少在二〇〇九年時，研究往前跨了一步：我們通過測試發現了「推定的人類費洛蒙」。位於女人在哺乳時的乳暈小突起的蒙哥馬利腺所分泌的這種未明的揮發性化合物「推定的人體費洛蒙」，在嬰兒適應吸吮媽媽的乳汁上和在建立母嬰情感關係上扮演了重要的角色[6]。

至於食品業，他們緊緊抓住和自己利益有關的科學發現。一些研究味覺的科學團隊都致力於此，例如第戎的科學團隊，即針對女性的乳暈做了研究。我們必須說關鍵在於商業規模的大小，因為和香水業不同的是，食品業涉及了全體民眾。其命運取決於那些測定對民眾而言何謂好吃或不好吃的實驗室。在二〇〇八年時，歐洲共同體為求謹慎，有一條法規禁止在食品裡添加活性藥物成分，添加這些成分的目的在於讓食物更有味道，也就是說更好聞、口味更佳，或是可以改變食物的味道、口味。在禁止添加的活性藥物成分清單中，有多種在食物中的植物性天然物質，包括：辣椒、肉桂、龍蒿、金絲桃、薄荷、肉豆蔻、藥用鼠尾草[7]……

從這個角度來看，我們比較容易理解在不同的研究人員之間對氣味、滋味，和口味研究的激烈競爭。雖然那篇宣稱我們能分辨一兆種氣味的文章被推翻了，但到處還是有人引用它、評論它，並在非專業性的報刊上傳播，受到的對待和那兩篇抨擊它的評論文章大不相同。

缺乏過去意識的科學研究是一種心靈的崩壞，但我這麼說是否出於直覺，明顯過於主觀呢？至少近來對氣味的大量研究表明我們非常看重這個大家所知不多的感官。即使市場經濟和追求最大利潤是此一態度大轉變的主要原因——這個轉變使得數世紀以來嗅覺持續受到忽視的狀況告終。根據我的檔案，在一九九〇年初，我曾經參與了一位特別有天賦的女學生的研究工作[8]，但她後來放棄了將這項研究成果出版成書，因為當時出版界對它興趣不高。當前的形勢有利於歷史學家在集體研究氣味的交響齊鳴中讓人聽見他個人研究心得的小小音樂。為了證明人文科學、社會科學既沒有消亡，也沒有過時，我們甚至可以說投入這樣的研究工作有其急迫性，因為對這個金錢至上、跨國企業營利至上的機器人化之世界，它能賦予生命意義。在二〇一五年時，日本政府不是要求八十六所公立大學關閉人文、社會學科的系所，或是至少縮減它們的活動、少收學生，以便將資源集中在「更能回應社會需求」的領域嗎？二〇一五年九月，有二十六所公立大學肯定了這項舉措[9]。儘管遭到的阻力很大，有十七所大學從二〇一五至二〇一六年學年度開始這些系所就不再招收新生。有耐心的日本教育部打算分期進行這項改革，在二〇二二年時達到目標。其他國家也開始默默推動類似措施，這使得我們的文化面臨了去人文化的危險。我希望能夠在這本書裡證明，要了解當前的世界，歷史以及其他相關學科是不可或缺的。

涉及了危險、情緒和快感的感官

嗅覺是一種獨特、不同尋常的感官。那個發現哺乳婦女的乳暈會分泌氣味分子的研究團隊下結論說，這些氣味分子有助於個體與物種的生命延續，對所有的哺乳動物來說都是如此。一般認為人類的嗅覺感知能力很微弱、是動物性的殘餘，它在人類身上只不過是沒有根據的迷思。事實上，嗅覺是受到於十九、二十世紀時獨霸一方的資產階級在文化層面的壓抑。根據笛卡兒的說法（《形上學的沉思》第六卷），嗅覺在感官的重要性中排名第三，其後它遭許多哲學家、思想家鄙夷。康德非常排斥嗅覺，把它看做是唯一主觀的感官，它也和味覺緊密相關。接著，弗洛伊德解釋說，在西方文明化的過程中，嗅覺之所以衰微是基於社會進步的浪潮所引發的「器質性壓抑」。約於一七五〇年時，持守「空氣」是流行性傳染病主因之理論的衛生保健人士認為嗅覺因為能聞到「腐臭的威脅」，所以非常輕視它。在工業時代，迅速城市化的時期則把嗅覺當成歧視不同社會階級的可怕工具[10]。這長期以來對嗅覺的貶抑到我們這個時代終於告一段落。因為它在這受貶抑期之前扮演了非常重要的角色，著名的歷史學家羅勃・曼圖*自一九六一年起憑著直覺賦予了它重要的角色。根據曼圖的說法，在十六世紀，當聽覺和觸覺的重要性勝過視覺時，大家「對氣味和香氛顯得非常敏感」，還有對可口的滋味也很敏感。在龍薩的詩中不就提到了吻的香氣[11]？

嗅覺系統是非常與眾不同的。胎兒從十二週開始就發展了嗅覺。羊水中含有母親吃下的食物的化學物質殘餘，胎兒對嗅覺－味覺的探索便是從羊水中開始的。例如，這時就能使胎兒習慣蒜的味道。不過，孩童需要許多年的時間才能在嗅覺－味覺的領域裡臻至成熟。美國一位實驗心理學家表示，她「相信我們的嗅覺偏好都是後天習得的」，然而她也認為，我們的五種基本味覺

＊譯注：羅勃・曼圖（Robert Mandrou, 1921-1984），法國歷史學家，是年鑑學派歷史學家呂西安・費夫賀（Lucien Febvre, 1878-1956）的弟子。

（甜、酸、苦、鹹、鮮）是天生的，而且這五種基本味覺可以把食物、飲料的經驗系統化[12]。長期有北美料理體驗的我，有點懷疑她提出的這第二點之中肯性，因為北美料理中經常把甜的、鹹的東西混在一起，一點也不合法國人的口味，而且在美法兩國，美味的調性也不盡相同。不過，我很主觀地完全同意她第一點的看法，因為它符合我這本書的研究計畫：證明嗅覺是所有感官中最有彈性、最容易受到操控的。這對尋找長期的文化與社會變遷之原因的歷史學家來說，真是邀天之幸。

嗅覺的另一個特異之處在於，它直接和人類大腦最古老的部分相聯結，大腦的前額葉皮質層會析解收到的特殊訊息。不過，「邊緣系統」——這是專家的一個方便卻被認為不妥的用詞——也是記憶與調節情緒（主要是愉快、攻擊性或是害怕）的訊息中心。就和嗅覺一樣，記憶和情緒調節也都受到杏仁核的影響。簡單來說，我們也可以把嗅覺看做是情緒的基底。嗅覺能在視覺和其他感官確認危險真的存在之前，就迅速警告我們潛在的危險。最初的警示只會是很簡單的信號，只有好的或壞的這兩面。嬰兒為了生存，在有陌生婦女哺育時，會選擇味道好聞先於好吃的奶水。相反地，小孩第一次接近剝開的洋蔥時會在三叉神經的激活作用下而流淚；讓人不舒服的氣味是和痛苦聯結在一起的。東西本身並沒有所謂的好聞、不好聞，是我們的大腦做出了這樣的區分，然後由記憶來鞏固。大腦很快就能適應強烈的氣味，因為約在十五分鐘後，處在氣味中的人就覺察不到臭味，也覺察不到沁人的香味。此外，我們也聞不到好比自己身上散發的氣味，它像泡泡一般籠罩在我們周圍方圓大約一公尺的範圍內，用以保護我們的隱私，就像徐四金的小說《香水》中的主角[13]那樣。因此，為了鑑別一個氣味好聞或難聞，我們需要有個學習的過程——氣味一點也不是持久的，並且在起初它總是一種短暫的危險信號。即使是在我們這個社會中最讓人憎惡的氣味，我們也是要學習憎惡它的，而且有時需要頗長時間來學習。在美國這個除臭冠軍的國家裡，我們在前面提過的那位實驗心理學家指出，小孩於八歲左右之前一直都喜歡排泄物的氣味。要他們喜歡香蕉的味道，或是接受成人最反感的味道（像是所謂的臭乳酪），也需要八年的時間。在我們法國，讓大西洋彼岸的人退避三舍的帶有強烈氣味的食品反而是我們這個國家集體情感的固結，我們不曾想到要問自己喜愛難聞的乳酪這樣的情感固結是怎麼形成的。這真是可惜，因為一個良好的商業行銷，是靠著從幼年開始就讓他將難聞食品聯結到歡愉，而不是痛苦——這說不定能促進國際銷售量。根據法國一位人類學家的觀察，小孩在四五歲以前對尿和糞便完全不厭惡。蒙田還寫到，每個人都覺得自己的排泄物很好聞，伊拉斯謨對屁也有類似的說法[14]。十九世紀最知名的大作家從小接受的教育就不曾要求壓抑肛門，我會在第三章詳談這件事。

嗅覺的用處是在於快速地識別，然後做引導，讓我們知道該接近或遠離某一食物、性伴侶、掠食者、有毒的物質，以維護個體或群體生存的利益[15]。這個千變萬化的感官是自衛、接觸和排拒的感官，因此也是涉及維繫社會關係、食品滋味的養成，以及物種延續的感官。上述這些嗅覺能力指出了人類豐富的特異性，它一點也不是要將人類帶回起源的動物性。和母親最原初的氣味交換，是從懷孕的第十二週就開始了，接著在新生兒剛出生時，就因為哺育的乳頭對他有抗拒不了的吸引力而產生情感固結。然後就產生了長期對母親的依戀，因為從二到五歲一直到十六歲的小孩可以從味道認出母親[16]。這完全駁斥了過去的一種主張，亦即認為我們應該生活在一個氣味盡除的社會中。而且這也應該讓我們思考由此揭示的女性芳香氣味主宰的長期後果。事實上，孩童對氣味的學習「應該可以形成一種印記，在我們的整個生存過程中都會留存著這個印記」[17]。此外，新近的研究指出，在偵測、辨別、記憶氣味等方面，女性比男性來得強。在嗅覺功能和生殖之間似乎存在著一種關聯，只是我們對此仍不大了解[18]。這一點讓我們更加明瞭為什麼世人畏懼女人身體所具有的力量，一如在十六到十八世紀之間就明顯有這樣的情況。當時，眾人強烈抱怨女人身上散發的惡臭，這點我們稍後再詳談[19]。從青春期開始分泌的汗腺主要分布在乳頭、肛門、性器官、腹股溝、腋窩等地方，那麼，女人身上的汗腺是否比較能發揮效用？依照現今的標準，人們都不遺餘力地想除去這些地方的味道。除去汗腺的味道其實相對顯得容易，因為它的分泌物本身並無味道，不過這些分泌物富含蛋白質，細菌吞食了蛋白質，接著才釋放出難聞的氣味[20]。然而在五個世紀以前，要想除去這氣味是不可能的，因為當時的人認為水和洗澡是危險的。最多只能以濃烈的香氛遮掩這氣味。

狄德羅早就說過嗅覺是「最容易給人快感」的感官，啟蒙時期的哲學家（尤其是盧梭或是卡巴尼斯＊）也這麼認為[21]。有了弗洛伊德的學說做基礎，我們可以就「排泄物的氣味在男性情慾養成上扮演的角色」這個問題大加發揮。馬瑟．牟斯這位社會學家察覺到「腋窩的汗水和人的性格是彼此相關的」，由於身上散發出來的氣味可以幫助我們偵測到可能的最佳性伴侶[22]。不過，我們仍然不清楚這之間到底是怎麼運作，因為並沒有確鑿證據證明人類費洛蒙的存在。最常見的理論所提出的解釋是，這是基於物種為求綿延的機制。身上散發出好聞的氣味表明此人身體健康，也就是說他的免疫系統極佳，可以抵抗寄生蟲和微生物，這使得他（或她）成為理想的繁殖者。相反地，散發出難聞的氣味代表有病，也就是說會帶來危險和失敗[23]。我們前面說過，具有

＊譯注：卡巴尼斯（Pierre Jean Georges Cabanis, 1757-1808），法國啟蒙時期的生理學家、唯物主義哲學家。

雙向性的嗅覺信號是和情緒聯結在一起的。一位神經生物學家曾鑑別出六種情緒：高興、悲傷、害怕、憤怒、吃驚、反感。他稱這六種情緒是原生情緒，或是普遍共有的情緒。在這六種情緒之外，還有表現出安然或不安、平靜或緊繃的次要情緒。最後，他寫到「我們經歷到的一切都是帶著歡喜或痛苦的感受」[24]。還有，最初的嗅覺印象是很重要的，尤其是在愛情中。

因此，不應該再說我們是出於一見鍾情來選擇夢想中的伴侶，而應該說這是出於對氣味的短暫入迷。這麼一來，我們就可以從新的面向來看對白馬王子、睡美人的浪漫追求。每個人的氣味都是獨特的，以致科學家會以「氣味印記」*來定義它。現今世界上總共有超過七十億個「氣味印記」。負責尋找羅密歐或茱麗葉這萬中挑一的情人的是我們的鼻子，這之中一點也沒有大腦意識的作用；是鼻子負責尋找最能延續我們基因的人。看到許多故事、傳說都涉及了這一點就不會覺得訝異了。一個最早由柏拉圖提出，其後常被文藝復興時期的人文主義思想家、詩人所引用的故事，解釋了我們為什麼永遠在尋找另一半的靈魂伴侶：人本來是雌雄同體，後來被分割為兩半，並對這缺憾感到不滿。這個故事不就是隱喻著我們是基於生物本能來尋覓最佳的伴侶？男人和女人完全是由鼻子引導來辨別那適合他們的人散發出來的氣味，當然過程中難免有試驗和錯誤，一如在美國極受歡迎的電視影集《慾望城市》所呈現的那樣。在發現愉悅氣味之後，我們會自動記住這愉悅氣味，以及它所帶來的正面感受。重新遇見這個愉悅氣味時會立即在情感上引發連鎖反應，我們可以名之為「普魯斯特的瑪德蓮小蛋糕」效應。一些懂得掌握趨勢的企業家說不定會發現從這裡有賺大錢的可能，這有助於解釋最近「氣味天然」的香水，以及男女兩性具有「天然香味」的身體保養品之強勢回歸。因為一逕地除去味道會因為削弱了氣味信號（這信號可以本能地引導性的慾望）而擾亂性的慾望。對性的慾望的控制是文化潛在的一個程序，這程序顯然是要將人類與動物區分開來。但要求人類不保有其動物性幾乎是不可能的，除非我們想要將人類機器人化。或者是除非我們想要否認明顯的事實，這明顯的事實也就是我們的嗅覺非常發達，只是被一些不可靠的傳說所貶抑。關於動物的傳說也盡是不可靠的。擁有最靈敏嗅覺的哺乳類動物不是狗，而是貓。在科學還沒有做出解釋之前，我們大概很難承認這一點，因為在家畜中最追求歡愉的，而且性慾最強烈、對性最沒有複雜情結的就是貓。我們藉口說是為了貓好才閹割牠，而這並沒有剝奪了牠的性慾，但在這種說法背後其實是隱藏著一種沒說出口的祕密道德觀，這還

＊譯注：「氣味印記」（empreinte olfactive），指每個人都有不同於別人的獨特氣味，一如指紋（empreinte digitale）人人不同。

使得兒童失去了在日常中藉由觀察動物來學習情色的機會，而在過去這是很平常的事。

此外，嗅覺是一個非常「具有社會性」的感官，我們再次看到了它有聯結或是排拒這樣的雙向性。不同的人類群體都有其偏好的氣味畛域。這氣味畛域特別是地方料理傳統造成的，以及是群體經營氣味的結果。在一九八〇年左右來到上普羅旺斯阿爾卑斯省的上維東的一支民族學調查團隊就指出了這一點。具有保護作用，主要是預防疾病和巫法的蒜頭與洋蔥之組合，以及百里香與月桂之組合，在烹飪中占有非常重要的地位。此外，洋蔥是和男性雄風有關，香芹是和乳汁分泌有關。以洋蔥來說，小男孩克服了最初厭惡洋蔥氣味的痛苦經驗，轉而因它能呈現陽剛之氣而接受其氣味，這證明了嗅覺非常有可塑性。在我們可能的最佳伴侶身上同時帶有他所屬的性別的氣味和他個人印記的氣味。我們身上發散的氣味也會隨季節的更迭而起變化。在夏天會發散出大量汗水的味道，在秋天則是帶有動物性的氣息，這種氣息是由清除牲畜棚裡的廏肥引起的。人生的各個階段也充滿了氣味的訊息。譬如在五月這個戀愛的季節，年輕男孩會帶著山楂和羅勒追求年輕女孩，斷絕關係時則是以薊、扁柏來表示，還以迷迭香來表達彼此相愛的幸福感。臭味也是社會責難的徵兆，比如大家會針對一對不相配的夫妻焚燒死驢子，以這樣的惡臭來表達他們的責難。而且，到處都有這樣的情況，亦即：有令人作嘔的氣味就表示了此人是搗亂社會秩序的人，特別是身上味道顯然很臭的外國人[25]。我們不須話語就能辨別某人是否有危險，例如從外地來的人因為吃的食物不同，身上會散發出前所未聞的臭味。對亞洲人來說，西方人不就散發著「奶油臭」？

在人和超自然力量（如諸神或上帝）之間的關係上，氣味在所有的文化裡都扮演著一個重要的角色。古希臘人約在三千年前便曾就這一點為後來的西方社會奠定了基礎。對古希臘人來說，氣味不會是中性的；它或者是好聞，就像奧林匹斯山上的宜人香氛味；或者是難聞，就像怪物哈比*身上討人厭的惡臭，牠吞吃所有牠遇到的東西，過後只留下排泄物。好聞的味道總是和神聖的人物做聯結，譬如在對亞歷山大大帝的描述中，普魯塔克寫道：「他的嘴及全身都是這麼香。」在亞歷山大大帝死後，屍體也不發臭，他的陵墓還散發出香氣（基督徒記取了古希臘人的說法，想出了死去的聖人會發出好聞的「聖人氣味」這樣的事）。一般人的味道當然就不會有幸是好聞的。根據古希臘醫生的體液學說，象徵熱與乾燥的男人比象徵冷與潮溼的女人來得好聞，

＊譯注：哈比（Harpies），希臘神話中的一種怪物，他有一顆女人的頭，卻有禿鷹的身軀，並有利爪和翅膀，性格殘暴、兇惡。

話雖這麼說，但有某些人仍是臭不可聞。隨著古老的醫學一起傳到十六世紀的說法中，有一句最惡毒的罵人的話是說某人聞起來有公山羊的臭味。有位詩人寫道：「在你的腋窩裡有可怕的公山羊味。」還有另一位作家提到有一種比「剛交合過的公山羊」的臭味更糟糕的「惡臭」。人類的表現不能跟難聞的動物一樣。大家會斥責身體的臭味，包括口臭、大便、小便、汗液，以及打嗝透出來的氣味，有時則會拿這些來開玩笑，以惹人發噱。不管是斥責或是開玩笑，目的可能都在於驅除人必有一死的想法，因為死亡總是散發著惡臭。在希臘神話中，惡臭經常是和死亡及褻瀆的主題聯結在一起[26]。

惡臭會即刻讓古希臘人心生病態的恐懼。相反地，在我們自己的文化中，因為近來長期處在相對沒味道的環境中，就以為這是對抗生存焦慮的一種解藥；味道的銷聲匿跡其實是和我們掩飾了疾病、死亡同時平行發展的。在法國，將死者淺層埋葬在城中或村中教堂的習俗在一七七六年時受到法令禁止，當時王室以公共衛生為由，強制將墓園撤離住宅區。儘管當時的人強烈抵制，但這項新規範還是在隨後幾個世紀成為常態。同時，病人和病危的人也搬得離社會生活圈愈來愈遠，住進了醫療機構，遠離眾人耳目。近來對氣味的重視很可能是表明了嗅覺和衰老、死亡之間的緊密關係正在起變化，而我們無法清楚辨別這變化的廣度，以及其緣由。

關於這個引人入勝的主題還有最後一點是，我們很難以語言來表達嗅覺經驗，不管是哪種語言都一樣。那些因職業需要而必須有良好嗅覺的人，像是廚師、法醫或是調香師，都體會到了這一點。調香師對這個問題的解決方式是使用帶隱喻的專門術語，以區別綠色調或粉紅色調的香氣、帶香料氣味或是草本味的香氣、帶果香的香氣、綜合花香味、不協調的芳香、香脂氣味、清爽的香氣或是具有龍涎香的香氣[27]。語言之所以不足以表達嗅覺經驗，是因為氣味、情緒和記憶之間直接相關聯，而與大腦控制言語表達的部分無關。具有雙向性的危險預警系統會在一瞬間首先介入，不必轉化為語言的表達。嗅覺的記憶並沒聯結到其餘的記憶功能，因此無法自動喚起它。因此，許多學者都試著就不同氣味提出「命名法」（如鼎鼎大名的林奈在一七五六年所創的植物命名法），結果卻總是彙編出讓人不滿意又頗為主觀的清單。在一六二四年，一位名叫尚．德．何努的醫生對氣味很感興趣，他將氣味定義為「從有味道的東西產生的氣態物質」，他還注意到氣味和我們可以從舌尖感知的味道非常相似。在他的書裡提到這個觀念之處有上百頁。他注意到九種不同的味道，並根據體液學說將它們分類：由熱引起的嗆（有刺激性）、苦、鹹，由過冷引起的酸、酸澀、澀，由溫和的熱引起的甜、油、淡。他認為，嗅覺的弱點在於各式各樣的氣味沒有專門名稱[28]。

今日的科學界仍堅持無畏地尋找能為所有人接受的稱呼氣味的方式。在二〇一三年，美國一項採因子分析*的調查將一百四十四種氣味分為十大類我們人類聞得到的基本氣味（這十大類彼此互有關聯）：芳香味、木本－樹脂味、不同於檸檬味的水果香、讓人作嘔的氣味、化學味、薄荷味－辛辣的薄荷味、甜味、爆米花味、檸檬味，以及嗆味[29]。我們不能說近四個世紀以來將味道分類已經取得了決定性進展，也許在這個領域永遠不可能取得決定性的進展。唯有「嗆味」從一六二四年以來一直保有其位置，「鹹味」則被「甜味」取代了。事實上，在美國的食物和飲料中甜味最占優勢，它甚至從美國流行到了全世界；但不管是甜味或鹹味，都更加屬於味道而不是氣味。「芳香味」和「化學味」會列在清單上則讓人很困惑，因為它們的語義場域過於廣泛、模糊，很難想像人類的鼻子對此氣味的感受會一致。大家熟悉的爆米花味雖然聞起來很甜、味道有點特別，但它在城市或鄉村中並不見得處處找得到，所以以此為指標顯得很有問題。這些彙編氣味的學者是否在無意中受到研究人員個人的「口味」影響了？我們詢問強生．卡斯楚這位研究人員為什麼在「爆米花味」這個類別裡也有一些和「木本－樹脂味」這個類別一樣的氣味，他的回答是，因為沒有足夠的字彙可以描述氣味這個複雜得不可思議的感官經驗。不過他表示對氣味分類的問題，他們是持「開放」態度的。他解釋，他們其實也可以把氣味分為九大類或十一大類，只是選擇了十大類顯得比較「有意思」[30]。換句話說，「軟」科學的主觀性暗暗偷渡到顯然是很嚴苛的因子分析的結論中。這麼做的主要目的不就是想要吸引企業家——尤其是食品工廠老闆，或是香水廠商——的注意嗎？這些人很可能被命名法所吸引，因為一旦我們能以字面來辨別不同的氣味，就不需要真正聞到它。我們甚至能以我們所知道的各種基礎氣味之間的相似性來發展一系列的需求，譬如可以煽動喜愛爆米花味的美國電影院觀眾使用味道相近的「木本－樹脂味」的產品或香水。誰會料到「普魯斯特的瑪德蓮小蛋糕」的詩意效果，有一天會轉變為科學與經濟創新的強大力量？

＊譯注：因子分析（analyse factorielle），是一種統計技術，即從許多變量當中找出隱藏的具有共性的因子。

第二章 普遍存在的臭味

美好的古老年代並不存在，歐洲的鄉村和城市在過去是臭不可聞的。但我們可以不把話說得這麼絕，因為當時最可怕的惡臭味，不見得比現在讓我們窒息的空氣汙染來得嚴重。不過，話說回來，我們也不可忽略舊時許多職業一樣會造成有害的影響。今日對這個主題的思考並不多見，一來這並不是因為缺乏資料的關係，事實上資料是很豐富的，再者這也不是因為當時的人的感知能力弱，只是今日研究人員往往在申請資料之後再慵懶地闔上資料。我們長期以來受到的教育是不注重嗅覺，這對處在一個乾淨、有序的世界中是有其必要的，我們的感受性向來厭棄讓人不安的氣味。只有極少數的挑釁者敢觸及那令人厭惡得難以形容的東西。有位挑釁者就曾表示[1]：「因為所有的氣味在最開始都是大便的氣味。」不過這句話說得並不全面，因為這還要看聽到這句話的人認為大便是好聞，抑或不好聞。這也要看我們談的是哪個時期：在今日，要讓兒童對排泄物反感需要一段長時間的學習，但在文藝復興時期卻不會這樣調教兒童。然而在所有的文化中，傳送給大腦的負面信號都會聯結到死亡上，提醒身體注意毀滅的危險，而正面訊息則是聯結到生命與歡愉上。

沒有一個人類社會會漠視香味，香味往往被視為神奇的互動工具。有許多儀式可以保護我們不受臭味侵擾，或是相反地，可以使用最愉快的香味、香氛以吸引天神的保佑[2]。在下水道系統建立起來之前的那個時期，西方人對他們生活在其中的強烈惡臭非常敏感。在瑞典，當時名重一時的卡爾·馮·林奈在一七五六年提出了一個相當主觀的命名法讓惡臭占有頗重要的地位，他將氣味分為七大類：芳香類（石竹、月桂）、芬芳類（番紅花、茉莉）、香氛類（龍涎香或麝香，源自於動物）、大蒜類（蒜、阿魏*）、惡臭類（公山羊、纈草）、嫌惡類（孔雀草、茄科植物）、作嘔類（葫蘆科植物）[3]。因為無法有效地對抗惡臭（雖然我們為這些惡臭定了名稱），那就必須試著接受它。尤其是在人口爆滿的大城市裡。我們注意到了，就算是最難聞的臭味，在聞了十五分鐘之後，我們就不會再意識到了。但這臭味卻會引發嚴重的健康問題，在一七〇〇年時，一位職業病醫學的先驅者拉瑪齊尼就注意到了這件事。

中世紀城市惡臭的空氣

想要確定從什麼時候我們開始趕除汙物是不可能的[4]。歷來，世人就試著減少汙物的危害。中世紀就有既豐富又生動的指稱汙物的字彙：merde（糞便）、fiente（鳥糞）、fange（爛泥）、vilenie et ordure（穢物和垃圾）、vidanges（髒物）、infections（惡臭）、viscosités（黏滯）、immondicités（汙垢）、bourbe（淤泥）、fiens（廄肥）、punaisies（腐臭）、pourriture（腐爛物）……當情況變得讓人難以忍受時，受害者就會訴請政府當局做改善。在一三六三年，巴黎大學的教授和學生就曾向法王抱怨他們附近的幾家肉販，說他們「在家裡宰殺牲畜，日日夜夜把這些牲畜的血和內臟丟到聖珍納薇夫路上，有好幾次這些牲畜的內臟和血積留在他們家的坑洞和茅房中，時日一久都腐爛了，接著他們日日夜夜把這些穢物都丟到上面說的那條路上，結果那條路、莫貝爾廣場，和整個地區的空氣都被汙染了，臭不可聞」。三年後（當年的法庭沒比今日有效率），議會命令這些肉販到巴黎之外的河邊去宰殺牲畜，然後再載回巴黎來販賣，違者將處以

＊編注：阿魏，又稱興渠，是一種印度香料，中國不常見。此名多見於佛經，屬於佛教徒禁食的五辛。

罰鍰[5]。

嗅覺的汙染經常是動物帶來的，因為除了用於坐騎、運輸的馬之外，放養的家禽、豬、山羊都在城裡找食物吃，在巴黎也是如此。再加上沒人照管的流浪動物，特別是人類最好的伴侶——狗，情況就更加惡劣了。雖然有「殺狗」的官員，以殺多少頭狗就有多少工資的方式支薪，狗還是迅速繁殖，尤其是在由勃根第託管的地區。唯有可能帶來嚴重的流行性傳染病時，政府當局才會暫時限制動物的數量；動物的排泄物明顯是城市中的景觀。此外當然還有人類的排泄物，當時人們會就地「放起尿來」，隨地便溺，隨處吐痰。

有某些行業特別會妨礙街坊鄰居，諸如肉販、賣牲畜內臟的、魚販、製陶工人（不管是在巴黎或是其他地方，他們總是讓黏土在地窖裡腐爛），以及畫家（他們使用以金屬氧化物作為基底的顏料作畫）。其他更易造成嚴重汙染的行業，還包括鞣革工人、做手套和錢包的工人，以及縮絨工人，他們大量使用有毒性的動物、植物物質，具腐蝕性——例如礬、酒石、鹼，別忘了還有尿液（包括人類的）、雞糞、狗的大小便等這些能加速發酵和加速纖維腐爛的物質。官方試著將這些行業逐出人口密集的城市中心，將危害最嚴重的趕到城外，以便保持飲用水的品質（不過很難做到）。但到了中世紀末期，城市人口大幅增加使得毒害的情況變本加厲。愈來愈多人譴責

「腐臭味」、惡臭的水，以及髒空氣，尤其是在夏天，當空氣變得讓人無法呼吸時。環境讓人愈來愈不舒適反而會帶來某些進步，例如常常將供男女兩性使用的私人「衛生間」、公用的大便坑設置在院子隱蔽處，或是設置在河流上方的高處，還有其他讓城市居民遵守紀律的措施，以及讓地方政府負起責任的規劃，以限制垃圾量，對抗從茅坑、墓園散發出來的危險氣味，並控制街道、渠道和河流的汙染。除了處以罰金之外，設置公用大便坑、下水道、排水溝，以及在主要道路鋪上石塊也都有助於環境改善。不過，真正的改善要好幾個世紀才能稍稍看到成果。

城市的汙穢

從十五世紀開始，地方警察局針對惡臭和其他危害而制定的眾多法規其實不是因為意識到問題，而是情況持續嚴重惡化。城市人口大幅增加是惡化的主要原因。在法蘭西王國，約一五一五年時，無疑有超過百分之十的人口居住在城市，一七八九年時達到百分之二十，到第二帝國時期更高達百分之五十。人數爆滿的城市居民，被框限在城牆內，在可怕的鼠疫肆虐時期，整個城市就像是窒息了一般，而在一七二〇年以前，鼠疫發生得很頻繁。早在工業化之前，「發臭、嘈雜、愛誹謗」的城市就迎來了愈來愈多的會汙染環境的行業。在一七五〇年時，開始有人提出「空氣」是流行性傳染病的主因之理論，提出者是意識到問題嚴重的少數進步人士，但這只是成不了燎原之火的小火花。很多城市居民對這些人的哲學理論漠不在乎，面對可能的暴風雨寧願裝聾作啞，而不願對當局要求的改善措施提撥大筆必要的款項。特別是某些氣味的汙染是源自於根深柢固的生活習慣，甚至是隱隱地源自於自豪與某種愉悅心理。譬如，十九世紀的衛生保健人士就痛苦地寫到，高高堆在農民家門前的廄肥象徵富有，農民拒絕將它另移他處。在城市裡的情況也一樣，就連在法蘭西斯一世治下的巴黎也沒什麼不同。

在格勒諾布爾，有些「街長」負責監看鋪石路的狀況，並察看路上乾不乾淨。但面對居民的怠懶，他們也成不了大事：在一五二六年時，當局命令農民搬走堆在家門前的廄肥，但到一五三一年時廄肥就又回到了原處[6]。在路易十三時，格勒諾布爾這個小城約有一萬兩千名居民，但城中到處是有害的氣味；根據未被遵守的法規，或是旅客的證言，在一六四三年時此小城的街道「非常醜也非常髒」——有位旅客就曾經這麼說。歷史學家將此地描繪得宛如世界末日，但這並不妨礙居民活在這樣的惡臭中。這不是因為他們的嗅覺沒外地人靈敏，而其實只是因為他們嗅不到自己早已習慣了的持續臭味。

格勒諾布爾雖然是個很有意思的城市，但它有當時一般人口集中的大城市都有的特徵。到處是汙物，例如人和動物的排泄物，尤其是在街道和城牆上都被弄得髒兮兮。這些汙物和雨水、用過的汙水混雜在一起之後，又被馬路中間的走水槽順流沖走。馬路不是蓋成平的，而是有平緩的斜度，兩邊高，中間低，正中央是走水槽。上流社會人士都走在馬路兩側的高處，免得難聞的爛泥弄髒他們，也免得踩進排水不良留下的惡臭水坑裡。有些牲畜會來到街上覓食，其中狗和豬可以說是天然的清潔工。這也許是因為牠們喜歡人類糞便的味道吧？雖然根據古代醫生流傳下來的說法，人類糞便沒牲畜的那麼臭[7]。尤其是在有特別的事件發生時，當地人的嗅覺會特別受到干擾，特別難忍惡臭，根據一七三三年的一項觀測報告，伊澤爾河或德拉克河突然暴漲，留下了「混雜著茅廁味和墓地氣味的爛汙泥臭」。只要想到當時埋葬死人往往僅是淺淺覆上一層土，我們就能明白為什麼會有墓地氣味。一如在中世紀時，某些行業釋放出來的氣味特別讓人難受，肉販、剝牲畜皮的、賣牲畜內臟的都屬於這一類；此外還有做蠟燭的行業，他們所用的豬油脂是出了名的臭氣沖天。織品和皮革製造在十七世紀的發展帶來了惡臭，不過他們在製造過程中常常會用到的糞與尿並沒有引發眾人的反感。堆在作坊門前的糞與尿，與廄肥一樣，代表作坊主人很富裕，還能招徠客人。一直到一九〇一年，在主要的十字路口往往會放置大尿桶，以便收集工人和過路行人撒在同一個桶子裡的尿。鞣革工人、製革工人、染匠和縮絨工人一起分取大尿桶裡裝的尿。和皮革相關的行業，像是許多手套商，也都使用牲畜的尿液和狗大便以為整理毛皮做準備。織品作坊裡讓人作嘔的氣味也不遑多讓。摻上醋的陳腐尿液可以將顏色在布料上固定下來，也可以在皮革上固定下來。至於縮絨工人，他們將呢絨泡進尿液和溫肥皂水混合的液體裡，以便除去汙垢，然後再赤腳踩壓呢絨。澱粉製造商整天浸淫惡臭的發酸蒸氣中，這蒸氣是小麥長時間泡在水中分解後發散出來的。雖然被當局驅趕到城牆外，會散發難聞的煙味和碳酸味的石灰窯或石膏窯在風向不對的時候還是會汙染城裡的空氣。諷刺的是，石灰還是除臭的良方。當時人用石灰來塗白屋子的牆面、漂白布匹、為掏糞坑做準備，或是用在埋葬死人上，尤其是在流行性傳染病過後撒在亂葬坑裡。在發生鼠疫時，大家依然認為石灰具有預防感染的效果。因此在一五九七年時，還有這樣的建議：「常常漂白衣物，讓衣服散發香氣，沒有什麼能像空氣、水、火、土和香氛這麼能消除惡臭。」就和其他地方的人一樣，格勒諾布爾的居民會在早晚於每個城區點燃散發香氣的柴堆，有時候會再澆上紫羅蘭花露或是酸模草花露。

要提巴黎的情況就必須放大視野。在十六世紀初時約有二十萬居民的首都巴黎是當時歐洲最大的城市，一直到十七世紀末，其人口已超過五十萬，且依然是最大城市。在法國大革命之前，巴黎更增加了至少十萬居民，不過這時第一大城的封號已經讓給了倫敦。

一五三九年十一月二十五日，因為巴黎人口增加太快而頒布了一道皇家敕令，巴黎的居民在一五六〇年時輕輕鬆鬆地達到了三十萬人[8]。這道皇家敕令為人口大量聚集感到遺憾，因為這阻塞了交通，而且每個人都在自己家門口前堆放「爛泥、廄肥、石灰渣和其他垃圾」，儘管皇家早就明令禁止。不過，這些堆放在門前的汙物散發出「毒害和惡臭」，讓「所有正人君子不快極了、厭惡極了」。當局下令堆放汙物的居民移除這些髒東西，在自家門前鋪上石塊，以維護馬路的清潔，違者處以罰鍰，累犯並加重處分。把垃圾或水倒在路上或廣場上、把尿液和腐臭的水留置在家裡也在禁止之列，依規定是要把這些東西倒在河中，並注意河水是不是把它們沖走了。此外，也不准在街上燒稻草、廄肥，或是其他汙物，這些東西應該在城外清理掉，也不准在公共場所殺豬或是其他牲畜。家裡要是沒有「衛生間」，必須緊急造一個，否則房產會被沒收納入國王名下，如果房產是屬於教會的，就禁止使用十年。此外，無論是肉販、熟肉製品販、烤肉販、麵包師傅、轉賣雞禽者，或全體居民都不准養豬、小鵝、鴿子和兔子。擁有這類動物的人必須把牠們送到城外去，否則在沒收充公之外，還要施以體罰。最後這一條規定通常是為了預防傳染，這說明鼠疫正在肆虐，或是即將爆發，所以這則敕令反映了當時的防疫需要。總之，和之前或之後針對同一問題而發布的城市法規比起來，它的長期效果並不顯著，因為大家並不尊重這條法規。一三七四年，皇家頒布了一則法令命令巴黎的房東「在自己家裡要有夠用的茅廁和便坑」，但這則法令顯然不見成效。

在人死後，公證人必須清點財物，然而他們卻對茅廁不感興趣，這使得事情更加複雜。不過，根據公證人的資料，在一五〇二年到一五五二年間，在巴黎瑪黑區的二十七間房子裡只有十八間擁有「便桶椅」或是便桶（或兩者都有），其餘九間則什麼都沒有；在一五三九年的敕令後，就只剩五間沒有[9]。若根據這點就說那些家裡沒方便之處的人都到公共茅廁去大小解了，那話就未免說得太快了。依據那時候的情況來看，應該比較可能是在外面解決，就像農民那樣，排泄在廄肥堆上。至於那些擁有茅廁的人，他們通常也不會費勁走到河邊去傾倒他們的穢物。巴黎住宅的特色是往高處發展，窮人一般住在高樓層，這使得他們當中大部分人都將穢物往窗外倒，邊倒邊向樓下喊：「小心水！」在整個舊體制時期，這是在街上走路時必須認真看待的一句警語，免得糞水臨頭澆下。鼻子比較靈敏的人，或是比較難搞的人有時會對此有所抱怨，但這一點也不表示眾人的感受性起了變化，只是這些抱怨在司法檔案中留下了資料。約在一五七〇年，住在南特市中心的安德烈・布魯諾有幾位鄰居抱怨說，他們都得避免在晚上七八點之間從他窗下經過，以免迎頭碰上他每日從窗口倒下的那桶臭糞水。像安德烈．布魯諾那樣倒糞水已成了痼習的人其實在他們家裡可以是有茅廁的，一如南特市中心的另一位市民皮耶．戈提埃——他不只堅持從窗口倒下「滿滿一桶……又臭又骯髒的東西」，還讓孩子在路上大小便[10]。根據在一五三九年出版了《廁所或衛生間的諷刺詩》之詩人吉勒．郭厚澤的說法，茅廁散發出來的臭味非常惹人厭：

我們不敢去衛生間
也不敢打開桶蓋，
就怕（我一點也沒瞎說）
那強烈的臭味冒上來。[11]

巴黎因為是大城，臭味也相應來得更厲害。於一五八〇年初夏可怕的鼠疫過後，在向一所醫學院查詢其成因時，這所醫學院提出一份報告，該報告清楚地表示，排水溝不足是鼠疫發生的主要原因。這份報告還提議，擴大排水溝網絡，以有斜度的石塊路，將汙水排到離城四分之一里*之外，就像已經在巴爾貝特城門所做的那樣。或是深深往下挖掘呈斜坡狀的渠道，好將汙水導向巴黎的幾條大溝渠，因為流速極猛的河水會將它們沖得遠遠的。另外，也得遠離垃圾場，因為「從垃圾場會飄散出帶毒性的蒸氣，而且風會把這蒸氣吹回城裡；到了夜晚，這蒸氣愈來愈濃重，形成了危險的霧霾，引發出千百種毛病」[12]。蒙田也曾抱怨巴黎可怕的淤泥。繼他之後，十七世紀的許多作家和旅客也有同樣的怨言。歷史學家亨利・索瓦（一六二三－一六七六）說這些淤泥「又黑又臭，外地人難以忍受這氣味，它非常刺鼻，就算在方圓三四里之外都還聞得到」。所有碰到這淤泥的東西都會被腐蝕，所以就有了這樣的諺語：「就像巴黎的淤泥一樣一沾就去不掉。」在一六六二年因為誹謗皇室和樞機主教馬薩林而被判火刑的放蕩主義詩人克勞德・勒・博蒂把巴黎的淤泥比為魔鬼，這個比喻成了他那個時代很普遍的說法，我們稍後會再談到這一點。

臭大便這萬應靈藥，
巴黎該死的糞塊，
可憎的受詛咒的人之屎，

地獄的黑金，
魔鬼的黑色排泄物，
魔鬼會掐得你喘不過氣。[13]

氣味帶來的利益

十八世紀的巴黎會讓在城中漫遊者的各種感官都受到侵擾。為了滿足首都巴黎急遽增長的人口的需要，城裡老是在施工，處處可見各種危害。和小城市與鄉下地方不同的是，在巴黎，私人的茅廁似乎愈來愈普遍，不過大家並沒因此改掉過去的惡習。這從一七七七年警察局的一紙命令便看得出來，因為警察局認為有必要針對「最常發生的違章行為」重申舊有的規定。命令中有一條是禁止各個社會階層的人，「從窗口倒糞水或倒其他不管是什麼的汙物到路上，白天、晚上都不准」[14]。即使是在凡爾賽宮裡也有這樣的惡習。第一個「英國式洗手間」很晚才出現在法國皇

＊譯注：里（un lieue），本書中的「里」指的皆是法國古里。一古里約合現今的四公里。

宮裡，供路易十五使用。路易－塞巴斯蒂安・梅希耶*對茅廁的指控是否也解釋了這傳統的陋習為何會一直維繫下來呢？他說，由茅廁這「危險的地方」散發出來的「腐敗的瘴氣」和「有毒的惡臭」，使他小時候視上茅廁為畏途，認為是「邁向地獄之道」。他建議他的讀者在露天解決，別用茅廁[15]。對茅廁這麼負面的印象使得他同時代的許多人都不敢去上，雖然這些人可能擁有還不見得那麼方便的茅廁。再說，就這一點，大人物們的運氣並不見得就比較好。這從一六九四年十月九日的一封信就可以看得出來。這封信是路易十四的弟媳芭拉汀娜公爵夫人寫給她教母的。她提到她住在楓丹白露時的經驗：她的住處沒有衛生間，她直白地表達「到戶外拉屎讓我不快極了，因為我喜歡自在地拉，要是我的屁股沒擱在桶子上，我就不能自在地拉。同樣地，在外面的話，每個人都會看見我拉屎，有男人、女人、男孩、女孩、教士、御前衛士來來去去」[16]。

錢沒像大便那麼臭，大便在舊時被提升為經濟等級。就和在某些行業裡是不可或缺的、在醫學上也是非常有用處的尿一樣，排泄物是可以讓它的主人變富有的。尚・德・何努醫生在一六二四年時曾指出，同行的某些醫生都用老鼠屎來治結石，用狗屎來治咽喉炎，用孔雀的大便來治羊癲瘋，而人糞是「最好的催膿藥」[17]。在一六八九年時，尼古拉・德・布萊尼†曾以十六頁的篇幅寫到了用人或動物的糞便製成的藥方和美容祕方[18]。他也在二十七個藥方裡大力提倡使用尿。

尿主要是在摻合其他物質蒸餾後當做化妝品使用，目的在於為女性除皺、漂白，因為當時黧黑的膚色會被看做是粗野之人或是鄉下人。在一六六六年，瑪麗・莫爾塔克‡提出了一個治療脫皮性皮疹的藥方，而且要改善膚色，她會使用「只喝葡萄酒的年輕人的尿」[19]。塞維涅夫人※使用蒸餾過的尿液來治風溼病和鬱悶。一六八四年十二月十五日，她建議女兒用十到十二滴熱熱的尿醇在身體兩側按摩。一六八五年六月十三日，她為解鬱悶喝下了八滴熱熱的蒸餾過的尿液。她其實也可以靠「千花水」來解鬱悶；「千花水」聽來詩意，事實卻不是那麼一回事。它的成分的確是有春天開的花，不過在配方中還必須加上新鮮的牛糞（有個作者標明了要加四斤◎），牛糞在春

* 譯注：路易—塞巴斯蒂安・梅希耶（Louis-Sébastien Mercier, 1740-1814），啟蒙時期的法國作家，著有《二四四〇年》，書中描寫二十五世紀的巴黎街道，是當時的暢銷書。

† 譯注：尼古拉・德・布萊尼（Nicolas de Blégny, 1652-1722），法國外科醫生、歷史學家，一六八二年擔任御醫。

‡ 譯注：瑪麗・莫爾塔克（Marie Meurdrac, 1610-1680），十七世紀的女性化學家，在自家的實驗室中學習化學。她將藥物分贈給窮人。

※ 譯注：塞維涅夫人（Madame de Sévigné, 1626-1696），法國書信作家，她被奉為瑰寶的書信生動、風趣，反映了路易十四時代的社會風貌。

◎ 譯注：斤（livre），指法國的古斤，一古斤約合現在的半公斤。

天採集來以後再加以蒸餾。在「千花水」眾多的不同藥方中，有一個簡化了的藥方：取來牛糞和帶殼的蝸牛，全部摻在白葡萄酒裡搗碎，然後蒸餾。也可以在春秋之際，只在早上喝兩三杯牛尿催瀉，如此持續十二天[20]。在牛這溫和的反芻動物身上什麼都是好的，牠提供人類牛奶、牛肉，以及功效非凡的排泄物！波里卡普．朋瑟勒這位醉心於農學的改革派教士，在一七五五年時提供了一個釀製絕佳利口酒的簡單祕方。根據他的說法，這祕方花不了什麼錢，只要在燒酒中加上味道濃烈的牛糞再蒸餾即可。我們不敢說現代的人會喜歡這種氣味、這種口味的酒。這位博學的作者一點也不是在開玩笑，他非常努力地證明這種利口酒有益健康，風味均衡。可惜的是，他雖然提出了一套音樂與味道緊密相關的理論，卻忘了明白指出這牛糞酒是什麼樣的音調；他把「美味的音樂」的七個全音對比於七種「原始滋味」（酸、辣、淡、甜、苦、酸酸甜甜、酸澀）[21]。

就像所有有價值的原物料，排泄物也進入了迅速發展的商業資本主義的迴路中。我們可以說，就連在黑市也見得到排泄物的交易，腦筋動得快的人隨時都會利用漏洞獲取個人利益。一六六七年的皇家敕令就引證了拉維萊特的許多農家的不法情事：他們挪用了和掏糞人勾結得來的人類糞便，把它拿來餵狗和豬[22]。這些作為肥料之用的排泄物對大城市市郊種植蔬菜、水果、葡萄的農民是必不可少的，不誇張地說，其價格簡直可比黃金。沒有這樣東西，供給巴黎市民所需的精耕農業（特別是農民報酬極高）就會沒落。不過，當時有條吹毛求疵的規定是，要這些排泄物在糞槽裡靜置三年後才可使用，目的在於讓它變成「乾糞粉」，然後再施肥在農地上。但有專家抱怨說，這麼做只會種出「有害健康的壞穀物和蔬菜」。我們不知道它們的味道對消費者來說是否有「普魯斯特瑪德蓮小蛋糕」的餘韻，再說，這些消費者也是製造這些食物的有機肥料的生產者。至少籠罩著巴黎首都持久不散的氣味是巴黎人的需求與市郊農家的需求積極合作的成果。

市郊農家趁黑夜偷取糞槽裡正等著乾燥的貴重排泄物的情況並不少見，儘管農學家警告說使用新鮮的糞便，蔬菜、水果會不好聞。雖然有許多外在壓力，農家還是頑固地拒絕使用堆在各處垃圾場裡的難聞的淤泥，在數量上，這些淤泥比糞便肥來得多了十倍。在一七七五年時，估計約有兩萬七千立方公尺的淤泥，在一七七九年之前它們都堆放在三座永久垃圾場裡。聖傑曼郊區和聖瑪爾索郊區的垃圾場在一七六〇年時彼此相距約四公里。目的在於避免透過「惡臭的空氣」汙染食物，尤其是避免汙染來自戈內斯*的新鮮麵包。而且也必須消除到巴黎來的旅客、外地人對

＊譯注：戈內斯（Gonesse），巴黎東北部的郊區小城，是重要的小麥產區，用此地的小麥製作的麵包廣受好評。

此地臭味的壞印象。第三個垃圾場蒙弗孔，位於肖蒙山丘附近，是從一七八一年以來唯一仍在使用的垃圾場。這垃圾場占地十公頃，排泄物的精華盡在其中發酵，而且在這方形的場子裡滿是腐爛了的死屍；從維庸*那時開始這地方就陰森可怕，他曾見過吊死的人的念珠在這裡蕩來蕩去，拿這裡當但丁的地獄場景最適合不過了。

對鼻子敏感的人來說，巴黎市中心也一點都不是天堂。西堤島和聖母院街區裡的淤泥都是用船載走。附近的居民都抱怨這地方臭不可聞，很不高興他們連窗都不能開，而且他們注意到這氣味讓他們的銀器、鍍金的物品、鏡子都失去了光澤或變了色。在一個馬路邊上很少有人行步道的城市裡，馬路上又黑又噁心，又有腐蝕性的淤泥，真是過路行人的惡夢。儘管到了啟蒙時代事情有了進步，街道上的淤泥在巴黎警察總監的監督下移走了，但情況並沒有明顯的改善。這時，賣破爛的「腳夫」會在路上撿拾所有有價值的東西，包括貓或狗的死屍，再將這些轉賣；在他們經過之後，會有兩輪的垃圾推車來回通行。為了回應急遽增加的人口，這些垃圾推車的容量在一七四八年時增加了一倍，達到了一點五立方公尺。到一七八〇年時，每天總共有五百輛這樣的推車清運垃圾。在同一時期，巴黎有七十條排水溝，但都維護不良，經常堵塞，一遇到暴風雨附近地區就氾濫成災，淤泥滿地。而且不斷增長的城市漸漸被郊區的垃圾場包圍起來（自路易十三主政時期就設置了這些垃圾場），從垃圾場飄來的惡臭讓人作嘔，尤其是在吹西風或西南風的盛行風之時，鄰近的街區都深受其害。就這樣，沃日拉爾垃圾場就汙染了夏佑和帕西這兩個街區。情況變得非常危急，以致在一七五八年時，皇家委員會就下令在遠離市郊的地方另設垃圾場。當時，警察總督亨利・貝爾丹估計，有鑑於垃圾場的距離，街道清潔的費用每年會高達五萬六千法鎊[23]。巴黎的淤泥很可能就讓龐巴度夫人一個主要的親信賺了不少錢。

一些過去不存在的不起眼的行業為眾人提供了前所未有的服務。為了讓在戶外解決內急問題的人不被罰款和體罰，警察總督貝爾丹在一七七一年於多處街角設置了「便桶」。十幾年後，一個有發明天才的巴黎人設計出「折疊式茅廁（手提茅廁）」，每次使用的費用是四蘇†。不久就有了競爭者。原本是奇臭無比而且常人難以靠近的杜勒麗皇宮的露台，路易十四的皇宮總主事砍

---

* 譯注：維庸（François Villon，約 1431-1474），法國中世紀末最偉大的抒情詩人，生平不詳，但據說曾被控謀殺、竊盜，最後下落不明，是最早的「受詛咒的詩人」。直到十六世紀後人編撰、出版了他的詩歌，他才進入法國文學的正典。他有幾首詩提到了女人年華老去之後的衰頹。《小遺言集》、《大遺言集》為其代表作。

† 編注：一法鎊等於二十蘇。

掉了用來遮蔽人就地方便的紫杉，蓋了付費的茅廁，費用是兩蘇。巴黎居民認為這費用太高，就紛紛跑到附近的巴黎皇家宮殿去解決。皇家宮殿完全歸奧爾良公爵所管，警察無法取締隨地便溺，所以這裡早就充滿尿臊味。奧爾良公爵後來也在這裡蓋了十幾間茅廁，在一七九八年使用費的收入就達一萬兩千法鎊。這些可鄙的物質就這樣點指成金。在一七七七年出版的一部由努加賀和瑪爾襄創作的三幕劇《敏感的掏糞者》，明顯會讓弗洛伊德派的心理分析家對錢和糞便之間的關係感興趣。尤其是內容涉及了不孝子和痛苦萬分的父親之間的衝突：威廉．桑福爾這個做父親的拒絕接受要繼承他家業的兒子因飲食無度有辱門風而將其毒殺。在這齣戲剛開始時，年輕兒子的一個朋友試著讓他以不同的角度來看他們做的那卑賤的掏糞工作：「你們一起掏的那些噁心的脈礦有一天會變成金礦。」那個壞兒子回答：「這是真的，那髒東西可以變成錢。我常常讓我老爸和伙計們一起去工作，我呢，我玩樂去了。」

某些職業造成的汙染

一六三三年出生的貝納迪諾．拉瑪齊尼醫生，他先是義大利摩德納大學的教授，後又到帕多瓦大學任教，他於一七〇〇年時出版了一部以拉丁文寫的書《論工匠的疾病》[24]。在一七一三年時，作者又增編再版，在當時廣受歡迎，並翻譯成多國語言，在今日，這本書還就其作者在職業病醫學所扮演的先驅角色引發爭論。

他解釋，他是在看到來他家掏糞的人在工作，才有了寫這本書的想法，書的內容是以直接的觀察和理論的研究為基礎。根據他的說法，每個不同的行業都有自己特有的疾病。他觀察了超過五十種行業，以鑑別各個行業對身體造成的不同傷害：有些疾病是由冷、熱、潮溼這類的現象引起的，譬如在玻璃工人、磚瓦工人、麵包師傅；其他則是由猛烈、不規律的長期使力，或是重複性的動作引起的；此外，作坊裡的汙染可能讓工匠的健康大大惡化；畫家使用的顏料和物質，如鉛丹、辰砂、鉛白、清漆、核桃油或是亞麻油等等，這些都是「畫室中聞得到的茅廁味、惡臭味」的起因，其結果就是讓畫家失去嗅覺——是不是就因為這樣，畫家以銳利的視覺彌補了嗅覺的不足？釀製葡萄酒和其他酒類的人會只是因為暴露在這些酒散發的味道中而醉倒；藥劑師在調配藥劑時也因化學物質影響而深受其害。拉瑪齊尼醫生提醒藥劑師，在他們調配鴉片酊時要喝醋，以保護自己身體的健康。在鼠疫肆虐期間，醫生廣泛使用鴉片酊，因為當時的人認為它能對抗鼠疫引發的瘴氣。芬芳的氣味一樣是會引起負面的效果，像是它會讓準備春天的玫瑰花花茶的人頭痛。

另外，許多難聞的氣味也大大干擾了周圍鄰居。由石灰窯散發出來的「蒸氣」是非常有礙健康的，拉瑪齊尼醫生很訝異看到石灰窯設置在城中。他特別關心掏糞的人，因為他們可能變成瞎子。對他來說，惡臭至少能保護掏糞的人不感染鼠疫，一如製革工人。有些醫生仿效他，相信我們能以更噁心、更難聞的氣味來驅除具傳染性的空氣。他們主張早上起床時探頭進茅廁裡聞聞味道以保護自己健康。這是學者的意見，而不是來自一般大眾，不過窮人都採用這個辦法，因為這又不花錢。一七七七年，《論工匠的疾病》這本書的年輕法文譯者在書上針對巴黎掏糞的人這職業加上了一個長長的譯注[25]。在開啟茅廁時有窒息的危險，甚至會引發猝死，尤其是如果我們將沉澱在液體殘留物下方的那層結塊、變硬的厚厚殼子刺穿而完全掏清它的話。因為從腐臭的排泄物散發出來的是危險的蒸氣，是臭瓦斯或「臭鼬鼠」，稱之為「鉛」（le plomb）。有時它甚至是可燃的，就像在一七四九年七月在法國里昂就曾發生糞坑起火的事件。在該做的預防措施中有一項是，必須把醋用力摩擦在手上和臉上。要讓昏倒的工人醒過來，就必須用醋按摩他，讓他聞聞醋的味道，用菸草的煙薰他，讓他服一種含鴉片的複方軟糖劑……。這位法文譯者是未來著名的醫學、化學博士，時年二十二歲，身為藥劑師兒子的他也一樣有醫學迷信。引發掏糞者猝死的

「鉛襲擊」（le coup de plomb）到下一個世紀時仍是治療上一個令人擔憂的問題[26]。

至於人類的尿，它擁有雙重的作用，一用於治療，二用於染色。在前面提到塞維涅夫人時就已經說過，尿液是用途廣泛的藥方。一般建議以喝尿水來治療水腫；拉瑪齊尼醫生指出有修女大口大口地灌尿水，好讓她們月經再來。莫里哀曾嘲笑醫生們會根據體液學說的理論來觀察病人的尿，以判斷他們的健康狀況。不過，從古希臘、羅馬時期就傳下了更可憎的用法。古羅馬人就藉著把羊毛泡在尿裡兩次，來把它染色成紅色。同樣，根據詩人馬提亞爾*的說法，象徵皇家的紫紅色也會發出惡臭。馬提亞爾的這種說法相當於一句著名諺語，這句諺語說，在羅馬，塔爾皮亞岩†非常接近卡比多力歐山丘‡，最終的殞落不就離權力中心不遠嗎？總之，約到了一七〇〇

---

* 譯注：馬提亞爾（Martial，約40-104），古羅馬詩人，著有《短詩集》，文字以描繪他所處的羅馬社會見長。其作品取材廣泛，短小精悍，為時人所稱道。

† 譯注：塔爾皮亞岩（roche Tarpéienne），在羅馬市中心的一塊大岩石，離卡比多力歐山丘很近。在古羅馬時期這裡是行刑地，罪犯和叛國者都被推下巨岩致死。所以在文中句末會說最後的殞落離權力中心不遠。

‡ 譯注：卡比多力歐山丘（Capitole），羅馬七座山丘之一，也是最小的一座。是羅馬建城之初重要的政治與宗教中心。

年，縮絨工人、羊毛去脂工，和洗染工也都還是採用同樣的技術。拉瑪齊尼在拜訪他們的作坊時，注意到「所有的工人都在一個大桶子裡小解，然後任桶子裡的東西腐爛，以便應用」，用來漂白布匹，這樣布匹就比較容易染色。他說他很訝異作坊裡的悶腐惡臭那麼強烈、那麼惹人厭。

不過，他在拜訪下列這些人時似乎更為痛苦，像是製油工人、製革工人、樂器調音師、肉販、魚販、熟肉製品販、乳酪販、製蠟燭工人。他承認「在這些地方時，我整個胃都翻了起來」，而且頭痛、噁心。他贊成將鞣革工人、製革工人搬到城牆邊或是城外去，因為「擔心裡頭散發出來的氣味汙染了城中居民呼吸的空氣」。還有製蠟燭工人也該搬到城市邊邊去，他把他們的作坊視為「像地獄般的深淵，或是有鼠疫危害的湖」。因為他們的大鑊裡滾滾燒著羊脂、牛脂，尤其是最臭的豬脂，散發出惡臭的蒸氣，薰死了附近鄰居。他在拜訪製澱粉作坊時，也覺得那裡臭不可聞；在當時，因為有漂白布匹、衣領的需求，以及十八世紀愈來愈流行的在假髮上撲粉之風，對澱粉的需求大增，製澱粉作坊會把穀粒泡在水裡，任由它發芽，然後再擠榨，在水中發芽的穀粒會發出「讓人受不了的氣味」。

墓園和墳場不僅會讓挖墳的人生病，前面提到的那位法文譯者還嗟嘆它們危害甚鉅（他在譯注中抱怨了此事，因為在他交稿之後不久，於一七七六年才有一道命令要城內的墓地移到城外）。他表示，死人和活人並存在一個空間對民眾極其危險。醫生認為這是流行性傳染病的根由。他很高興，從二十年開始在歐洲就敏感地意識到有「有惡臭蒸氣」的問題。

農民對拉瑪齊尼卻不怎麼有好感，他們認為他是高高在上的學者，在面對農村的庶民時有城裡人的高傲姿態，鄙視他們，然而他下的評斷卻是很溫和的。他只是譴責「他們有把要當肥料的廄肥堆在牲畜棚前，甚至堆在家門前的壞風俗，我們可以如實地把這稱為豬窩，在夏天時他們還把廄肥留在屋前視為樂事」。他最後下結論說，這惡臭損及了他們呼吸的空氣。

鄉下的氣味

十九世紀的衛生保健人士因為親眼見識到了農村的髒和臭，所以對鄉下有非常負面的評價。然而他們在堅持有必要除去味道時，只是把他們自己符合體面的標準套在鄉下人身上。現今所有已經文明化了的鼻子，包括歷史學家的鼻子，要是他們聽從衛生保健人士的負面觀點的話，會認為鄉下是「惡臭的集中地：牲畜的汗臭、雞糞臭、死老鼠腐爛了的臭、多人擠在一個空間裡的悶臭、藏在陰暗角落的汙物之臭、門前的廄肥悶燒發出的蒸氣之臭……」[27]。但農民的感受卻大不相同。我們已經提過，在門前高高堆起廄肥證明了他們興旺發達。此外，把廄肥堆在門前有其方便之處，因為主人可以在這裡便溺。就這樣，在一六五一年十二月十七日那天，靠近杜埃的弗列村有個村民在黃昏時候於「屋前的廄肥堆上解決內急」時，屁股意外受到火槍彈丸之傷[28]。至於人類和牲畜讓人頭暈的臭味，對當事人來說是一點也不噁心的。何況這臭味對整個群體來說具有重要的社會、文化之功能[29]。要知道，農民認為那些從城裡短暫來到農村做調查的人自己才臭。

從十七世紀開始，當城裡或是皇宮裡開始講究精緻的教養，拒絕動物性的味道，並且對羞恥心有了新的看法之時，風俗教化的發展促發了鄉村臭不可聞的傳說。在此之前，對所有的人來說，在大眾面前解決生理自然的需求一點也沒什麼。就連君主都坐在便桶椅上和大臣議事。但亨利三世卻因此遭遇不測，他就是在便桶椅上被賈克．克萊蒙這位教士刺殺。當時的人可說是隨地解決生理自然的需求。菲赫提耶爾*提到，在路易十三當政時，王后的御前騎士有一天從他服侍的王后身邊走開，走到壁毯前小解。還有一次，在拉法葉小姐的裙下出現了一灘尿，一旁的路易十三見狀不過是哈哈大笑。在房間角落、在樓梯下，尤其是在壁爐前小解是很常見的事[30]。後來這樣的行為愈來愈受到上流社會人士的譴責，仍然照樣這麼做的一般大眾也愈來愈受到菁英人士的鄙夷。

在阿圖瓦（原是西屬尼德蘭的一個行省，後為路易十三的軍隊攻下），許多資料都證實鄉下人有隨地便溺的行為。小酒館的客人都在外面「放水」，在花園或牲畜棚裡，在屋子牆角，在附近教堂的牆角，或者是墓園的矮牆邊——如果墓園有矮牆的話；他們會自便地在窗邊往外排尿，就像在一六〇二年有一位年輕人即認為尿在他人身上很有趣。有時候在室內，在桌子前會挖一條小溝讓人方便。臭味顯然並不會讓人覺得困擾。在壁爐邊解決也是大家常會做的事，儘管爐火還一邊燒著。約於一五五〇年到一五五一年間，有一天晚上在離聖奧梅爾不遠的埃佩萊克，酒館老闆的妻子坐在壁爐邊。這時兩個微醺的年輕男子走到壁爐前小解。其中一個惡作劇了起來，他轉身噴了看著他們方便的她一身尿。另一個男子譴責他行為不端，不是個「君子」。兩人就拿匕首爭鬥起來，那個行為不端的人不幸一命嗚呼。鄉下人並不是不知道新的行為準則，這從上述這名非難他同伴的人的表現就看得出來。他在法官面前特別強調他同伴對酒館老闆的妻子無禮，以此請求法官寬容他的殺人罪行。儘管如此，他卻沒有因為自己在女人面前小解而覺得羞愧。像這樣

＊譯注：菲赫提耶爾（Antoine Furetière, 1619-1688），法國教士、小說家、辭典編撰家，曾獲選法蘭西學院院士，後因辭典編撰理念不合，被逐出法蘭西學院。

的行為是很稀鬆平常的。一六三八年六月二十五日，有個人在樹邊小解，一個男人和兩個女人走過看到就笑了起來，用開玩笑的口吻對他說：「看吶，魔鬼在這兒呢！」[31]

也有人會拿身體的排泄物來向別人挑戰，尤其是在年輕人之間。有人會藉口開玩笑噴人一身尿，或是在小酒館裡讓人喝他撒了尿的啤酒，不過這總會在男人間引發衝突，可能以悲劇收場。被人排放尿液會產生受其宰制的羞辱感，也會產生被弄髒了的嫌惡感，但一般而言，受辱的感覺要比嫌惡的感覺強烈多了。不過，在一個燒死很多女巫的時代，被弄髒了也會讓人很焦慮，因為所有從身體裡排出來的東西都有可能用在下咒或庇蔭的法術上。如果是糞便，那麼對人的侵犯就更為嚴重了。約在一五九四年，在蒙蒂尼．昂．奧斯特雷旺，幾個到了適婚年齡的大男孩嚴厲地指控另一個大男孩不尊重他們，當他們在小酒館的庭院裡小解時，他竟脫下褲子在他們面前大號。一六一二年九月一日，在戈納姆，有幾個參加婚宴的人很憤怒，因為他們看到有個「懶人」就在離擺著豐盛菜餚的桌子不到五步的地方，當著眾人的面排便，根據他們的說法，「好多人都非常厭惡」他這舉動。儘管資料上沒明說，但這行為不僅在視覺上有礙觀瞻，也對嗅覺有影響，會損及食物的味道。這麼近的距離，約一點五公尺，一定會讓就在旁邊的賓客覺得非常不舒服。一六四四年五月六日，在阿納蘭，兩個「到了適婚年齡的男孩」起了衝突，起因是其中一人在脫下褲子之後轉身對另一人說：「喏，這屁股是給你的，我要把你從我腿間屙出來。」[32]他把另一個人象徵性地貶低為他自己的排泄物。對女人來說，這行為是不是也常是帶有挑戰的含意呢？在一五二九年，一個農婦和一個男人起了衝突，怒火中燒的她喊著對他說她不怕他。「要是我屁股沒沾上糞，我就敢向你露屁股！」[33]在塞納河邊洗衣服的婦人常常對乘船經過的人光光地露出屁股，以取笑他們。許多巴黎女人也會在窗口做同樣的事。

對偶爾來到鄉下的人來說，鄉下固然很臭，但它卻不像舊體制時期的城市汙染得那麼嚴重，那麼惡臭。原因很簡單，鄉下的村莊通常只有幾百個村民，不像人口高度集中的城市，在城裡和鄰近的市郊聚集了許多味道不好聞的作坊。因為有防禦城牆圍著城市，一旦發生流行性傳染病就會變得很嚴重，住在這惡臭的死城中的居民在啟蒙時期到來之前就會到鄉下去使肺部重獲生機。在夏天逃離窒悶的巴黎，跑到鄉下房子避暑的人，到十六、十七世紀時人數愈來愈多。在盧梭那個時代，這個風潮更是興盛。當然，這是受到了盧梭的影響，在他筆下，大自然美妙、迷人、合乎道德，散發著幸福的氛圍，不過這也是因為人們為顧全健康，有必要逃離在不停擴張的首都巴黎城裡那讓人難以呼吸的惡臭。這同樣也是為了避開噪音，避開擁擠雜亂的環境，避開愈來愈多的窮人和妓女，這危險、騷動的底層階級以不可思議的速度增生。許多寬裕的人或特權階級人士在十八世紀時都湧向巴黎的鄉間，住進貴族的莊園或具有農村風味的屋子裡，他們就在這樣的「豪華花園宅第」裡大啖美食，或是荒淫嬉戲。最富有的人會依當時的潮流建造或是改造在鄉下的住處，並取法凡爾賽宮，在偌大的花園中央蓋一座豪華的家庭用城堡，四周以牆或柵欄圍繞，以便隔離粗俗的鄉下人。鄉下迅速成為城市的郊區即是由此開端，從某個角度來看，這個現象說明許多巴黎顯要人士有意回歸本初。因為他們小時候常常是由農婦哺育的，這一點可以解釋他們在感官上對農村世界有某種好感[34]。

農村的面貌因此大大改變了。譬如，布洛涅在一七一七年時人口約有八百。這裡主要是栽種葡萄，而不大有利於穀類的種植。由於馬德里城堡和巴嘉岱爾城堡就在不遠處，為特權階級人士提供洗衣服務的洗衣店就如雨後春筍般一家一家開了起來，非常興盛。約到了一七八九年，此處的人口達到兩千。一些貴族和巴黎的資產階級都在此地擁有占地廣闊的花園宅第。離巴黎市中心走路只有半天距離的蒙特莫朗希，一樣也有不少度假別墅。這裡是這個地區的水果盛產地，尤其以櫻桃著稱，大家都特別把城中的嬰兒交給這個地區的保母。

在哲學家和重農主義者*盛極一時的年代，人人都極度渴望農村生活。盧瓦侯爵†的外孫拉羅歇福寇公爵，他在諾曼第邊界擁有一座城堡，拉羅什－季伊翁城堡，這裡除了有廣袤的法式花園之外，最特別的是有一座實驗性的果園，裡面種了數百種果樹。他仿效了在凡爾賽宮創設國王菜園的路易十四，這舉動一樣也被納入重視田野樂趣的大潮流中。在自家的園中耕種蔬果不只是一種哲學的隱喻——這樣的思維是因伏爾泰而流行起來的，這還是讓自己一直以來在城市裡、在皇宮中被侵擾的嗅覺獲得新生的唯一方式。徹頭徹尾是個巴黎人的龐巴度夫人，在成為路易十五的情婦之前，每年夏天都會逃離首都的有毒空氣，來到離塞納爾森林不遠讓人心曠神怡的埃蒂奧勒城堡。她後來或買或租了多座城堡，這讓她可以享用自己地產上生產的蔬果，滿足她的一大嗜好。她甚至親自負責乳品製造。除了香氛以外，她也喜歡植物（不管是外來的或本地的）、溫室、菜園裡的芳香植物，以及花朵。她還請人仿照真實的花草製作成瓷器，再調配人工香料加於其上，使得到默東來拜訪她的路易十五讚嘆不已。瑪麗－安東妮愛好菜園、果園也是眾所周知。路易十六請人在凡爾賽宮的大花園裡為她建了「王后小農莊」，這裡很有田園氣息，而且還真的

＊譯注：重農主義者（les physiocrates），重農主義是源自於法國一七五〇年代末期的一個重視農業經濟的學派。其創始人為法國經濟學家法蘭斯華・魁奈（François Quesnay, 1694-1774）。

†譯注：盧瓦侯爵（maquis de Louvois, 1641-1691），法王路易十四的軍事部長。他改革法國軍隊，成就了路易十四最輝煌的戰果。

是座農場。即使配著飾帶的羔羊聞起來有點羊肩的臭味——古希臘人認為是恥辱的味道之一，但和作為歐洲兩座大城之一的巴黎之薰天惡臭味一比，整體說來，這裡的確是鄉間的嗅覺天堂。

第三章 愉悅的物質

二十世紀中期一位著名的心理分析家艾瑞克·艾瑞克松在《童年與社會》一書中寫道：「人類從幼年時期開始就學會了把身體的功能看做是不好的、羞恥的，或是危險的。每個文化都反向地利用了這個負面的觀點來發展它自己的信仰、自豪感、確定感，或是它的主動性。」[1]十六世紀的法國文明似乎駁斥了他這種說法。隨後的篇章指出了，不管是哪個社會階級的成年人一點都沒有壓抑肛門或壓抑性慾的跡象。相反地，強大的糞便文化與情色文化在農民階層和智識分子階層之間十分盛行。這會是從嬰兒一出生就被包在襁褓中的這種常見的做法造成的嗎？像木乃伊似地被緊緊包裹著，只有頭露了出來，他們只能等著有人來為他們換包巾，這時他們才能解脫浸泡其中的糞便和尿水。醫生、父母和保母一點也沒想到妖魔化孩子的排泄物。何況在那個時代，乾淨並不是最重要的價值，甚至水還被看做是危險的[2]。只有以伊拉斯謨為榜樣的少數道德人士開始試著壓抑人的動物性。必須等到十七世紀初才看得到這股壓抑的浪潮興起，它是以把身體下半部妖魔化來表現——這是本書另一章的主題。

智識文化觀點下的糞便

有些神經生物學家認為令人不愉快的味道主要是「強烈的糞便、尿液，或是腐爛的有機物質」的味道。在大部分的文化裡，分泌、排泄都被負面看待。對這些神經生物學家來說，大家不大能容忍這些臭味必定是和沒有下水道系統有關，也和在農業上使用有機殘留物的習慣，以及認為糞便可供藥用的習俗有關[3]。

不過，上述這三點不只是在民族學家所研究的異國社會中存在。我們已經看到在十六世紀的歐洲也是如此：城市裡滿是排泄物的味道、偏好人糞堆肥勝過一切，還有許多藥劑和美容祕方都大量以糞便或尿液為配方。

一五五七年老彼得．布勒哲爾創作了一張版畫，畫中指出了這些複雜配方的重要性，這些複雜配方還演繹出一套以身體排泄物為基礎的文化儀節＊。這幅作品表現了驕傲之罪。在畫面右邊是剃頭匠－外科醫生†的店，這家店同樣也提供身體保養的服務。在剃頭店擋雨篷上方的矮牆邊，我們只看到一個裸著背的人正拿著一個圓盤在方便。排泄出來的東西從圓盤裡流到了矮牆和擋雨篷的接縫上，直直落在正全心忙著為客人做臉部保養的剃頭店老闆的頭上。在老闆旁邊，有個助手拿著瓦罐從一扇小窗戶裡倒水，倒在一個婦女的長頭髮上，她前面有個大盆子接水，背後則有個頂著狼頭的怪物為她搓洗頭髮。剃頭店老闆的執照和可以兼賣藥物的證書都張貼在矮牆上，為不識字的人也擺上了杵和臼以供辨識。這兩樣東西都離糞便滿了出來的那個圓盤很近。畫家在這裡要表達的意思很明顯，就是那些美容保養品都是大便。這大便不是隱喻，而是貨真價實的。身為道德人士的老彼得·布勒哲爾，他舉發的不是這些保養之方很難聞，而是把這些保養之方看做是虛榮之罪。他還在剃頭店的左邊畫了一隻孔雀和一個漂亮的女人，這兩者象徵了在使用這種在這時期很常見的醫療保養之後的結果，以及遵循社會普遍的行為之後的結果[4]。

＊編注：這幅畫請參考本書書前扉頁。

†譯注：剃頭匠－外科醫生（Barbier-chirurgien），在歐洲，自十二世紀末到十八世紀時，剃頭匠經常同時做外科醫生的工作，不過當時所謂的外科手術多指放血。

除此之外，還有其他種種。人類的分泌或排泄讓人發笑。這種讓人發笑的情況至少持續到揚棄了中世紀的鬧劇和拉伯雷式的糞便學的時候，在這時優美的語言、良好的舉止，和極度高雅的女人（這些高傲、做作的女人日後被視為滑稽）取得了勝利。一六二〇年是個轉捩點。然而，這不只是大家日益拒絕「粗野」，也不只是新的上流社會人士拒絕平民階級讓他們感到反感的習俗。因為米加埃爾．巴赫金*在表示「愉悅的物質」的拉伯雷文化是根源於平民階級時其實是搞錯了。根據巴赫金的說法，拉伯雷文化源自於中世紀的嘉年華會，它能夠在節慶期間象徵性地推翻一般的價值判定，以及翻轉上下階級的關係。笑和怪誕因此應該可以是反當時占了優勢的「嚴肅」之解毒劑[5]。當時巴赫金因為反蘇維埃而受到蘇聯的迫害，所以他於一九四〇年之前構思的理論最後是將權力等同於迫害，把人民等同於反抗，在閱讀他的文字時有必要先理解這個背景。但身為默東的神父、人文主義醫生的拉伯雷，他的讀者群是有文化教養的人士，人數非常有限[6]。拉伯雷的觀點也是他那個時代智識分子的觀點，直到一六一六年，貝侯亞爾德．德．偉爾維勒†的時代，這觀點仍盛行不墜，後來才被壓抑人的動物性的強烈道德主義的觀點所取代。

從這時期開始，拉伯雷式的粗俗表現愈來愈讓正人君子覺得難堪。在重編出版一些太過放誕不羈的作品時，編輯一一刪除了粗野、露骨的文字，這正顯示了他們為這些文字感到羞恥。在十九世紀時，常常可見只印出骯髒字眼的開頭字母，接著以刪節號遮去其他字母。同樣類似這樣的舉措（但這舉措不符合當前的思維模式）也一樣解釋了為什麼一些思想家、作家經常把最淫穢、最粗俗的段落歸為一般庶民所寫，因為他們拒絕接受前人作家會寫出這麼猥褻的東西。然而這些淫穢的東西往往純粹是源自於智識分子。就像布勒哲爾在一五六二年的一張版畫針對糞便味道傳達出的訊息（圖4）。一隻皺眉蹙眼露出了厭惡模樣的猴子把鼻子湊近一個睡著了的縫紉用品流動攤商光著的屁股聞。在牠旁邊有另一隻猴子正對著流動攤商的帽子拉屎，但牠此舉一點也不妨礙前一隻猴子。這一幕表示了人類的排泄物比動物的來得更臭，而這個借自古希臘時代的觀念在文藝復興時期的醫療師之間很常見[7]。同樣地，有些醫生也主張大家去聞茅廁的糞便味以避免染上鼠疫，這一點我們在前面已經提過。他們只是根據古代醫生的意見，以更令人厭惡的惡臭來壓

＊譯注：米加埃爾．巴赫金（Mikhaïl Bakhtine, 1895-1975），俄國現代文學理論家與文學批評家，屬俄國結構主義學派。著有《杜思托也夫斯基的詩學問題》、《中世紀與文藝復興的庶民文化：法蘭斯華．拉伯雷的脈絡》、《拉伯雷和他的世界》等書。

†譯注：貝侯亞爾德．德．偉爾維勒（Béroalde de Verville, 1556-1626），法國文藝復興時期的作家，作品內容廣泛涉及歷史、數學、光學、鍊金術、醫學、繪畫、雕塑等。一六一七年出版的《不擇手段》是他最著名的作品。

制會傳染鼠疫的空氣。因為著名的外科醫生安布魯瓦茲・帕雷*表示「一種臭味會驅逐另一種臭味」，他還舉例說：要避免家中傳染鼠疫，要放一隻公山羊在屋裡。儘管如此，他還是留心讓自己和「大眾的見解」劃清界線[8]。但是當一部分的醫學人士不持這樣的見解時，他還是被歸為「大眾的見解」，把他流放到大眾惡俗、可鄙的煉獄中。不過，公山羊長長的旅程到此還沒完結。以其濃烈的體味讓人聯想到死亡的公山羊，在古希臘被看做是最臭最臭的味道之一，到後來牠在焚燒女巫的時期更是登峰造極，於巫魔夜會中成了撒旦的代表，尤其是在一五八〇年以後。然而，在二十世紀最後幾十年，公山羊卻出現在不少鄉下的牲畜棚中，這大概是大家又想起牠在古時候有驅逐鼠疫的正面功效[9]。希波克拉底†和他的追隨者一定會為此大大鼓掌。

有關氣味的諷刺詩

十六世紀的情詩把心愛的女人比擬為迷人的香氣。一五五〇年，龍薩二十六歲時出版了他最早的重要作品《愛情》，是模仿佩脫拉克文風的愛情頌歌。喜歡美麗青春少女的他會讚美她們散發出混雜著麝香味、水果味和眾神佳餚味的醉人香氣[10]。他寫道：「她口裡滿是龍涎香、麝香的芬芳。」他把意中人拿來和初春散發著香氣的美麗花園做比較。她的頭髮「就像香氣撲鼻的小花」，或者他自己渴望讓她頭髮「沾上麝香、龍涎香，和香脂的氣味」，就看當時的慣例。他得以和意中人有親密的接觸，整個人被她散發出來的氣味氛圍籠罩，這時他幾乎要昏厥，「因為你的香氣充滿了我所有的感官」。在等著瑪麗小姐同意他進一步在觸覺上做探索時，他一邊端詳著一隻蜜蜂在她唇上釀蜜汁，一邊以退為進地說他的鼻子已臻歡愉，這歡愉既精妙又合於禮法。或者他醉心地聞著她妝點在身上的玫瑰散發出來的香氣，這香氣浸潤了他的臉。這殘酷的意中人吻了他，讓他「心旌搖曳，整顆心欣喜得狂跳不已」。這時他顯得有能力精確地描繪從她口裡飄散出來的「香甜氣味」，這氣味之香甜「超過百里香、茉莉花、石竹、覆盆子和草莓之香甜」。

這是陳腔濫調？也許吧。不過，這位詩壇王子為了接近他的獵物顯然很有技巧地將氣味和滋味結合起來，以竊取她既好聞又可口的香吻。但我們不能這樣就輕易以為他是純情而無害的，因

＊ 譯注：安布魯瓦茲．帕雷（Ambroise Paré, 1510-1590），法國文藝復興時期的外科醫生、解剖學家，發明了許多醫療器械。後世尊稱他為現代外科與病理學之父。

† 譯注：希波克拉底（Hippocrate，前 460－前 370），古希臘醫生，對臨床醫學貢獻良多。後世尊稱為「醫學之父」。

為他也敢大膽地寫淫穢的詩作，例如在一五五三年出版的《嬉鬧》，這詩集後來由法國最高法院下令焚燒。這位謹慎的宮廷詩人後來寧願不再冒險寫這類的作品，免得遭受嚴懲。然而他仍不失為他那一時代的代表人物，能夠寫些情色詩，在他的情色詩中對女人的態度不像他的愛情詩那麼溫柔。他在一首情色詩中提到了一名妓女，還嘲笑她：

她多麼愛她這一行，搖臀擺身，
喘著氣、流著汗
腋下散發出公山羊味，
奶子散發出臭氣，
讓種滿藏紅花的黎巴嫩的山嶺
都沾滿了糞臭味。[11]

在一五三五年，克萊蒙·馬羅*以《美麗的乳頭》為題出版了一本短詩集。很快地，有不少詩人模仿他，希望就這個主題進行一場文學比試。在一五四三年，有一本多人創作的詩集《女體讚頌》以克萊蒙・馬羅的名義出版了[12]。這本詩集雖以「讚頌」為名實際上卻是反讚頌的，和那些把少女理想化了的詩作比起來就顯得沒那麼溫和可親。馬羅自己就針對老婦萎縮、下垂、醜得讓人作嘔的乳頭寫了一首詩：

嚇，發臭的邪惡大乳頭
滲出液體的你提供了
麝貓香和香水
以做成千百個死人。

非常仰慕馬羅的艾克多・德・博琉[†]則寫了一首關於鼻子的頌詩。詩是這麼做結尾的：

＊譯注：克萊蒙・馬羅（Clément Marot, 1496-1544），法王法蘭西斯一世的宮廷詩人。他曾因支持馬丁・路德的宗教改革而被囚禁。

† 譯注：艾克多・德・博琉（Eustorg de Beaulieu, 1495-1552），法國詩人、作曲家。他曾有一段時間被世人遺忘，直到十九世紀重新挖掘其作品而受到重視。

散發味道的鼻子比香脂好過千百倍
鼻子的氣味（當我離我的情人很近時）
甦醒了我的五官感受
比教堂裡的薰香更甚
鼻子的氣味是如此香
比較起來龍涎香、麝香不過是鳥屎。

根據現今科學的說法，鼻子是個非常特別的附屬器官，直接聯結到大腦。文藝復興時期的智識分子認為它和性緊密相關。當拉伯雷表示一個人鼻子的長度和他性器官的長度呈正比時，他一點也不是在開玩笑，即使這說法顯得滑稽[13]。義大利一位醉心於亞里斯多德哲學的飽學之士尚－巴蒂斯特．波爾答*，身為物理學和光學專家的他在一部於一五八六年出版並在國際間造成轟動的拉丁文作品中嚴肅地解釋了這個說法。他寫道：「鼻子和身體那一部位呈一定的比例關係。」鼻子又長又粗的人，他的性器官在比例上也相當，鼻翼的大小則等同於睪丸的大小。我們稱有這種鼻子的人為 nazards，這稱呼說不定會讓大鼻子西哈諾．德．貝傑拉克開心。結果就是男性性徵出現在臉孔正中央。以致鼻子又塌又短的男人在性的方面就不會被看做是冠軍。大家也常指控塌鼻子的人鼻腔發臭，也就像我們在今日說的，這氣味會將危險的信號傳送給他潛在的性伴侶，這從眼睛看就能得到證實。至於女人是不是好色，在十六世紀時這並不需要有什麼雙眼得見的證據，因為她們天生就是夏娃的後代，自然是常懷春情。為了事情方便起見，或者說這是男人之幸，波爾答指出：「女人的嘴巴大小，嘴唇的厚薄顯示了她們陰部開口的大小和陰唇的厚薄。」

後來成了基督新教的傳道士的艾克多·德·博琉，他開開心心地從鼻子講到了「低地國」†。他沒什麼心理糾結地頌讚屁，稱它具有全部的優點，「教皇、國王、公爵、親王」無不在它治下，「無一例外」；他還頌讚了那些「從我情婦的腰際噴發出來的悶聲不響的屁」之優點。除了那些「夾緊屁股」的討人厭的女人、極度高雅的女人放不得屁之外，沒有什麼社會規範是禁止人放屁的：

＊譯注：尚－巴蒂斯特·波爾答（Jean-Baptiste Porta, 1535-1615），義大利學者，他畢生致力於研究自然界神奇的現象，譬如光的折射，並試著將其化為嚴肅的科學。

†譯注：低地國（Pays-Bas），字面直譯為「下面的國度」，此處指的是「下半身」。因下半身處於下面（bas），故在法文中玩起文字遊戲，以「低地國」代稱。

但是一個圓圓的大膽的響屁是什麼都不怕的
它一點也不是裝出來的屁、粉飾的屁、不自然的屁。
悶聲不響的屁聞起來就像牧羊女的屁。
響屁讓清潔婦的屄變得很香，
有風的悶聲不響的屁，還有響屁如閃電一樣迅速
許多女士當著男人的鼻子笑著放這樣的屁。
悶聲不響的屁一放起來直挺挺且迅猛，
它從來不是水狀的、泥漿狀的。
響屁彈得很高，聲音諧和、清亮
總是開開心心地，高歌邁向死亡
響屁和悶聲不響的屁都有持久的意志，
威力強盛，堅不可摧。

他在一一細數屁股的優點時更是來勁。他說，屁股是整個身體的「皇爺」，因為許多醫生都

得「問問它的意見」，以決定病人的病況，然後常常在治療時要「在屁股置入許多栓劑／粉末、香氛、潤滑油和灌腸」。他詳詳細細地描繪女人圓圓的美麗臀部，尤其是胖女人的臀部，「帶有巴黎風情」，走起路來款款生姿，有強烈的性吸引力。此外，他還開開心心地揭示了鮮為人知的一種女性特權。

……因為你在教堂裡可以
（在需要時）嘆氣和放屁，
儘管鼻子感到氣惱
而且人家告訴你這是褻瀆
但對你這是非常美麗的特權。

在下結論時，他更直指核心，以和拉伯雷同樣博學和享樂主義的風格，提到了人體自然的機能和愉悅的物質。

為了加強對你的頌讚，寫下了：
你對四肢擁有統治權，
你可以任意支配它們的美，
讓它們保有美，或是讓它們失去美。
當你在方便的時候
敏捷而大膽，或是當你生它們的氣時，
它們或是歡樂或是悲傷都要看你的臉色。
喔，英勇的屁股，充滿了壯舉，
當你拉屎、放悶聲不響的屁，或是放響屁時，
你的四肢全都開心得很。
因為在放屁、拉屎時，並不會焦慮
會因此而被死亡逮住
承認吧當它們不再沾得你的益處，
四肢就不再美麗、不再有好臉色、不再愉悅、不再快樂。

有另一位佚名的作者也寫了一首關於屁股的頌詩，同樣把屁股當做所有感官之主，還說它能讓身體恢復元氣。他還表示「您是所有美麗的基礎」＊。他玩的文字遊戲是比表面上的還要深沉。在下面這首詩中，並不難從字面上對這句玩笑話做第一層的詮釋：

要是您有時把門關了起來，
眼睛會看不見、嘴巴也會好像是死了一般
鼻子會變蒼白、乳房枯萎
您的鄰居屄會感到驚訝，
大家都懇求您再開門
不然它們就會變醜

＊譯注：基礎（fondement）在法文中有兩層意思，另一層意思是指「屁股」，所以這句話有「屁股是一切美麗的基礎」之意，故下文會說是文字遊戲。

「您是所有美麗的基礎」這句玩笑話的第二層意思是和人類糞便或尿液可以用在美容保養上有關，在文藝復興時期這還是出自醫生的主張。

其他作者的屄的頌詩詩作則顯得比較不帶勁，不過他們在創作時也是沒有什麼心理糾結的，譬如布歇岱爾*：

喔，親切的屄、可愛的屄、迷人的屄，
圓滾滾的屄、乾淨的屄、光滑的屄。
周邊長著細毛的屄。
不變形或不醜的屄
小小的屄，有著紅紅嘴唇的屄
它千百次讓男人豎起了大耳朵†……
屄可以修補死帶來的遺憾，
愛情到最後是以屄作為終局。

在拉伯雷、龍薩那時期的人文主義者一點也不是嚴肅古板的人。他們喜歡生命中所有帶來歡愉的事物，總是無所避諱地把話挑明直說。他們的作品中在在充滿了世界上所有的氣味，包括排泄物的，以及性的氣味，沒有任何心理糾結。弗蘭德斯或荷蘭畫派的風俗畫畫家一樣也不厭惡「愉悅的物質」。以開玩笑的態度來描繪「愉悅的物質」像是作家與文化階層人士或高階社會人士之間的一種溝通的符碼，而絕大部分的庶民階級是被排除在外的。因為會買拉伯雷風格、放誕不羈的書的人從來不會是農民，也不會是當時可能高達百分之九十的文盲。油畫和版畫也不是低下階級的人買得起的，這不僅是因為他們沒錢買，也往往是因為他們沒有必需的知識背景以了解畫的意涵。因此拉伯雷並不是為庶民文化發聲的智識界代表人物。相反地，他是屬於百科全書式的人文主義高階社會人士，深受古代的觀念，以及古代異教諸神再興起的影響。基督教的審查留心刪改了拉伯雷的作品，以及馬羅的作品，並禁止龍薩出版他年輕時寫的一本書。但他們阻止不

＊譯注：布歇岱爾（Guillaume Bouchetel, ?-1558），法國政治人物，曾於法王亨利二世時期擔任外國事務大臣。

†譯注：「大耳朵」意指男人的性器。

了這些人表達追求身體的快樂、拒絕性的禁忌、淫穢的禁忌、糞便的禁忌的哲學思想，這思想在一整個世紀裡廣為流傳。

只因為上述這個接近於伊拉斯謨樂觀人文主義思維的潮流遭到挫敗，才讓那些倖存下來的作品被收進了圖書館裡的「地獄」*中，一直到近期才解禁。勝利的一方有時會銷毀禁書、禁畫，不過大部分時候他們會刪改被他們看做是不合體統的書籍或圖像（特別是圖像），或者是將它們隱藏起來，不讓民眾有機會接觸。自一五六三年起，天主教召開的特利騰大公會議就針對裸體的圖像不遺餘力地攻擊，由一群「專門塗改的繪者」（les braguetteurs）領軍（這些「專門塗改的繪者」即是莫里哀劇中偽君子達爾德杜佛精神上的祖先），負責把圖像上顯露在外的性器官遮掩起來。後來連猥褻粗野的文字、圖像都受到審查。當時的資產階級或是自恃思想正統的人士非常受不了看到圖畫中有撒尿、屙屎的人，像在布勒哲爾和他那一班人的畫作中常表現的那樣；他們往往請專門塗改的繪者將這些人物塗抹掉。荷蘭的大畫家以撒克・范・歐斯達德有兩幅畫作就遭受這樣的命運（圖1至圖3）。他在一六四三年的一幅畫，畫中是一座教堂，在畫面右下方有一個人遠離眾人，蹲在地上，在一隻狗面前方便起來。這幅屬於英國皇家的畫作，這個人被塗上了一叢小灌木遮掩掉了，這很可能是在一九〇三年英王愛德華七世在位之初時塗改的。在二〇一五年時因為要在英國白金漢舉辦畫展，才把這叢小灌木清除，還原這幅畫本有的面貌。他另一幅於一六四一年創作的畫，畫中表現了幾個農民正在農莊大門不遠處將一頭四隻腳被吊著的豬宰殺成塊。一位富有的美國人於一九六九年在阿姆斯特丹買了這幅畫，在二〇一四年請人修復。在畫面的左下角有一個穿著衣服坐在一張凳子上，在修復後，露出了這個人是光著屁股面對著殺豬的畫面在排便[14]。

就像在他之前的布勒哲爾，以撒克・范・歐斯達德一點也不是為糞便著魔的人。他是針對城裡人或是貴族的有錢階級而創作，這些人能夠欣賞鄉下人行為的幽默之處。因為他的畫並不純粹是寫實的表現，其中還含有適用於上流社會的道德寓意。在十七世紀中期，在上流社會裡對羞恥心已經有了新的標準。一六三五年一月，在西屬尼德蘭某個鄉下地方，有名貴族殺了人。這名貴族後來獲得釋放，他辯解的主要理由是他在晚上散步時，突然有了便意，因為「不想被人看見這需要獨處的事」，所以他開口請過路人避開，但過路人不理會他[15]。把這種有趣的風俗畫掛在家

＊譯注：圖書館裡的「地獄」（Enfer），法國國家圖書館自一八四四年開始將禁書打上「地獄」的印記。這裡的「地獄」是統稱圖書館中收存禁書之部門。

裡，看鄉下人的粗俗行為讓上流社會人士覺得自己高尚多了。這種微妙的表現顯示了對下層階級非常鄙夷。范．歐斯達德的這兩幅畫作直接就把鄉下和動物性做了聯結。因為在第一幅畫中有狗看著那蹲著的男人，在第二幅畫中有被宰殺成塊的豬——狗和豬是唯二的喜歡人類糞便的動物，甚至喜歡到會去吃它的程度；就算是住在城裡的狗和豬也一樣喜歡人類糞便，這我們前面已經說過了。

故事作者的笑

如果說有時候這笑（尤其是布勒哲爾的笑）是表示了對鄉下人有某種好感，那麼在十六世紀時的許多故事作者的笑也都帶著同樣的上、下階層社會是有區隔的之訊息。這笑聲迴盪在高層的文化階級中，就像是因共同嘲笑下層階級而成了一種融合各種不同群體的調合物，包括朝臣、宮廷詩人、國王身邊的智識分子、大小貴族、修會神父、教區神父、富有的資產階級，或是有文化修養的窮人等等的，而這些人又都因為彼此鄙夷而分隔。至於故事作者，則是各式各樣的人都有，上從法蘭西斯一世的姊姊瑪格麗特．德．那瓦爾（她也是淫穢文章的作者），下迄名聲不高的拉伯雷式笑聲代表人物，而所有這些人沒有人真的是來自庶民階級。再說，我們往往會忘記極少有人是只做單一活動。就像龍薩，在詩作中歌詠理想化情愛的他，在寫《嬉鬧》時則顯露了他粗魯大膽的一面。

就像呂西安・費夫賀*以生花妙筆所寫的瑪格麗特皇后†「雙面瑪格麗特」也是如此[16]。她會把筆沾著最蒙福的聖水寫作，也一樣會沾著最令人作嘔的髒水寫作。她曾寫過非常具有宗教靈性的作品，也寫過七十二個歡樂的故事。這些故事於一五五九年她逝世十年後出版，書名為《七日談》。書中所述似乎是源自於宮廷中的遊戲，在遊戲時，被選定的成員比賽說故事以引起聽眾的興趣。我們至少可以說這位皇后一點也不是個假正經的女人，她所處的宮廷也不是拘謹放不開的。故事是發生在溫泉小鎮科特雷，有十個人（男女各半）講著故事。第五個故事講的是，兩名方濟各會的修士想要性侵船夫的妻子，卻被她愚弄了。第十一個故事講的是一個貴婦「因為內急

---

* 譯注：呂西安・費夫賀（Lucien Febvre, 1878-1956），創始年鑑學派的法國歷史學家，他在研究歷史時，特別關注地理環境對人文、人類的影響，著作等身。與另一位年鑑學派大師馬爾坦（Henri-Jean_Martin）合著《印刷書的誕生》。

† 譯注：即前文所提的瑪格麗特・德・那瓦爾。

非常迫切而沒留意看衛生間裡的馬桶圈是否乾淨就一屁股坐了上去，她的臀部因此接觸到了汙穢不堪的馬桶圈而弄髒了，她大聲叫嚷起來，想要喚來另一個婦人來幫她清理乾淨，結果卻來了個男人，男人因此看見了她的光屁股，這名貴婦處境之悲慘可想而知」。這個故事讓這名貴婦後來想起這場遭遇便忍俊不住，和其他人笑成了一堆。此外，其中一名說故事的女人向後來讀這故事的讀者暗示性地遞了個眼色，她覺得這個故事雖然「又汙穢又骯髒」，但這個故事很符合她的胃口，因為她知道故事中的那個貴婦是誰。法蘭西斯一世的姊姊也承認在她的社會圈子裡，詳細提到愉悅的物質幾乎就要超出禮儀可以接受的範圍。但她認為從中得到的樂趣，以及讓別人得到樂趣讓她覺得值得冒天下之大不韙。第五十二個故事講的是以惡臭報復的事：藥劑師的一名僕役為了懲罰一位律師對他的迫害，「就從他的衣袖裡掉下一包用紙包著的冰凍大便」，就像一塊大糖塊。跟在他後面的律師撿起了紙包，揣進懷裡藏了起來。當他到飯館裡大吃大喝時，溫暖的爐火融化了那藏在他胸前的所謂「大糖塊」。這時他聞到了臭味，便把氣出在女侍身上：「您和您的孩子讓這裡充滿了屎味。」女侍回答：「我對著聖彼得發誓！這裡可沒有垃圾，是您把臭味帶來的。」他後來發現了他以狐狸毛做內襯的華麗衣服沾滿了糞便。

在後來，這十個人的談話就語言表達的問題起了紛爭，讓男人、女人各自站隊，分持不同意見。他們的調停人瑪格麗特承認「故事不怎麼乾淨」。「話語從來就不是臭的」，但有些話語顯得骯髒，「顯得難聞，它們傷害靈魂更甚於傷害身體」。尤其是「屎」（merde）這個字被看做是禁忌，在這十個人的談話中都以另外的字來取代它。不過，在這整本書中，「屎」這個字總共只出現一次，就是出自律師之口。儘管與律師對話的女侍出身庶民階級，但她還是以「垃圾」這個字來取代「屎」。事實上，我們這位著名的作者知道在她自己的圈子裡，「屎」這東西是很棘手的。她那則故事的第一個版本是把女侍說成淫穢的。在第二個版本中的說法則更貼近於宮廷中對女性行為的規範，她表示女人往往出於虛偽而嘲笑這些粗野的事，人類天生的不完美使得女人無法表現出她們理應表現的美德，她即以這樣的解釋來避免遭到訴訟[17]。以隱藏下半身的功能來表現羞恥心，卻沒有因此拋掉下半身帶來的樂趣，在名女人身上慢慢也有了像這樣的羞恥觀念。在她們的影響下，和她們同屬一個階級的男士也開始提高自己的教養。在一五五五年以前撰寫了《對話錄》的一位勒芒的貴族賈克·塔于侯*，他對亨利二世身邊的人仿效義大利的批評，便透

---

*譯注：賈克·塔于侯（Jacques Tahureau, 1527-1555），法國文藝復興時期早逝的詩人，時人對他的稱譽是「他只歌詠愛情，其雅致是他那個世紀少見的」。

露了當時的人開始提高自己的教養，因為每個人為求前途發展都得以「宮廷的聖水*澆灌和他們對話的人，來討好他們[18]。在整個十六世紀，男人大可以說話粗俗、舉止放誕。布朗托姆†在他的《風流貴婦的生活》中即充分做了見證。

瑪格麗特是她那個時代唯一的一位女性故事作者。其他許多男性的故事作者則表達了專屬於他們那個性別的感受，他們往往力圖讓讀者發笑，也和讀者分享了能夠啟動笑的機制。愛情帶來的驚喜、女人和她們無止境的性慾望、修道士的貪吃好色，還有愉悅的物質都是他們調笑的題材。拿愉悅的物質來開玩笑一點也不新鮮，因為在中世紀就已經以此為戲謔的材料。在文藝復興時期，主要的改變是在於下述這兩者愈來愈緊繃的緊張關係：愉悅的物質在日常生活裡無所不在，以及在口頭上漸漸對來自於下半身的東西之壓抑。對於此一時期的故事作家，包括拉伯雷在內，對愉悅物質的笑聲變得更加響亮，因為笑聲是抵禦男子氣概和沙文主義習俗式微的武器。故事作者保衛了與男性性慾密切相關的物質或氣味。不管他們是出身於哪個社會階級，他們在年輕時期所經歷的涉及糞便的粗俗習慣和淫穢習慣，讓他們早就對粗野露骨的字眼習以為常，並把這些字眼寫進作品中，就這樣傳遞給後來的世代。不過，他們還是對正在起變化的習俗很敏感，於是愈來愈常把粗俗、猥褻的言行編派給城裡的粗人，尤其是鄉下的粗人。這樣他們就能夠繼續以此開玩笑而不會招惹來嚴厲道德人士的怒斥，也不會讓貴婦們不齒——為顧全體面、維持禮儀使她們不得不掩飾自己從中所得的樂趣！

十六世紀首屈一指的故事作者菲利普・德・維涅厄勒（一四七一－一五二八）在一五〇五年到一五一五年間在梅茲寫了《故事》一書，當時梅茲是屬於德意志民族神聖羅馬帝國的自由城，並不受法國控管。身為呢布商的他是典型的資產階級，一塊錢對他來說就是一塊錢，錙銖必較。他尤其喜愛描繪城裡人或是當地農民。他對他筆下的女人帶有某種敬意，因為她們操持家務，工作勤奮，會給丈夫好建議。在他的許多文章中，女人往往很放蕩。做丈夫的是否總是幽默地勉強接受戴綠帽，就像這位有個頭腦簡單的妻子的丈夫？這個頭腦簡單的女人以為在親密的性關係上也該做什一奉獻給教會，所以就讓神父上了她。她的丈夫請這位神父到家裡來吃飯。為了報復，他讓神父喝他妻子的尿。他包藏禍心笑嘻嘻地說：「這是上好的白葡萄酒，是從您徵收什一奉獻

＊譯注：「宮廷的聖水」（eau bénite de Cour），意指以卑屈的態度示人。

†譯注：布朗托姆（Brantôme，約 1537-1614），法國軍人、作家，曾任布朗托姆修道院院長。他以描寫宮廷貴婦、軍士和與他交往的知名人士之輕鬆軼聞而聞名。

的葡萄園裡的葡萄所釀。」此外，這位作者也對糞便文學很感興趣，在他十幾則故事中就以此為中心。說真的，梅茲的確很髒，天色一暗，街道就成了「衛生間」。糞便很輕易就成了開玩笑的題材，不像在今日，糞便引發的比較是尷尬不安，而不是笑柄。有一個故事講的是一位農民為了報復一名僕役，就在他的頭盔裡大便。當這名僕役戴上頭盔時便對散發出來的臭味表示厭惡，他說：「呸，呸！這是什麼鬼臭味，呸！是哪個鬼臭成這樣？」農民對他說：「我想是您在褲子裡拉屎了。」在另一個故事中，他以喜劇的方式處理了一位性格挑剔的貴族落入棘手的處境裡。這位有潔癖的貴族總是要求杯子要好好洗乾淨，手也要好好清潔。他甚至受不了有外人碰他的門，一旦有這種事他會立刻擦拭。有一天，他有根手指不幸沾到了他自己的糞便，他就想讓人切了這根手指。結果弄痛了自己，他便把這根手指放進嘴裡[19]。我們可以為這個故事下兩種結論。第一種結論是新的行為規範和新的清潔標準早在這時期就已存在，卻被這位故事作者看做是古怪而可笑的。第二種結論有助於了解弄髒身體以及自己弄髒自己是怎麼運作的：糞便只有在排出體外以後才是髒的，就像這位貴族過激的反應所呈現的那樣，他準備要切斷那在他看來令人厭惡的手指頭[20]。當有人以糞便來弄髒別人以便報復時，糞便也可以作為侵犯他人地盤之用，一如僕役頭盔的那個例子。最精巧的故事是那個戴綠帽的丈夫讓好色的神父喝他妻子的尿，以這種奇怪的方式打敗了神父。因為要讓他那一時代的人發笑就必須以神父喝下他占有的那個女人的尿的方式來羞辱神父。

到了十六世紀中期，有愈來愈多的故事作者。除了瑪格麗特·德·那瓦爾寫的故事以外，我們也可以讀到她的侍從官博納馮杜赫·德·佩希耶*在一五五八年出版的故事。兼為人文主義者和享樂主義者的他在開玩笑時下手比較輕，不大涉及氣味，不管它是不是令人作嘔。他最多只是指出不合時宜之處。有人向一位年輕寡婦獻上義大利式的舌吻，這位作者特別指出在當時法國這是很新鮮的。這位寡婦得知在義大利這種吻是專門用來親妓女的以後，她上法院去告那個親她的傢伙。這個因為把舌頭伸進那寡婦口中而被告的傢伙辯護說：「那她為什麼要張開嘴，她是瘋了不成？」這讓諸位法官不禁笑了起來，就宣告兩造誰也沒贏得訴訟。愛戲謔的法官還加上一個條件，要寡婦下一次在和人親吻時要閉緊嘴巴[21]。

其他幾位作者則延續糞便和嗅覺的路線。約一五五五年時，在鄉下擁有土地資產的貴族賈

＊譯注：博納馮杜赫·德·佩希耶（Bonaventure Des Périers，約 1510-1544），文藝復興時期的法國作家、翻譯家，曾參與首部法語《聖經》的翻譯。

克・塔于侯的《對話錄》中有許多涉及了臭味的故事，像是有一位胖僕役「他肩膀會有綿羊的味道」，或有個放肆的人脫掉了鞋子，「腳上散發出芳香又珍貴的味道讓周圍的人聞香」。就和菲利普・德・維涅厄勒一樣，他也對「愚蠢心思多變又粗俗」的一般庶民表現出高高在上的姿態，在他所處的社會階層中這是很平常的事。作者佚名的《冒險世界的故事》（一五五五年）一書的態度也雷同。書中嘲笑鄉下人的無知，尤其是嘲笑他們的嗅覺。第三十八個故事講的是一名年輕多金的鄉下男子和一名窮困的鄉下貴族女孩之間不門當戶對的愛情。女孩送給他一雙帶有香氣的手套，而「只習慣聞到公豬味道」的他整天都戴著這雙手套，就連到牲畜棚裡清除廄肥的時候也戴著。他說喜歡他這位未婚妻，「遠勝於喜歡自己最好的母牛」[22]。

十六世紀的最後三十年這類作品非常多，就像是要以此來袪除可怕的宗教戰爭帶來的悲劇似地。其中就有下列這些作者：賈克・伊維（一五七二）、亞哥爾的爵爺艾蒂安・塔布侯（一五七二?和一五八八）、安端・杜・維蒂耶（一五七七）、菲利普・達勒克里普（約一五七九）、貝里涅・普瓦斯諾（一五八三、一五八六）、尼古拉・德・修里耶赫（一五八五、一五八七）、諾耶・杜・法伊（一五八五）、貝諾・杜・圖昂希（一五九四）、紀堯姆・布歇（一五八四、一五九七、一五九八）。這些人持續著拉伯雷式的描寫身體與愉悅物質的傳統。在這些人當中，以杜・法伊最為知名。身為鄉村貴族、律師、布列塔尼的議會議員的他，不因嚴肅的職業而受限，仍然在他一五八五年於雷恩出版的《厄塔貝勒的故事和講述》裡寫到了臭味。他提出了一種聞來奇怪的混合物：有一名男子以紫羅蘭向一名女子獻殷勤，另一名口才不佳的追求者見狀，就為她獻上一個「金字塔形的傑作」，就是在這傑作上插滿紫羅蘭，然後再用帽子覆在這整個傑作上。作者可知道紫羅蘭的香味只能短暫飄散一會兒，它是最難提煉以取得香水的花朵之一？上面提到的其他幾名故事作者，例如第戎的塔布侯，身為法官的他在他寫的書裡也到處是充滿氣味的玩笑。就像是他故事中常做蠢事的主角戈拉爾所持的座右銘：「從一個到另一個」，這句座右銘就題在各自標明烤麵包的爐子和「衛生間」的金屬板之間＊。身為里昂的行政官書記的貝諾・杜・圖昂希在一五九四年出版的《戴綠帽的布雷丹非常具有消遣性的範例》也一樣如此。自稱是鄉村公證人的他寫了三十五種荒謬合約，在這些合約裡每每拿性和糞便（人的或動物的）來開玩笑[23]。一五八八年，塔布侯化名出版了《第戎的茅棚》一書，在書中的五十則故事裡有十則涉及了性的

＊譯注：「從一個到另一個」，這裡指從吃下麵包到去上廁所，所謂凡吃下的東西皆製造出糞便。所以這題銘就放在烤麵包的爐子和衛生間之間。

玩笑，有十二則涉及了屁，有十一則是排便，還有兩則是小解。第四十一則講的是一個笨拙的農夫在不知情的情況下參加了一場口才競賽，對手是一位貴族極有學識的千金，贏得這場競賽的獎賞是娶這位小姐為妻。這位農夫請她煮雞蛋讓他當晚餐，她回嘴說：「去你的狗屎。」這時他拿出他的帽子，在帽子裡有他剛剛才排出來的穢物，說：「小姐，屎就在這兒呢！」小姐無話可說。他就這樣娶走了這位貴族千金[24]。

這些作品也記錄了當時的人在行為上的重大變化。杜．法伊提到了一個衰落了的貴族黃金時代，在法蘭西斯一世時，每個人都從放在桌上的公用大盤子裡隨心所欲地夾肉夾菜。而在他那時代，他很遺憾人人都使用小碗小盤，不過現在那些「靠抽菸、高談闊論、親手禮、屈膝禮過活的人都只是半個人」。對那些不喜歡「又汙穢又骯髒」的故事的難搞之人，他以他筆下的一個人物厄塔貝勒來做回應，他說大自然裡沒有什麼是醜陋的，再說這些詞彙都存在《聖經》裡。他很寬容地表示「好人是不會像在家裡一樣隨意放大響屁的（傅華薩*會說是「發出風笛聲」，矯揉做作的人會說是「鈴聲」）」。他一想起農民古老的習俗就深受感動：愛情的遊戲，鄰里大夥兒在夜間聊天時互相碰肘子、拉胳臂，年輕男子在村裡墳場邊強勁熱舞，或是把小石頭藏在衣服兜裡隨時準備好和對手硬幹一場。因為他聲稱，在一般庶民和鄉村貴族之間並沒有隔閡[25]。身為尼奧荷市長的賈克・伊維在他唯一的作品《伊維的春天》於一五七二年出版之前就英年早逝。他在生前一樣哀嘆在鄉下擁有土地資產的普瓦圖貴族的純樸習俗一逝不復返。他嘆道時代變了，因為出身良好的年輕男子在今日必須到處遊歷見世面，要有合乎禮儀的舉止談吐，裝出一副厭倦的樣子。他很不屑他同時代的人受到義大利影響的表現，他們稱呼自己的母親為「夫人」，真是愚蠢極了。

新的習俗顯然讓鄉村貴族和農民離得愈來愈遠，而原來他們是日日密切接觸的，尤其是在他們年輕的時候。貝里涅・普瓦斯諾表面上仰慕伊維，實際上兩人的立場卻是針鋒相對。普瓦斯諾在他晚十年出版的《夏天》（一五八三）一書中甚至表現出對農民的非常鄙夷。一五五八年於朗格勒附近村莊出生的他既非貴族也非農民，身為研讀法律的大學生，他擁有廣泛的人文主義文化涵養。他的理念接近於巴黎的資產階級。他是虔誠的天主教徒，和胡格諾教派人士勢不兩立。在他還是學生時的一趟旅行，讓他把自己創作的故事背景放在朗格多克。他的故事對鄉下人的窮

＊譯注：傅華薩（Jean Froissart，約 1337－約 1410），法國中世紀著名的編年史作者，他著作的《傅華薩大事記》是認識十四世紀和百年戰爭的重要史料。

困、粗俗、骯髒有諸多批評。他筆下駭人地描寫了鄉下人對落單的士兵、單純的旅人非常殘酷。他在鄉下人的節慶中只看到酗酒，以及鄰近幾個村莊的單身年輕男子彼此出奇粗暴地互相對待。因為他不信任農民，提防著他們，所以身上總是佩著劍，他非常鄙視「這些老百姓」、這些「下等人」、這些「卑微的人」[26]。普瓦斯諾這位年輕作者的確是和他之前的幾位作者很不相同。他秉持著不妥協的宗教立場來看世界。在一五八六年時，他出版了最後一部作品《新的悲劇故事》，然後就從人間消失，不知所終。他隸屬於一種排斥異己的文化，而且這種文化的聲勢愈來愈高漲，在路易十三那個年代這種文化要人揚棄拉伯雷式的享樂主義之風的故事，因為這些故事太過色情，也太過涉及糞便，是紳士所不願取。尼古拉·德·修里耶赫多少也屬於這種類型，不過他的作品自有放蕩的一面。

然而，舊有的玩笑、戲謔並沒有因此消逝。同樣地，投注在鄉下庶民身上帶嘲諷的目光也沒有轉移，只是相對較寬容。一五九四年，身為城裡人的杜·圖昂希總是對鄉下庶民抱著好感。紀堯姆·布歇在一五八四年到一五九八年間出版的《賽荷》三系列的態度也一樣友善；他出身於著名印刷商的家庭，是普瓦捷博學多聞的資產階級，而且熱愛在夜間的文化聚會中高談闊論，愛開玩笑的他總是和善地看待鄉下人，但在他的和善中仍帶著高人一等的態度[27]。他喜歡表現鄉下人的天真幼稚、滑稽可笑，以此來取悅周遭的人，有點類似於布勒哲爾，或是當時的風俗畫畫家的作風。在他夜間的文化聚會中群集著和他一樣飽讀詩書者，而且他們都深受風俗教化所觸動。遇有膽大的主題時，他們會笑，另一面卻又公開顯示自己和他人有別。譬如，參加聚會的人會討論從古希臘時代以來的醫生一再思考的主題：「動物的排泄物沒有人類的那麼臭。」在晚餐開始時，賓客們也樂於提到猥褻不雅的事，例如下面這首詩：一個愛戲謔的教會司鐸掉進自己設下的陷阱的遭遇：

一名喜歡開玩笑的神父請來了醫生
請他診治下面這個問題：
為什麼在尿尿時都會放屁。
這沒什麼，醫生對這個放屁的人說，
驢子也經常這樣。

作者明白指出，雖然這個故事「主題有點骯髒」，但它讓所有的賓客都笑得很開心。還有另外一則小故事是和一位胖神父在街上小解，引發了路過的女士大笑有關，當敘述者想要解釋胖子的「男根很小」時就停止了。在場的女士威脅說要是他繼續下去，她們就要離開。其中一位「莊重、有教養的」女士表示「在街上尿尿既不恰當，也不好看」。她還說土耳其人覺得這事是醜聞，要是他們不得不在街上這麼做，會覺得自己很羞恥。

嗅覺的作用在布歇的作品中扮演了重要角色。他解釋說，要讓他的狗喜歡他，而且跟著他走，只要讓狗吃他久久夾在腋下的麵包。這種說法就好像忠誠是可能由鼻子來導引？氣味一樣也是有性別之分的。一般認為月經來潮的婦女會讓母馬流產。這種說法是由老普林尼*所提出，文藝復興時期的醫生也都同意的，他們的解釋是從女人的月經散發出來的有毒氣體具有毀滅性的力量。整篇都是在寫氣味的第十七篇《賽荷》收羅了那個時代智識階層與庶民階層對這個主題的認識。他一開始就表示，在遠處聞到的氣味比在近處聞到的來得濃烈，因為氣味「只是由高溫造成的一種蒸氣」。病人會散發出臭味，這是因為其體液受到了破壞。臭味愈是濃烈，病人的健康也就愈危急。笑也有益於健康，它能讓人放屁，因為影響了我們呼吸的橫隔膜肌肉「也能讓我們排泄」。接下來就談到了避免身體惡臭的辦法。在醫學上對此的說法是同類的東西會泯除同類的東西，也就是說一個散發著麝香味的人不會察覺同樣也散發著麝香味的人。同樣地，吃一些不好聞的東西也就能減緩身上的臭味。有個愛開玩笑的人聲稱，為了避免覺得冷，只要聞一聞包在手帕裡的糞，因為我們只會聞到糞味，不會感覺到冷，這說法引起了哄堂大笑。接著眾人又開心地談到了好聞的食物味道，以及香氣，根據亞里斯多德的說法，香氣可以改善健康，甚至引發快感，因為它們的熱可以擊退大腦的冷。蒜就是這樣：「吃蒜的人不應該被排斥，就像在這年頭常有被排斥的事一樣。」這是不是在影射亨利四世呢？他是出了名的愛吃蒜，而且他身上的味道很不好聞。然而，蒜和洋蔥是士兵常吃的食物，布歇表示，因為它們會激發鬥志。過去的法國人會使用蒜和洋蔥，但揚棄香氛味，因為香氛的氣味遮蔽了天然的缺點，「女人最好的氣味是沒有氣味，一如馬提亞爾所稱」。此外，羅馬人開始使用香氛以後就邁入衰頹，因為它們使人變得懦弱[28]。就另一個極端來看，那些在令人作嘔的惡臭環境中長大的人在呼吸到香味時是不可能不昏倒的。有個鄉下人來到城裡，一走進藥劑師的家裡就覺得不舒服極了，幾乎以為自己快要死了。一個機靈的人立刻前來救助他，「讓他聞聞他向來習慣的廄肥的味道」。這個故事傳達了城裡人在嗅覺

＊譯注：老普林尼（Pline l'Ancien, 23-79），古羅馬作家、博物學者、政治家、軍人，著有《博物志》，被認為是西方古代百科全書的代表作。

上自覺高人一等，雖然他們自己也是被臭味所包圍。對他們來說，臭的是低賤的鄉下人。不過，這種鄙視只是一般習俗如此，因為布歇本人對鄉下人往往有好感，甚至有一種顯得有點粗魯的溫情。在後來的談話中還影射了一個古老的神祕民族，這古老的神祕民族追逐著「那些帶著香氛或香氣的外國士兵或其他外國人跑」。他表示，麝香、麝貓香和龍涎香倒是可以用作防治瘟疫「惡臭空氣」的藥劑。在下結論時，他拿人們喜歡的令人愉快的氣味來和人們厭惡的臭味做對比，「香味和我們的天生本性協調，臭味則和天生本性不協調」。總之，前者從屬於神授的和諧，後者則是對這個和諧持置疑態度。在第五章裡，我們會更仔細地考察這個問題。

《發跡之道》

在一六一六年問世的最後一部見證拉伯雷式時代的文學作品，就冠上了《發跡之道》這樣一個謎一般的書名。作者法蘭斯華．貝侯亞勒德．德．韋爾維勒在書中安排了一場饗宴，與會者大半是各個世紀學識淵博的人，在他們斷斷續續的交談中串起了一連串的故事，每個故事之間並沒有明顯關聯。本名是法蘭斯華．布魯亞爾的他在一五五六年出生於巴黎，父親是一位博學的人文主義者、希伯來文教授，並且是一位嚴謹的新教徒。他後來取父親的筆名為自己的筆名，並冠上貴族頭銜，號稱自己也是貴族。他從小受到父親所調教，累積了許多百科全書式的人文主義知識；他有兩位同窗，後來都非常知名——一位是阿格里帕．多比涅*，他後來成了亨利四世在喀爾文信仰上的良師；另一位是皮耶．德．勒杜瓦，出身於巴黎的大資產階級的他是高級行政官員、著名的編年史家，向來和「政治黨」走得很近（「政治黨」屬溫和的天主教，在一五八九年和亨利四世結盟）。我們對貝侯亞勒德．德．韋爾維勒生平所知不多，他父親在他十一歲時再婚，聖巴托羅繆節大屠殺†迫使他獨自流亡到日內瓦；在日內瓦（或是在去日內瓦的路上）時，他收到了父親的信，信中勸勉他要秉持喀爾文教派的精神端正行事：「小心別和任何品行不端的人或是不信天主的人為伍。對惡習以為常會讓你墮落，這樣即會招來天主之怒。」但他並不見得嚴遵父親的教訓；事實上，他身上佩劍，自稱貴族，常和人決鬥；約在一五七五年到一五七六年

---

* 譯注：阿格里帕．多比涅（Agrippa d'Aubigné, 1552-1630），法國詩人、諷刺作家、歷史學家。他除了是堅定的宗教改革戰士，也是重要的巴洛克詩歌代表。

† 譯注：聖巴托羅繆節大屠殺（Le massacre de la Saint-Barthélemy），發生於一五七二年法國宗教戰爭期間，是法國天主教徒對新教徒胡格諾派（屬喀爾文思想的一支）的恐怖暴行。

間，他以論文答辯完成了他的醫學學業；在一五七八年時他似乎曾到里昂，然後再回到日內瓦，接著就在新教徒於一五七七年取得思想自由之時，在一五八三年定居巴黎；這時他開始出版書籍，涉獵廣雜的他在除了難以歸類的《發跡之道》（副標是《包含了過去、現在、未來所有事物的理性之作品，並根據美德的影響進行了一些論證》）之外，也寫寓言小說、詩歌，以及道德論述，還有一些雜文；他約於一五八九年落居杜爾，在某一年公開棄絕基督新教的信仰，並離開軍職，在一五九三年找到了另一個在物質上更有保障的閒差事，也就是在杜爾的聖嘉提安主教團擔任教會司鐸；他於一六二六年去世。

在一六一六年出版的《發跡之道》，其說故事的藝術達到了極致。貝侯亞勒德運用了許多細節，以及許多拉伯雷的表現手法：有四十幾則故事重拾了多人的滑稽作品，包括勒．波焦*、《一百個新的故事》†、德．佩希耶、杜．法伊，和布歇在內；有極少數幾則故事似乎是來自口述傳統；最後，有三十幾則故事很可能是出自於這位作者的想像或是親身經驗[29]。這本書的文筆粗獷狂放，儘管一六〇五年擔任宮廷詩人的馬勒布‡他純淨、端肅的文風風靡一時，貝侯亞勒德還是執拗地提到人類的下半身。他寫道：「談論屁股是件好事，這會是絕妙的文字。」他沒有光說不練，因為「屁股」（cul）這個字詞在《發跡之道》裡至少出現了一百五十四次。他還將它帶入哲學思考中：「啊，可憐的必然會死的動物，你難道不知道既然有身體就得排泄嗎？」不過，他對這一主題所做的滑稽的神學思考招來了自恃思想正統之士的怒火，像是：「我的朋友，要是你想要一個人的命，而且想做得神不知鬼不覺，那就用力從他屁股吹氣，他的靈魂就會從嘴裡被吹出去。」然而，「在這世界上所要做的就是讓屁股先生起作用，如果你要沒碰到屁股就堵住了它，讓它不排泄——這是奇蹟，那就不該讓任何東西進入嘴巴裡。但在我把話說完以前，我想要請教你們這些有著同樣親吻習俗的法國人和英國人，你們比較想要哪一個，是要親一位美麗少女最後一個脊椎骨結，或是屁股的漏斗？哈哈，嘿嘿，屁股的漏斗是嘴巴，事實上，所有我們

＊譯注：勒・波焦（Le Pogge, 1380-1459），義大利文藝復興時期持人文主義思想的作家、哲學家、政治家，曾任佛羅倫斯共和國執政官。他曾在修道院中挖掘出數部古代重要的典籍，諸如《建築十書》、《物性論》。

†譯注：《一百個新的故事》（*Cent Nouvelles nouvelles*），是十五世紀時編撰的一部故事集，一般認為作者為安端・德・拉・薩勒（Antoine de la Salle）。這本內容涉及十五世紀人民生活、宮廷文化的故事集被譽為是「法國第一部散文著作」。

‡譯注：馬勒布（François de Malherbe, 1555-1628），法國文藝復興時期的詩人，他的詩風古典、簡鍊、純淨，影響了整個十七世紀。

準備的最美味的，只是用牙齒製造大便，接著屁股先生就開始運作起來，也就是說我的屁股兄弟，它是整個身體的舵，以及是靈魂的寵兒，我向你們證明，如果屁股不健康，而且不拉屎，那麼這人的境況就不會好，靈魂也會不舒適」。至於他以謎語的形式，要人猜猜區分土耳其人和基督徒的辦法，他想出的辦法可一點也不符合天主教徒的行為：「我老實告訴您，就是要去聞他們的屁股，那個有葡萄酒味道的就是基督徒，土耳其人是不喝葡萄酒的。」[30]

他還常常提到身體功能：總共提到了七十三次排泄物（糞、屎、沾了大便、拉屎）、二十九次屁股、七十七次尿或撒尿（有五次以上的尿液）。上面所提到的那個說法——「用牙齒製造大便」，也又出現了一次。此外，作者對過去和他同樣隸屬於喀爾文教派的教友也表現得很不恭敬。

> 在阿爾薩斯一個風景秀麗的地方，女人都很守本分，而且每個禮拜只撒一次尿，她們都在禮拜五集體撒尿，就像一起上市集似地。撒出來的尿量很大，匯成了一條小溪，德國人、法蘭德斯人和英國人都拿它用來做啤酒。所以這些女人都比較喜歡不喝啤酒的法國人，因為她們認為自己的德國丈夫、法蘭德斯丈夫、英國丈夫都要再次把她們的尿灌入她們體內。要是有女人撒尿撒得不好，人家就會把她們送到日內瓦去，日內瓦有好幾所

不錯的學校，教人怎麼拋下羞恥心，集體公開地在人前尿尿、大便，在那裡可以學會怎麼拋下可笑的羞恥心，讓直腸不再因羞恥心而收縮起來。

他對法國首都的居民也是持同樣的態度，還仿效他們說話的方式來講這些事。

我們家的女傭瑪爾歌從大廳走過，拿了一顆蛋要給夫人。她走到大廳中央時向我們行了個禮，而在這時候她非常渴望放個屁，也就是說很想放屁——在巴黎，大家都是說「渴於」撒尿、「飢於／」拉屎。她因為怕放出屁來，就想夾緊屁股，結果她反而是緊緊捏著手，幾乎弄破了蛋，而屁股一鬆，就放了一個大大的屁。我對她說：「什麼，您放了屁？」她回答：「真的，先生，這是因為我吃了豆子。」

貝侯亞勒德也指出，因為沒有「尿桶」，大家都到院子裡去尿，或者是「在壁爐裡解決，在往巴黎去的路上的旅館，大家都這麼做」[31]。

鼻子——我們都知道它帶有性的意涵——出現了七十次。他建議說：「看看鼻子，你會知道屌有多大，屌會讓女人覺得舒服。」對波爾塔來說，女人的嘴唇暗示了她們性器官的大小，但貝侯亞勒德卻不這麼想，他要人注意女人的其他部位：「看看她的腳就知道這女人是什麼樣的鐔子。」*那些迷戀女人的腳的人應該會認同他的話。在他《發跡之道》這本書中，性也是個重要的主題。幾乎每一頁都有在當時（即使在我們這個時代也一樣）被看做是猥褻的字眼，像是屄、屁眼、屌、肏[32]。這位作者喜歡使用一些圖像的表達方式，或是自己創造一些新的圖像表達方式。這是身為教會司鐸的他想起了自己騷蕩不安的少年時期而起了失落感嗎？他實在用了非常豐富的字彙來描寫，尤其是在談到交合的行為時：bouter（操）、culbuter、fouailler（鞭打）、ficher sans pic（插）、appointer（削尖）、faire la belle joie（交歡）、faire l'office culier、secouer le prunier（搖李子樹）、faire la bête à deux dos（做雙背獸）、tuer de la douce mort（小死）、affiler le bandage、pigeonner la mignotise d'amour、mettre chair vive en chair vive（肉插肉）、avoir accointance mystique（私通）、cognebas fesser，別忘了還有謎一樣的 faire la pauvreté 和 faire la cause pourquoi。有一個段落完全用來羅列「交合」這個主題的專門詞彙，這些詞彙不免會讓人感到驚異：

le spectacle d'immortalité（不朽之演出）、les effets de concupiscence（淫慾之效力）、le progrès de génération（生殖的進展）、quatre jambons pendus à une cheville（掛在一個腳踝上的四塊火腿）、deux animaux encruchés et soulevés（勾搭在一起的兩隻動物）、faisant le quadrupède raisonnable（做四腳獸）、la bête à double ventre ou à deux têtes（雙腹獸或雙頭獸）、l'animal à quatre yeux（四眼獸）、l'homme-femelle（男－女人）、la femelle-mâle（女－男人）、le protype de l'engeance anagogique、une femme en proche disposition d'être châtrée（即將去勢的女人）、un homme prêt d'être décoché（準備失去陰莖的男人）。[33]

我們靦腆地稱之為「下體」的那個部位有數百種稱呼方式，有時有些稱呼還十分粗野。稱呼「陰莖」的字彙或用詞則有三十多種，其中使用 cela（性器）（也同樣指女人的陰部）來稱呼

＊譯注：罈子，這裡是指能夠容受「液體」的容器，而液體暗指男人的精液，所以罈子指的是女人的性器官。整句話的意思也就是，看女人的腳就知道她有什麼樣的性器官。

的次數達三百二十一次，使用 vit（屌）來稱呼的次數有三十五次，另外還有 couteau naturel（天然的刀）、canon à pisser（尿尿的大砲）、manche Priape（普里阿普斯的柄）、chaussepied（鞋把子）、outil à faire la belle joie（交歡的工具）等稱呼，以及想必是針對信仰虔誠的人而發的：goupillon（灑聖水器）。睪丸則有 couillon、billon、pendeloques（墜子）、caillettes（公羊的睪丸）、cymbales de concupiscence（淫慾的鈸）、boulettes de Vénus（維納斯的小球）等稱呼，兩個小球隨意被分開來，其中一個小球被定義為「事端之母」。在這本書的淫逸世界裡，女人肯定是女皇，儘管他對她們並不總是守分寸，不見得寬容她們。有許多或是單數或是複數的不同語詞指稱女人，femme（女人）、dame（夫人）、fille（女孩）、mère（母親）、belle（美人），總數達到九百一十三次。這位技巧高超的作者還使用她們的 cas（這個字有七十次是指稱她們的性器官）、她們的 cela、她們的 comment a nom、她們的 con（屄）（一百一十三次）。他也一樣用了她們的 chose（東西）、minon（貓咪）、trou（洞）〔有時用 trou de service（辦事用的洞）〕、fente（縫），以及只用了一次的 clitoris（陰蒂）[34]。他附會了亞里斯多德的思想，說：「上帝造了女孩，男人把女孩造成女人。」所有的女人，即使是修女「都只想著那件事，因為她們是為了這個最終目的而被造」。他還長篇大論地以女人的性器官列了一張發展時間表。

「期望遠比結果更加美好，尤其小女孩的屄也比成年女人的來得好。有一種是 connin（屄），就像我們在爐火邊為她們擦屁股，或是在尿尿時露了出來的那些小女孩的屄。還有一種是 connaut（屄），就是那種已經準備好交合的屄，而且可能落入貧窮，陰毛刺穿了皮膚。然後是 con（屄），就是那些已經準備好交合的屄，而且沒有生過小孩的屄。還有 connasse（屄），是老女人的屄，她們的屄幾乎是雜亂無章的。」有位客人問道：「那您覺得 connue（屄）怎樣？」做這番陳述的人說：「這是寡婦的 cela，它既不是 con 也不是 connasse。我認為 connasse 是讓人很不愉快的，它們是屬於屁股騎士團*。」[35]

貝侯亞勒德為了說明女性的色慾，把還在母親肚子裡的自己也寫入了他描寫的場景裡。他解釋道，他母親在一位議長的雙球矛的推送下，不禁放了一個屁，這個屁讓在腹中的他非常害怕，以致立刻就離了母體，在他母親才結婚四個半月就生了下來。不過，他嘲諷他所屬階級的女士表

＊譯注：屁股騎士團（l'ordre du derrière），說女人的 connasse 是屬於屁股騎士團是一種玩笑話。屁股騎士團當然是虛構的騎士團，指女人因鄙夷、惱怒或因出於惡意而在床上將屁股轉向她們的丈夫，拒絕他們求歡。

現出來的克制隱忍的態度，就像瑪格麗特．德．那瓦爾故事中的那些不直說「屎」等字眼的虛偽人士。他透過賓客之間的談話，以很少見的方式解釋這種口頭上的虛偽：

當有人上她們的時候，她們感到很羞恥，因為人家問她們要的離屁股很近。不能生育的女人真的是比生很多孩子的女人來得幸福，因為前者的 cas（屄）一點都不會臭；那些生小孩的女人，她們的 cas 真的總是很臭，很不好聞，這都是因為屁股的關係。

真的，您認為她們如果沒屁股的話，會比較自在嗎？這樣對她們不好，我意思是說她們如果沒有肛門的話。

我想她們是沒有肛門的，或者是她們假裝自己沒有肛門；尤其是她們吃得少、喝得少，好讓我們以為她們不會拉屎。

你說得有道理，她們不多不少只是裝聖潔，以便讓我們渴望給她們那她們想得要命的東西。

她們擬定策略以便得到她們想要的東西，如同滑稽劇中所描寫的不知厭足的中世紀長舌婦。

一位縫紉用品商的妻子「非常渴望勾搭上」她的鄰居剃頭匠。他們兩個人共同擬了計策。她假裝生了病，請了剃頭匠來診治。剃頭匠宣稱她的病有生命危險，因為會傳染鼠疫。他準備了以醋為基底的膏藥，塗在布片上，這膏藥一般是用來對抗鼠疫的。然後他對縫紉用品商說：

「我的好夥伴，您必須把這膏藥貼在陰莖上，然後把它推送到您妻子的孔內。」

「什麼！」這位做丈夫的說（他嚇壞了，深怕受到感染而喪命）：「請您替我這麼做吧，皮耶師傅。」

「但她是您的妻子。」

「請您替我這麼做吧，我的好夥伴。」

於是剃頭匠就把膏藥貼在自己的陰莖上。

他到了床上，取下膏藥的布片，「把他的 cas 放進了她的 belouse，也就是她的 trou de service（辦事用的洞）裡——這洞的狀況非常良好，就這樣治好了縫紉用品商妻子的病，而且以後這剃頭匠愛和哪個女人上床就和哪個女人上床」。[36]

在他書中提到了十五次的氣味也是滑稽的主題，即使這些氣味是糞便味。一位身為哲學家的丈夫提到了他妻子是從她自己肚子裡生出了愛情，以便將愛情獻給他。因為「在睜開眼睛之時她打開了屁股，並且放了一個悶聲不響的臭屁，這個藏在肚子縐褶裡的屁臭得跟一千個魔鬼一樣」。他嘆道：女人有許多「隙縫可以散播出比麝貓香更濃烈的氣味」。不過，有時候有所不幸是好事，因為那臭味讓他把鼻子移到了床外，並因為害怕「被關在這臭味中」而睜開眼睛，接著就決定起床。最後他下結論說：「這是屁股的用處之一。」

我們接下來會看到一個故事有很長一段時間受到大家喜愛，這個故事甚至把包括惡臭在內的氣味散發變成了強有力的性吸引力，的確，在高等交際花的圈子裡就是如此。他藉著展現取自動物性腺的麝香味香水不可抵擋之吸引力，提出了一個他那個時代的嗅覺小論述。這故事不禁讓人探問大自然是不是真的賦予人類性器官散發出來的味道較少的吸引力，或者人類性器官所謂的臭味是否並非來自古老文化的壓抑？

所有的氣味本身都是熱的，因為它們只是一種稀薄的蒸氣，從植物、草、樹脂、樹木散發出來，然後藉由熱氣擴散到空氣中。我會透過利耶內爵爺來向您證明這件事。利耶內爵爺是個法國貴族，曾經在羅馬和一名交際花上過床，而中了她所施的氣味之計。她的做法與那些貞潔的交際花所做的一樣，採集了許多細細小小的絨毛，就像母雞的纖細絨毛，再將這些絨毛裝進小袋囊裝滿麝香香氣，一如香氛製造商的手法那般。美麗的安佩西雅擁有許多這一類的小袋囊，這位法國貴族就投入她懷抱中，愛著她。就這樣，這一對塵世情人深陷情愛中，交合起來，女方轉手去拿那個準備好的小袋囊，用屁股的力量擠破袋囊，以致那些袋囊發出像放屁的響聲。法國貴族聽見了，想把鼻子移到床外，不去聞屁臭味。她說：「事情不是您以為的那樣，在害怕之前要先搞清楚狀況。」一聽她這麼說，他立刻聞到了一股好聞的味道，完全和他想的不一樣。他高興地聞這香味，在又聞到好幾次之時，他向她打聽那好聞的香氣是從她而來嗎，因為從法國女士下體散發出來的氣味是很難聞、很臭的。她輕快地以很哲學性的口吻回答，基於我們這個國家擁有的自然天性，以及芳香食物，這使得義大利女人會將吃進去的精華美味從屁股裡流洩出來，就像曲頸蒸餾瓶從它的尖嘴裡流出液體。他回答：「真的，法國女人的屁完全不是這麼回事。」在經過幾次交合之後，安佩西雅因為過於忍住肚裡的屁不放，便放了一個天然的屁，不只是天然的，還是個貨真價實、充充實實的屁。習慣了以鼻子追逐屁

——也就是諺語說的，「被牽著鼻子走」——的法國貴族一聽見那氣味很快就會消散的屁的聲音，就迅速地把鼻子埋進被單裡，好聞一聞那個好味道，好讓那個好味道充滿他的鼻子，但他搞錯了，他滿鼻子聞到的是十四鏟木鏟的臭味，就是在奧爾良用來量麥子的木鏟：那味道極臭，是來自最深處的肚腸內的前所未有的臭屁。他說：「喔，小姐，您剛剛做了什麼？」他說話時不禁張開喉嚨，這時一股溼溼的潮氣衝進嘴裡，讓他整個口腔都充滿臭屁味。她回答：「爵爺，我小小地獻媚一番，好讓您想起家鄉的味道。」[37]

《發跡之道》剛出版時是匿名之作，直到一七五七年的那個版本才第一次出現了作者的名字。這位聖嘉提安的教會司鐸他生前最後十年的作品都是不具名的，這有可能是因為他畏懼被認出來自己是既淫穢又汙穢的作品的作者。原因是自一六一八年開始，書籍的審查變得非常嚴格，與此同時，對褻瀆宗教的人也毫不容情，由於在這時期天主教反宗教改革在法國正取得勝利。著名的宮廷詩人提奧費勒·德·維歐*因被控不信教，以及道德敗壞，在一六一九年被逐出了法國。他後來回到法國，但在一六二三年因前一年出版的幾首猥褻的詩而被判火刑，這些詩收在題為《帕納斯山的林神》的眾人合集中。最後火刑減刑，改判終生放逐。他這案件在當時非常轟動。他也的確是一群年輕貴族的領頭人物，但這群貴族因持博學的自由主義精神†，並以不信神著稱，使得眾人對他們觀感不佳，不過他們卻受到某些權貴人士的保護，包括蒙莫杭希公爵（他將提奧費勒・德・維歐接到他在香第利的家中住下），還有法王的親弟弟（他還和其他幾位人士頻繁往來）。

沒有像他這樣有保護人的貝侯亞勒德是很有理由擔心自己身遭不測的。《發跡之道》也的確是被判褻瀆宗教。要是那些護衛信仰的人數一數書中聯想到宗教的次數，他們就會找到各種對魔鬼的稱呼（一百六十五次），還有反基督（六次），這些遠比提到天主（九十六次）、耶穌（只

＊譯注：提奧費勒・德・維歐（Théophile de Viau, 1590-1626），法國詩人、劇作家。文風自由、奔放，在十七世紀時閱讀他作品的讀者眾多，在法國文學的前古典時期漸被遺忘，直到十九世紀由浪漫派作家重新將他挖掘出來。

†譯注：博學的自由主義精神（libertinage érudit），是由法國歷史學家荷內・潘達（René Pintard）在一九四三年創造的詞彙，指的是十七世紀的持自由主義思想的博學之士，以和行為放蕩的自由思想主義者（libertin des mœurs）做區分。

有一次）的次數還要來得多，即使我們再加上異教神祇（五次）。還好他們並沒做到這個地步，沒真的去數，所以也就只對書中的某些段落感到反感、憤怒，例如那個從屁股吹氣能把靈魂從嘴裡吹出去的段落。一如他的典範拉伯雷，他也是醫生、教會的一分子。他對這些訓誡者表現得很不遜。他寫道：「就我所看到的，蠢蛋的國度並非是一個島，而是整個世界，甚至是在世界之外；就這樣在世界之外的這些人是大蠢牛。」原本是新教徒的他難道不攻擊修會神父嗎？無論如何，他的嘲諷顯示了他不大喜歡「改革的方濟各會會士、政府閣員、耶穌會會士，以及像這些人的另一個新世界的人」。透過上述這些人，他強硬指責護衛宗教正統思想的人士，無論是日內瓦的喀爾文教派信徒，或是捍衛脫利騰天主教改革的人士。傾向於較簡單、較純粹的基督教信仰的瑪格麗特．德．那瓦爾頗討厭方濟各會。至於提奧費勒．德．維歐，則是在耶穌會的煽動下受到了迫害。貝侯亞勒德表示，他不欣賞這種兩個敵對教派（基督新教與天主教）各自走向極端的盲目信仰。在他一篇名為〈論據〉的抨擊文章的最後一段，他清楚揭露了自己的立場，這樣對讀者表示：「請告訴我，你們是不是渴望發跡？那就請以正確的角度來讀這文章。這文章就像圖畫一樣顯示了一樣東西，再顯示另一樣。有人告訴我這裡頭有某種粗野的東西，就是那種人家會說：『這其中有無神論者的論調。』」[38]事實上，他作品的總體哲學思想因其猥褻、下流而更接近於持自由思想者的品味，而且更接近於持自由主義思想者對宗教獨斷主義的質疑，這宗教獨斷主義正在他們眼前獨霸一時。伊拉斯謨和初期的法國人文主義者，他們對人深抱信心的樂觀文化屈服於逐漸成為主流的排斥異己，以及篤信宗教的人文主義，這顯示了讓人絕望的悲觀主義正占居優勢。不過，伊拉斯謨和初期的法國人文主義者的思想並沒有消失。提奧費勒·德·維歐的作品在十七世紀時總共印行了八十八版，比馬勒布的作品多了五倍。《發跡之道》在法國「偉大世紀」*時曾多次在暗中再版，從一七五七年開始就漸漸掛上了作者的名字。到我們這個世紀，總共印行了五十幾版。

有味道的屁

有兩位女士在通信中針對排便的一番出人意料的對話讓人覺得她們二人應該讀過《發跡之

＊譯注：偉大世紀（grand siècle），指法王路易十四在位時的十七世紀，此一時期達法國文學、藝術的黃金時代。

道》，這兩位女士都出身於上流社會。那位先主動提起這話題的是巴拉汀公主伊莉莎白－夏洛特，也就是太陽王的弟媳。她在一六九四年十月九日寫了一封信給她的姑母，選帝侯夫人漢諾威的蘇菲。漢諾威的蘇菲在十月三十一日回她的信[39]。伊莉莎白－夏洛特顯然很不高興地在信中抱怨她住在楓丹白露的那段日子都必須在眾目睽睽之下於室外方便。這時正好是她失寵的時候，因為路易十四不能原諒她大力反對他兒子的婚事，因為她認為該樁婚姻門不當戶不對。路易十四對她很冷淡，她為此深受痛苦。由於知道她的信件往來是公開的，便在其中夾帶痛罵她對手曼特農夫人的話語，罵她是「雜貨」、「老屄」。下面這封信引爆的糞便事端可以是對路易十四、曼特農夫人的一種報復。伊莉莎白－夏洛特的措詞是十分粗鄙的。

我的樂趣要藉由糞便得到，這真是令人難過；我要那第一個發明這種事的人，他以及他那一類的人只能在挨棍子揍時才能拉屎。天殺的！我們為什麼不能在沒有拉屎的情況下生活？上桌吃飯的時候請和世界上最好的伴侶一起，他會讓您想要拉屎，您必須去拉屎。請和美麗的女孩在一起，一個討你歡心的女孩，她會讓您想要拉屎，您必須去拉屎，要不就去死。啊！天殺的拉屎，我不知道有比拉屎更卑劣的事。您看到一個乾乾淨淨的、可愛得很的美人兒經過，您激動地驚呼：啊，要是她不拉屎，那就太美妙了！我可以諒解腳夫、士兵、守衛、抬椅子的人等等這一類的人拉屎。但實情是皇帝拉屎，帝后拉屎，教皇拉屎，紅衣主教拉屎，親王拉屎，大主教和主教拉屎，將軍拉屎，神父和副本堂神父也拉屎。那麼就承認吧，這世界充滿了骯髒的人，因為大家空中拉屎，地上拉屎，海裡拉屎，整個世界都充滿了拉屎的人，楓丹白露的路上充滿了大便，因為夫人，他們拉得屎塊比您的還要大塊。要是您以為您親了一個有潔白牙齒、美麗小口的人，那就錯了，您親的是一個專拉屎的人。所有美味的食物，餅乾、肉醬、餡餅、山鶉、火腿、雉，所有這一些都不過是在嚼過之後製造大便罷了。

最後這句話讓人想起貝侯亞勒德使用過的一個說法：「用牙齒製造大便。」機靈的人知道淺淺地抓破一層皮而不造成傷害，所以她避免提到國王和王后（並沒有明確說明他們是基於什麼生理的理由而不拉屎）。她的姑母很可能察覺到了危險，因為伊莉莎白－夏洛特的大伯，那位擁有最大權勢的君王有可能對她手下不留情。姑母知道路易十四會藉著一些檢查信件的暗探獲悉自己是怎麼回信的，所以她回了一封大力吹捧拉屎的信，目的很可能在於讓他發笑，以便解除危機。

您對拉屎的看法是個屎一樣有趣的推理，而且您好像並不知道什麼是樂趣，因為您不知道拉屎的樂趣；這是您最不幸的事。一個人必須是一輩子不拉屎，這樣他就不會感受到拉屎的快樂；因為我們可以說所有大自然迫使我們去做的事，拉屎是其中最愉快的事。很少有拉屎的人覺得自己的大便很臭；大部分的毛病都是源自於我們不拉屎，而且醫生只能靠著讓我們拉屎來治癒我們，而且那些拉屎拉得順暢的人，會比較早痊癒。我們甚至可以說，拉屎是為了吃東西，如果說肉製造了屎，其實也可以說是屎製造了肉，因為那最鮮嫩的豬是那些吃最多屎的豬。〔……〕那些能好好拉屎的女人才是最美麗的女人；那些不拉屎的女人乾枯、瘦弱，因此就會變得醜。膚色要好看就只能靠常常拉屎這樣的滌清方式，所以我們的美貌都要歸功於大便；醫生最有智識的論述都是以病人的屎為主題，他們不是從印度弄來了許多只用來讓人大便的藥劑嗎？在最精美的香脂或白粉的成分裡都含有屎。沒有石貂、麝貓香，以及其他動物的大便，我們不就會被剝奪了最強烈、最美好的氣味嗎？〔……〕所以您得同意拉屎是這世上最美麗、最有用、最愉快的事。

選帝侯夫人在做結論時提到她的姪女是在壞情緒影響下才寫了那封信，儘管她有「想拉屎時隨處都可以拉」的自由。我們再也無法比她更巧妙地導正一個愛吵鬧的孩子，她姪女的信是有可能激怒路易十四。順便一提，她在信中揭露了當時的一些真實景況，是今日的我們所不知道的。首先是，即使是在她所處的圈子裡，人人都不壓抑，因為她宣稱大家通常都喜愛他們自己大便的香味。接著，以大便和尿水為基底的藥方受到醫生推薦[40]。最後，源自動物性腺的香氛甚為流行。

巴拉汀公主不能被看做是例外，就像沒教養的德國女人一樣。她在別的地方寫到宮廷中的一種不知羞恥的遊戲，也就是她丈夫、她，以及她兒子（後為攝政王）進行了一場放屁比賽。在一七一〇年，她提到路易十四總是留意著不讓自己放屁，但他的王太子，和他王后都不是這樣。就因為有這樣穩固的傳統，風俗教化的進展在法國便受到了挫敗[41]。在中世紀晚期之時，《屁之新的、歡樂的滑稽劇》就已經吸引了許多觀眾。《趣談屁》則在一五四〇年於巴黎出版，我們還記得在三年後艾克多．德．博琉精心創作了一首屁的諷刺詩。自一五四四年以後就以法文出版，伊拉斯謨建議年輕人不要夾緊屁股忍著腹中脹氣，因為為了顧及禮貌倒是可能讓人生病。最好是離開一下現場，到外面去紓解，在無法到外面去時，那就「咳嗽一聲掩飾聲響」。在一世紀之後，柯丹神父就這個主題寫了一首帶謎語的詩：

因為我*，有個性別（女性）受到了影響
一種讓人很煩的影響
大家為我的誕生而臉紅
就像大家為一個罪而臉紅。

受到強烈的道德攻勢——根據新的禮儀標準，在有人在場的時候禁止放屁——而被削弱了的屁很快又重拾活力。不只是在最高的社會階層裡（像是路易十四的宮廷），也一樣在啟蒙時期的醫學文學的圈子裡：在一七五四年，康百祿吉耶醫生寫了一本篇幅頗可觀的論述《屁之病理學》（*Pneumopathologie des maladies venteuses*）。顯然，大家往往把屁看做是笑話。瑪麗－安東妮・法紐在一七五五年出版了《屁老爺的歷險故事》，就打破了這個主題是專保留給男人的慣例，並趁英國的文學類型在法國流行的風潮而創作。她一開頭就說：「我這裡要說的是一個著名人物的故事，他威名滿天下。」「屁老爺出生於『低地國』的內褲城，介於名叫『屁股』的孿生姊妹之間，這對時時依偎在一起的『屁股』是屁老爺的表姐。他母親名叫大肚子，孕育他沒很久。」至於安端・薩巴提耶・德・卡斯特赫神父†，他在一七六六年重拾拉伯雷式的興頭，精心創作了

《兩個屁》。身為大膽、放肆的故事的作者，他在他極具氣味的書裡肆無忌憚地借用他曾經讀過的貝侯亞勒德筆下能引起很多聯想的物質。他把它改換為當時的文字風格、改換為詩，並以一些細節加油添醋，以迎合他那時代高雅人士的品味。不過，他特別強調「從骯髒的地方冒出來的」惡臭空氣，這惡臭空氣沾帶了糞便的微粒，還強調了這沾了糞便的帶潮氣的惡臭空氣會削弱男性的性活力。寫得沒像他的榜樣貝侯亞勒德那麼成功的他所下的結論是：「那義大利女人的／屁眼／只能是洗碗槽。」他鄙夷女人，更鄙夷外國女人，故事的結尾表示了臭味也成了仇視外國人的理由[42]。

在所有人類社會中都存在著糞便的習俗[43]。這糞便的習俗是直接和嗅覺相關的，這在舊體制時期的歐洲就大大表現出來。這糞便的習俗常讓法國人發笑。身為寄宿學校的老師，皮耶－托馬・余赫多‡（皮耶－托馬這兩個名字的首寫字母P和T注定了他的專才※）為他那一時代的人

＊ 譯注：這裡的「我」指的是屁。

† 譯注：安端・薩巴提耶・德・卡斯特赫神父（l'abbé Antoine Sabatier de Castres, 1742-1817），法國文人、記者。他雖保有「神父」之名，但其實在行削髮禮之後就逃離修道院。

‡ 譯注：皮耶－托馬・余赫多（Pierre-Thomas Hurtault, 1719-1791），法國作家、歷史學家，他對人類身體的奧祕很感興趣，以風趣幽默的文筆寫了許多偽科學的作品，例如《放屁的藝術》。

寫了一本《放屁的藝術》。這本書在一七五一年問世時先是匿名出版，書中放了一幅更有說服力的版畫；到一七七五年時，這本書作者便具名再版，還加上一個更清楚的副標：《身體理論有系統之論述，適用於便祕的人、嚴肅的人，以及所有受到偏見奴役的人》[44]。我們很容易就同意作者的看法：「我們認為屁是粗鄙的，其實只是出於我們的惡劣情緒，出於任性妄為。」或者是聽從他的建議，用「咳嗽、拉拉椅子、打噴嚏，或是跺跺腳，以讓人認不出是誰放屁」。接下來，他區別了幾種不同的屁，鄉下的屁（「比起事事講求雅致的巴黎，鄉下的屁比巴黎的屁來得自然、不虛偽」）、像在家裡那樣放大響屁、處女的屁、劍術教練的屁、小姐的屁、少女的屁、「因少女的屁感覺太好，再來一次少女的屁」、已婚婦女的屁、資產階級婦女的屁、農婦的屁、牧羊女的屁（有歐百里香或是墨角蘭的香氣）、老婦的屁、麵包師傅的屁、製陶工人的屁、裁縫的屁（有李子的味道）、製地圖者的屁、戴綠帽的人的屁（溫和或粗暴）。也許他軍校教師的身分可以說明他是後來流行很長一段時間的「大兵鬧劇」◎的靈感來源？在二十世紀初，藝名「放屁狂人」的約瑟夫·皮若樂能夠用屁股夾著小笛子，以屁吹奏〈在月光下〉這首民謠，或是隔空吹熄舞台上的燭火。他在紅磨坊、在法國的表演大獲成功（他協同「龐巴度劇場」在各地巡迴演出，而龐巴度侯爵夫人是不會喜歡他以她的名字來為這劇場命名的）。他吸引了許多名人前來觀賞，包括威爾斯親王、弗洛伊德；弗洛伊德很好奇，想要了解為什麼觀眾會因為不壓抑肛門而發笑。

靈巧的發明人也曾經留意屁的問題。至少，如果「著名的技師」馮克洛先生在一七八五年發現的事不純粹是個笑話的話[45]。他可能就會想到發明弱音器，來為放屁太響的人解決問題。弱音器「只會產生像八音琴那種悅耳的曲調，而不是陰沉而難聽的噪音。他以音樂來表現不同狀況的人，莊重的、溫柔的、輕盈的，就依他們的性質而定」。至於臭味的問題則連提也沒提到。然而在路易十六的治下，衛生保健人士最關心的事卻是糞便的惡臭。路易十六在一七七七年任命了一個化學家委員會，負責研究空氣被惡臭汙染所產生的效應，我們曾經說過這種惡臭汙染是掏糞者最畏懼的。當一八九四年巴黎開始積極建設下水道系統時，工業時代的資產階級卻極力壓抑腸胃脹氣。但這並沒阻止「放屁狂人」在舞台上大放異彩，直到第一次世界大戰爆發。緊接著是對身體氣味噤聲不語、不再談論的新世紀。這很可能是因為以下這兩個現象造成的：第一個是源自於

※譯注：法文的「屁」寫做 pet。這裡因他兩個名字的首寫字母正好是 pet 的前後兩個字母，故說他注定是「屁」的專才。

◎譯注：大兵鬧劇（comique troupier），從十九世紀末期一直到一次大戰，甚至到二十世紀中期，在法國流行一時的一種喜劇類型。在舞台上，演員穿著大兵的服裝，以鬧劇的方式呈現大兵的生活日常。

下水道系統漸漸普遍化，這使得城裡人對殘留的糞便味道和個人身體發出的臭味愈來愈感到不自在。第二個是源自於在清潔工作上有了進展，這樣的清潔工作被認為是絕對必要的；這一點是屬於道德層次的問題，也就是說文化上的刺激造成的。髒和臭成了社會階級低下的同義詞，甚至會被看做是社會邊緣人。這時便開啟了有利於心理分析家的時代，因為壓抑肛門或是壓抑尿道從此在上流社會中成了主流，為心理分析家吸引來了成群的客戶，這些客戶都因為要除去自己身上的味道而揹上了十字架走苦路。

最近，天平往另一邊傾斜了。從一九七〇年代開始，和性、身體功能、臭味相關的禁忌都漸漸地抹除了。出版社也不會審查書中粗野的用語，不會只保留開頭字母，其後以刪節號遮去其他字母，就像「書迷雅克布」*在一八六一年出版的貝侯亞勒德·德·韋爾維勒的《發跡之道》所遭遇的那樣。他為了遮去書中無數不堪的字眼而忙碌了好一陣。一如尚－馬利·畢加爾†，許多脫口秀演員都不再猶豫以糞便為題材來讓聽眾或觀眾發笑。至於科學，它讓我們知道了腸胃脹氣是很普遍而無害的現象。根據南錫教學醫院的腸胃科醫生馬克－安德烈·畢加爾（他碰巧和上述的脫口秀演員同姓）的說法：「沒有人腸胃道中是沒有氣體的，我們只是知道怎麼把這氣體保留到解手時才放出來。」此外，只有硫化物會不舒服地讓我們鼻孔發癢，而百分之九十九的糞便排放物是沒有味道的[46]。啊，我們終於可以好好呼吸了！

＊譯注：書迷雅克布（Bibliophile Jacob, 1806-1884），本名為保羅．拉克魯瓦（Paul Lacroix），以其外號「書迷雅克布」著稱，是法國作家、記者、圖書館館長，後在巴黎武器庫圖書館的寓所中去世。

†譯注：尚－馬利．畢加爾（Jean-Marie Bigard, 1954-），法國當代演員、脫口秀演員，他在舞台上的單人脫口秀常帶有拉伯雷似的幽默，帶點粗俗。

第四章 女人的氣味

為什麼女人比男人更喜好香水?詩人的回答是，女人比較細緻，比較敏感，比較輕靈。然而，其主要的原因尤其是在於歐洲文明中文化與社會的因素。兩三千年以來，一般總認為女人比男人來得難聞。儘管這種想法正在消退，或者應該說被掩蓋了起來，但在我們這個世紀中這種被看做是可怕性別歧視的想法，仍匍匐地潛藏在大家心中。有些人的說法是，這是潛意識。

在第三章，我們談到了十六世紀的人並不壓抑肛門，不管男女都一樣。在幼年時期，學著對那些可能是不好的或是具有危險的事感到羞恥或是害怕，並不適用於對待肛門的態度上，而主要是適用於對女體的態度上，讓人畏懼女體。為了讓男性少受到女人的誘惑，就盡可能讓他愈畏懼她愈好。更有甚者，一般還會藉由女人在性上具有可怕的影響力來唆使女孩變得乖巧。女人不只要學習克制自己的性慾（當時的男性權威人士將她們這性慾看做是永不滿足的），而且一般也認為女人身上帶有普遍的危險，此一根源可追溯到古希臘、古羅馬時期。在西元一世紀時，老普林尼把女人描寫為《聖經．啟示錄》中的四名女騎士*，每個月她們在途經的路上蹂躪世界。

我們幾乎找不到比月經之血更加有害的東西了。一個有月經的女人一靠近甜葡萄酒，就會讓甜葡萄酒變酸，一碰到經血就會讓穀物不生、讓嫁接的植物死亡，讓花園裡的植物燒死；她坐在果樹底下，樹上的水果就會掉下來；她看鏡子就會讓光滑的鏡子失去光澤，會侵蝕鋼和象牙的光彩；蜜蜂會死在蜂窩裡；鏽立刻就沾上了青銅和鐵，而且還會發出臭味；舔了這血的狗會變成狂犬，狂犬一旦咬了人就會傳遞毒液，讓人回天乏術。[1]

女人天生有一種令人不安的、氣味難聞的暈環圍繞著她們，在月經來時，她們更顯得駭人。由於從古希臘時期開始，女人就被低貶為專供男性享樂、專為生育孩子之用，這種看法顯然更便於讓男性操控女人。她們的氣味有男人身上沒有的雙重性：這氣味一方面強力吸引男人，但在她們月經來時、在她們生病時、在她們老了以後，這氣味則猛烈地將他們往外推。在同一個女人身上奇異地混合了以下兩種訊號：一是對男人發出愛情的邀約，二是讓男人對死亡感到恐懼。在一九二四年，弗洛伊德的弟子桑多爾・費倫齊†在他的作品《海洋》中不就說男人和女人交合是因為女人的性器官有鯡魚鹽水的味道，而男人想要回到初始的海洋中嗎[2]？這種偽科學的表述很容易讓人聯想起在久遠以來殘存在西方想像中對陰道異味的負面定義，認為這陰道異味接近於魚腥味。在法國通俗的語言中也保留了這種想像：妓女常被稱為鱈魚，皮條客則是鯖魚。

不過，在十六、十七世紀時這種在嗅覺上貶抑女人的現象表現得更是突出。當時的醫生宣稱女人比男人來得臭多了，但這一點也不妨礙男人對女人的欲求。對月經的恐懼也更加嚴重。然而很矛盾地，不再流經血的老婦卻被指控為散發出惡臭味，其臭接近於魔鬼的惡臭；這一點便解釋了大眾群體對女巫的恐懼，紛紛將她們以柴火燒死。至於那些喜歡賣弄風情的女人她們竟敢以香氛來掩飾自己身上那讓人厭惡的特別臭味，她們遭到教士們嚴厲的指責，說她們偏離聖道，以求

＊譯注：《聖經・啟示錄》中的四名女騎士（les cavalières de l'Apocalypse）：在《啟示錄》中，騎士自然是男性的，傳統上這四名騎士象徵了瘟疫、戰爭、饑荒和死亡。老普林尼將此四騎士轉為女人，將她們（尤其是她們的月經）視為一切災殃之緣由。

†譯注：桑多爾・費倫齊（Sandor Ferenczi, 1873-1933），匈牙利心理分析家、神經科醫生，與弗洛伊德在專業上和私人關係上都非常密切，有頻繁的書信往來，堪稱是弗洛伊德弟子中最具原創性的心理分析家。

誘惑男人。對女人在嗅覺上的禁忌迅速發展，這讓女人比從前更加被妖魔化。這讓她們自以為地位低下、讓她們為自己的天生狀態感到羞恥，她們可以說遭逢了歐洲歷史上一個最反女性的時期。

女體氣味的妖魔化

澤蘭*的醫生里維努・萊姆紐斯（一五〇五－一五六八）在一五五九年出版了一部拉丁文著作，在當時風行全歐，還翻譯成數國語言。根據他的說法：「女人有大量的排泄物，而且她們的月經讓她們聞起來很臭，還有她們會讓所有的東西變壞，摧毀東西的力量以及它們自然的能力。」就像老普林尼，他認為花朵和水果一碰觸到經血就會變質，經血還會讓象牙失去光澤，讓鐵器不再銳利，讓狗變狂犬。繼亨利－柯乃伊・阿格里帕之後，他還在經血引發的災殃上添加了亞麻加熱變黑、懷雙胞胎會流產、母驢不孕，以及更普遍的是，不可能懷孕；此外，沾了經血的呢布燒成灰以後還是會讓大紅顏料或是花朵褪色。不過，他的看法還更加往前推進，因為他連女體氣味也視為是有害的。他附會古代體液學說，宣稱它之所以有害是因為女性是冷的、潮溼的，而「男人自然的熱是霧氣茫茫的、柔和的、美妙的，幾乎像是浸淫在某種香氣裡」。他還說，接近女人這種令人作嘔的受造物會讓肉豆蔻乾枯、變髒、變得黑黝黝。珊瑚一沾到女人會變蒼白，但如果是男人碰到它，卻能使它變得更紅[3]。

他對自然的觀念使他讓男女兩性在各方面都呈對反。我們必須認真看待他這觀念，因為他那本書在各國贏得了廣大的聲名，也因為當時的醫生和他秉持相同觀點。他認為女人有深深的恥辱感，他表示，這是因為溺水的女人總是肚子朝下，相反地，溺水的男人總是臉朝天。這是一種建立在宗教與道德觀念上的兩性有別：在男人、熱、光和上帝之間隱約建立了關係，而總是和溼、冷聯結在一起的女人則被拉往下方去；對當時的人來說，下方即是屬地獄的國度。古代的體液理論在基督教化了以後便用來表達原始的二分法，以及表達了女人與惡有特別的關係。

在書中其他段落也明白地重新提到這樣的看法。萊姆紐斯寫到，通姦的女人「身上戴的寶石從來不會是又美麗又純淨的，因為她們散發出毒液的發臭身體會吸引惡，於是影響了寶石，一如月經來潮的女人會讓她們原本純淨、光滑的鏡子沾上髒汙，損害了美觀」。男人如果也在肉體上墮落了，他本來好聞的男性氣味也會變臭，還會讓寶石失去光澤。這裡還隱隱地觸及了一個傳染

＊譯注：澤蘭（Zélande），目前為荷蘭的一個省分。在歷史上與荷蘭多次分合。

理論，從汙染的身體接觸傳染，及至從產生有毒的空氣傳染。一般認為，情婦犯下罪孽的身體會傳染給她的情人，而且會讓他排出毒液，汙染最純淨的東西。對文藝復興時期的智識分子和詩人來說，身體的小宇宙是以看不見的細線和整體的神聖世界聯結在一起的。當女人月經來潮時，本來就令人擔心的女性天性對環境來說就變得非常危險。這也就是為什麼性關係在這時候是絕對必須禁止的[4]。

傳染理論的特徵是，惡臭的氣味、受汙染的空氣都被歸為魔鬼的屬性，我們會在下一章詳談這件事。萊姆紐斯寫到，垃圾和腐爛的東西往往會產生小老鼠、睡鼠、鱔魚、七鰓鰻、蝸牛、蛞蝓、爬蟲。同樣地，蝸牛、熊蜂、胡蜂或是蒼蠅都可以自發地從牛糞中產生。一個世紀後，德國耶穌會會士阿塔納斯·基爾薛（一六〇二－一六八〇）還宣稱可以從牛糞中自發產生蛇和青蛙。根據當時的觀念，從腐爛的東西或從糞便中產生的種種生物使得撒旦世界和女人世界的聯繫更為緊密。這其中許多生物，尤其是蝸牛和蛞蝓，都被列入當時女性美容保養品、健康保養品的處方裡。一般認為這些生物在地獄裡常見的。因此，膽敢描繪巫魔夜會的藝術家會提起這些生物。

當伊拉斯謨、拉伯雷的樂觀人文主義漸漸被信神的人文主義取代時，萊姆紐斯的這些想法在十六世紀後半期有教養的人士之間找到了一片沃土。主要藉由耶穌會的學校傳播開來的信神的人文主義，它的思想是建立在犯了罪孽的人會受到上帝報復性的壓軋這樣的悲劇概念上，這樣的概念對古代異教的典籍又起不信任之心，從此由學生仔細刪改其中不合教義之處。在這樣的背景下，看待男女兩性的目光就變得更加悲劇了。它被列為是基督教中善與惡之間永恆的鬥爭。當男人被歸為神聖的一方，女人則被歸為撒旦的一方——如果她沒有徹底受到男性（父親、丈夫、兄弟等）的管轄的話。因此，受到男性監護便是必要的，這成了她的救贖[5]。背離男性監護，她就無可避免地會受到撒旦支配。這也就很容易說對女人進行愈來愈嚴格的監控是有道理的。醫生也自有一套女人是「天生」低下的說詞，他們的說法就是：「這是上帝要的」——以當時的話來說。他們很巧妙地讓女人對自己的身體感到畏懼，因為她們的身體帶有危險。許多作家也延續他們這樣的說法。

神祕的修里耶赫爵爺*就是如此。身為故事作者的他，在他的文字中大量參照了人文主義的信息，特別是在醫藥方面，不過他也有很多取自教會資料的道德反思。在一五八五年出版的《早

＊譯注：修里耶赫爵爺（seigneur de Cholières, 1509-1592），法國作家、律師，著有《早晨》、《晚餐後》等書。

晨》一書中有許多談到女人的篇幅，他以批評的、帶有教誨的口吻談女人，這口吻比當時大部分的作家要來得嚴苛。他很可能隱藏了自己真實的身分。有人說隱藏在修里耶赫爵爺這個筆名背後的是基督新教徒尚・達戈諾，他於一六二三年去世，生前是阿布維爾修道院的院長，撰寫了不少思考撒旦、肉體和塵世的陷阱的文章。一五八五年的這本書中有許多類似的思考，這似乎可以確認修里耶赫爵爺就是達戈諾。作者建議，要活得長久，就必須不再交合。女人對健康是非常有害的，因為「她們下腹的炭火」會讓可憐的情人變乾枯。他的說法的確就像是一個修道士會說的話，他說女人是「不知羞恥的深淵與沼澤」，還提醒男人是「女人的頭」。當他指責一個丈夫被他妻子「變成公山羊」時，他用了一個魔鬼的形象來做比擬：長角的公山羊是巫魔夜會中撒旦的化身，一來是因為公山羊很臭，再來是因為牠向來被看做是淫穢的。書中有一章寫到了「夫妻暫停性事」，其中大力抨擊月經這個「紅色的黏液」。我們前面已經談過了老普林尼對月經的攻擊。修里耶赫更表示：「即使空氣都受到汙染。」他還有個強制性的建議：為了要避開「這有毒的血」，每個月要有八天不沾性事，這樣每年就有九十六天可避免「性交」。這可能是聽懺悔的古板神父所持的看法。另外還有在妻子哺育嬰兒的時期，必須兩年避免性事，因為交合時激烈的震動「會讓月經再出現」，月經的味道有損於營養的乳汁：「可憐的男人，你們會讓乳汁變渾濁！」[6]他表示，在哺乳期間禁止交合是教會法裡的條款。但他忘了補充，教會主張夫妻在為期頗長的四旬節期、將臨期的期間要禁慾。一五八七年，在《晚餐後》一書中，他持續抱持反女性的言論，說女人饒舌都是因為她們的腦子是潮溼的。「嘮叨可以讓她們淨化腦子，久而久之可以排出惡毒的體液，要是她們不說話，會讓她們受到毒害。」[7]所以那些不說話的女人很可能滿腦子是魔鬼！

在月經期間性關係的禁忌似乎更加強化了，即使我們可以懷疑並不是所有人都遵循這個禁忌。總之，醫生們毫不猶豫地利用害怕的心理來讓眾人遵行這個禁忌。在一五八五年，尚．李耶博勒*提醒他某些醫生同行要擔心如果不遵行這個禁忌會看到有痲瘋病的小孩出生；他自己認為生下來的小孩會像怪物一樣[8]。他確信女體的臭味會在醫學界成為再三被談到的主題，因為有許多藥方都是為了除去這臭味。於一六二〇年逝世的法國王室御醫尚．德．何努提出了在香爐中焚燒芬芳的合成物，這麼做是「為了顧及健康，或是為了顧及禮節」。他舉了一個很容易實行的例子——上流社會的女士生病時都用下述這配方，尤其是她們使用這配方的第一天：就是把粉末狀

* 譯注：尚．李耶博勒（Jean Liébault, 1535-1596），法國醫生，著有醫學、農學的書籍。

的「橙子皮、檸檬皮、丁香、肉桂、麝香和其他類似之物用玫瑰花露調和，然後把香爐放在火上，以便她們屁股的臭味被這香氛的好味道所驅散」。此外，他還建議了適合不同部位需要的藥物：「放在女人性器官裡形狀一如陰莖的子宮托，或者是放在屁眼裡的圓柱體栓劑。」[9]至於女體散發的惡臭，根據路易・居榮*（一六一七年去世）的說法，有兩種除臭的方式。像是臭藜、芸香這類「有臭味的草」能夠使會移動的子宮固定在一個位置上——如果我們相信拉伯雷的說法的話。為了讓子宮†固定不動，相反地，就必須使用好聞的香味或是香氛：用一點寬葉薰衣草油，或是甜杏仁油，再加上一點麝貓香或是麝香，然後借助助產士的指頭，讓她把這混合物放進身體裡，愈深愈好[10]。

當女人聞起來沒有玫瑰香

女體的臭味一直糾擾著十六、十七世紀的文化想像。當藝術家得表現嗅覺時，他們常常影射女體的臭味。一幅不知作者是誰、只知標題為《生命中愉悅之事》的版畫（從畫中的服裝推斷，此畫是創作於十七世紀）描繪了一位坐在桌邊、左手持玫瑰的上流社會年輕女士，以此來表現嗅覺。在她左手邊的衣袖裡窩著一隻小小的狗。在當時，優雅的女士會在她們的手籠裡抱著小狗。然而，這幅畫明顯是影射了她們腋下發出了臭味[11]。以嗅覺靈敏著稱的狗這人類忠實的朋友常常和女性聯結在一起，出現在表現嗅覺的畫作中（圖5和圖12）。切薩雷·里帕‡所著，一五九三年在羅馬出版，全歐知名，並於一六四三年翻譯為法文的《圖像學》為其他藝術家提供了象徵的範本：有個女人站著，手中拿著花和一個裝香氛的小甕，她旁邊還有一隻狗。亞伯拉罕·博斯※顯然也從他這裡得到靈感，只是在他約一六三八年創作的蝕刻版畫中，女人手上多加了一管菸斗（圖11）。從十六世紀末開始，其他藝術家在題材上偏好表現一對情人，畫中的女士聞著或是讓她的伴侶聞著玫瑰花香，身邊一隻狗趴在她擱著一籃花的膝上，狗鼻子觸近她腰以下的部位（圖

---

* 譯注：路易·居榮（Louis Guyon, 1527-1617），法國醫生，寫作題材廣泛，著有《醫學教程》等。

† 譯注：身為醫生的拉伯雷把子宮看做像「動物」一樣，有自己獨立的行動，以致女人無法控制它的慾望。

‡ 譯注：切薩雷·里帕（Cesare Ripa，約 1555-1622），義大利博學家，雅好藝術，著有《圖像學》一書，此書一出版及受到藝術家的追捧，它不但為藝術家提供了大量的圖像象徵，也為藝術愛好者提供了重要的訊息，讓他們能夠明白了解藝術作品的含意，以及背後的深刻內涵。

※ 譯注：亞伯拉罕·博斯（Abraham Bosse，約 1602- 1676），十七世紀法國最出色的版畫家，他的作品是法國巴洛克藝術的代表。

7和圖10）[12]。在這充滿詩意的畫面中隱藏著另外一層意思：就像尚・德・何努說的，沒有什麼比女人的性器官更難聞的。尼德蘭畫家克里斯平・德・帕斯（約一五六四年到一六三七）的版本顯得更為殘酷（圖6）。一名穿著花邊領飾的時髦少女左手拿著一朵花，她手上抱著一隻狗貼近她胸部。在她右邊有個上流社會的男子，脖子上戴著一圈縐領，他以嘲諷的目光看著她，還公然用手捏住了鼻子[13]。這種以一對情侶來呈現氣味的新的表現方式強調的是它色情的一面，它向觀眾示警（尤其是向男性觀眾），要小心這既難聞又犯了罪孽的女性的肉體誘惑。

義大利一位非常高雅的年輕教士塞巴斯蒂安・洛卡特利談到了有一次他到法國旅行時有關嗅覺的經驗，這次經驗是於一六六五年五月十四日發生在勃根第索利厄鎮。他是這麼說的：

> 我們去看到了適婚年齡的女孩跳舞，在節慶的日子裡都有這樣的習俗。短笛聲讓她們的第一支舞靈動了起來，但她們腋下發出的聲響還來得更響亮！（……）遠遠地看這演出比近看來得有趣多了，因為有一股臭味破壞了節慶的氣氛。（……）生性開朗的菲利波尼開起舞來，在跳舞期間大家時不時紛紛親起臉頰；由於大家會輪流換手，並交換舞伴，他在結束以前會親吻所有跳舞的女孩。但說真的，親吻的樂趣很快就轉為厭惡，因

為待在某些女人身邊必須有個健壯的胃才能挺得住。14

我們注意到了他說的是女人發出的臭味，而沒有清楚提到男人的。此外，他把他自己的感受說成了是他同伴的。他留意著不要太接近這些女孩——這些魔鬼般的誘惑者，他的同伴則一點也不討厭這些女人身上的味道，他開開心心地聞著，還一個一個和她們親吻。看這位教士在隨後於書中談到他對女人的看法，上述這一幕就變得更容易理解：「男人會為轉瞬即消逝不見的外表美貌而失去理性，這美貌後來只會留下臭味和汙染，而且她的美貌一旦消逝，在愛過她之後便徒留痛苦與悔恨。」他的厭惡來自於嚴格的嗅覺教育，這使他把女人發散出來的氣味看做是危險的信號，而這氣味也意味著一種強烈的性邀約，是菲利波尼無法拒絕的。

和女人保持距離

在十六、十七世紀將女性下半身妖魔化的現象變得很普遍。在風俗教化演變的過程中，「羞恥的部位」漸漸被看做是肉身地獄，而排泄的功能則帶有動物性，出於羞恥心便必須對此加以掩飾。對這兩件事的拒斥目的在於改變人感知自己的方式：因一些可怕的說詞，人愈來愈意識到要竊取人的靈魂的撒旦是無處不在的，所以他必須壓抑自己的動物性、限制自己的肉慾，以平息焦慮。

談禮儀的書籍愈來愈蓬勃，它們教導人一些方法，以應付愈來愈嚴苛的道德要求。這些書籍主要在於讓人對身體起反感，主張和物品保持距離，要碰觸物品時，就借助於工具或是戴上手套。它們禁止這些書籍也警告人和人有身體的接觸，要人在餐桌上分配菜餚時不碰觸到賓客，要人避開鄰座的人，要人別用手去碰食物。這類書籍中最有名的是安端・德・庫赫丹在一六七一年出版的《法國正人君子的新禮儀書》，書裡列了一些在禁止之列的不潔接觸：將手肘放在桌上，或用手指去拿油膩的東西，像動物那樣舔食物，或用嘴去吹布滿灰塵的食物，在別人面前擤鼻涕、抓癢、打嗝、吐痰等，以上都是失禮的舉止。不准在別人面前散發出味道或是流露出情緒，包括不准蹙眉、捲舌頭、咬嘴唇、掀鬍子、拔體毛、眨眼睛、開心的搓手掌、扳指關節、聳肩、大笑出聲、太靠近別人說話、「當著別人的面吐痰，而且以他們的口氣汙染別人」[15]。每個人周圍用以保護自己的私密空間擴大了，以便避免所有的接觸，不管這接觸是否出於猥褻的侵犯。同樣地，還必須避免受到和自己對話者呼出的口氣所汙染了。

最後一點又回到了氣味的性影響力上。對身體的妖魔化主要是針對女人的而非男人的身體。洛卡特利的那段文字明白指出了這種偏頗的現象。他還暗示道：由醫生和藝術家明白揭露的女體之臭味並不一定能阻止男人被這氣味征服。以現代科學的眼光來看，其實男人散發出來的具有吸引力的物質比女人多了五十倍。這物質並不是未證實其存在於人體內的費洛蒙，而是腋窩類固醇。存在於男人的汗液中、氣味近似於尿味的雄烯酮（類似於睪酮）似乎是唯一會對女人產生催情效果的分泌物。女人在排卵時日，就算男人只有少量的雄烯酮，她們也能感覺到，並產生積極效應[16]。應該大喊「別洗澡，我來了！」的人是她們，而不是我們向來以為的亨利四世或是拿破崙*。現在我們可以在市面上找到濃縮的雄烯酮產品，以吸引女人，特別是在看來頗有市場的美國。不幸的是，根據消費者的說法，效果不大有說服力，甚至可以說令人頗為失望。根據一般的想法，每個男人裡面都潛藏著一隻豬，因為雄烯酮是一種由公豬散發出來的強烈性訊號，但在男人身上這效果卻沒那麼顯著。說不定吃含有雄烯酮的芹菜還來得更有效？

＊譯注：據稱拿破崙在去見約瑟芬之前，寫了一封信給她，信上吩咐她：「別洗澡，我來了！」因為氣味能刺激性慾。也有一說是亨利四世寫這樣的信給他的情婦。

在最近的除臭趨勢出現之前，在十六、十七世紀時，嗅覺第一次起了大變革，這使得女性的氣味被妖魔化，也連帶使得女士使用的香氛或美容保養品也被妖魔化。以現代的話來說，這種妖魔化在生物學上是完全沒根據的，它純粹是掌有權力的男性共同營造出來的對女性的全面低貶，不管是在智性方面、醫學方面、宗教方面，或是政治方面。這些多重的壓力引發了對女性身體的恐懼，甚至使男性感到驚恐。修里耶赫根據早期一位教父金口聖若望對女人的定義來總結男人的畏懼心理：「天性是惡的女人總是以美妝品來粉飾自己，裝作自己是善的。」[17]。還有寫了不少愛情詩的尚・德・布瓦希耶赫（一五五五－約一五八四），卻也寫了一首出色的厭女詩作，和他同時代的作家都認同他這首詩，有一詩節談到了女人的脾性（《女人的脾性》）。

地獄的復仇女神，恐怖之極。
發怒的蛇，有毒液的游蛇，
邪惡的癩蛤蟆，臭不可聞的草。
惡臭的衛生間，鼠疫般的惡臭。
偏好女人的惡毒甚於毒芹的毒。

女人是男人墮落的唯一根由。[18]

沒有什麼能更好地證明嗅覺完全受到和精確的歷史過程有關的文化現象所決定。晚期文藝復興的人學會恐懼女人身上散發出來的氣味彷彿恐懼魔鬼一般，以致希望女人身上聞不出味道來，一如蒙田的想法[19]。

加諸於女性的罪名

在被妖魔化以後，女人對於自己成為人類受詛咒的那一半，感受到莫大的恥辱，或者至少也感到非常不安。大家要她們隱藏起自己不祥的身體，並要她們提防自己的性衝動。在過去，教會法庭寬容對待的那些在女性肉體上最常見的罪行，像是淫穢（在婚姻之外有性關係）、拉皮條和通姦等，在一五五七年法國一道皇家敕令確立了婚姻的神聖性之後，從此是可受法律制裁的。不過，在十六世紀最後二十五年，在當時巴黎高等法院管轄權大幅擴張時，遭起訴的此類案件數量極少（每年大約只有十二件），可見這道敕令並沒有太大的遏制效果。一五五七年的另一道敕令，對於隱匿懷孕[20]的定罪，展現出的遏制效果就完全不同。隱匿懷孕，是指未對當局申報在婚姻關係之外孕育的孩子。而且如果這個孩子死了，無論是出於殺嬰、墮胎，或是單純死於意外，母親可被判處死刑。從一五七五年到一六〇四年間，因此被次級審理機關判處死刑的案例中，有四百九十四案向巴黎高等法院提出上訴。其中兩百九十九案，也就是百分之六十的案件，在維持原判之後遭受處決——通常是處以吊刑。總計因各類犯罪而被處以極刑的所有女性中，這類死刑犯超過三分之二。在同一時期，在兩百三十四件被控為女巫的案子中只有四十件（百分之十七）最後真的被送上柴堆，處以火刑。一五五七年開始實施的這項立法帶有嚴重的性別歧視，它對弱勢的年輕女子衝擊尤其大（特別是那些被主人姦汙而懷孕的女僕），另外也衝擊到了寡婦。這道法令不僅禁止她們墮胎或殺嬰，更嚴格禁止所有婚外性行為。政府當局以數百場恐怖的公開處刑，來顯示他們雷厲風行的決心。在那個沒有任何有效避孕措施的年代，這使得女人在意外懷孕的焦慮之上，又添上恐懼。這些法官就此界定了所有女性犯罪中的最不可赦之罪。在法官以及當時的男人眼中，一個女人必須結婚才可以合法生子，因為她的身體並不屬於自己。女人是奉上帝之名孕育生命，她如果摧毀這個生命，那必然是為了迎合魔鬼。在法國整個舊體制時代便一直實行這個惡劣的敕令；不過，從十八世紀開始，法庭就表現得比較通融。

從亨利二世到路易十三統治期間，在宗教、政治和司法上最為重視的一項法律就是禁止婚外性行為。多次聳人聽聞的公開行刑，就是為了讓群眾以違法者為戒。公開懲治違法者、公開讓違法者悔罪，目的在於教化民心，好藉由公開行刑而將這些敕令生根於民風中。一六〇三年十二月二日，諾曼第圖拉維勒的兩名年輕貴族——哈瓦雷家族的瑪格麗特和朱立安（他們是兄妹，分別為十七歲、二十一歲）——在巴黎格列夫廣場被斬首。瑪格麗特與朱立安犯下了亂倫的罪行，並生下了一個女兒。這個案子更因為瑪格麗特有個比她年長的丈夫，因而侵犯了婚姻的神聖性而罪不可赦。編年史家皮耶·德·勒杜瓦對他們的下場只做了簡單的評論，並說這對兄妹的父親跪倒在法王腳前求情，法王差一點就開恩，但王后因為這罪行太過可怕而反對。一六〇四年，一家地方小報毫不留情地揭露他們的「劣跡惡行」。一六一三年，法蘭斯華·德·羅塞*為他們撰寫了一篇著名的文章，收在他《悲劇故事》一書中。他寫道：「我們這個世紀可以說是匯流了其他世紀髒水的陰溝」，不過，「天主是有罪必罰的」。他戲劇化地表現了這對兄妹在受刑前一刻的情

---

* 譯注：法蘭斯華·德·羅塞（François de Rosset, 1571-1619），法國十七世紀時極富名聲的作家、翻譯家，寫詩、寫小說，並譯有《堂吉訶德》等名家之作。

景，讓瑪格麗特說了幾句懺悔的話：「主啊，我們犯了罪（……）。求愛世人的主赦免我們傷風敗俗的行為（……），世人的罪惡從在母胎中就有了。」他表示，刑場所有的人都熱淚盈盈，就連劊子手也不例外。然而，他這番說法完全是自由發揮，因為根據官方的筆錄，實情卻不是如此。在宣判時，兄妹倆都聲稱自己是冤枉的。瑪格麗特說：「是惡劣的丈夫讓她遭逢這不幸！」接著她請求向神父告解。朱立安則表現得十分有傲骨，高聲說死不足懼。他們父親派來的代表勸勉他們要「忍耐」承擔起刑罰。瑪格麗特向他父母親以及兄弟姊妹請求原諒，並表示自己也不怕死，「但願自己能上天堂」。法庭書記官和聽告解的神父都很不滿，因為他們要的是兩兄妹承認死有餘辜，要他們向天主和司法請求寬恕。瑪格麗特在壓力脅迫下終於說了他們要聽的話，接著朱立安也承受不住壓力，也說了同樣的話。這時候，瑪格麗特淚流滿面，悲戚地向上帝禱告，親吻地面。當他們來到刑場時，她轉頭對朱立安說：「哥哥，勇敢一點！在上帝懷中求安慰吧！我們的確該死！」第一個被斬首的人是她。然後朱立安拒絕蒙上眼睛，一言不發地引頸受死[21]。和法蘭斯華．德．羅塞想像的可作為模範的懺悔不同，瑪格麗特只是鼓勵了哥哥，然後表明自己有該承擔的責任，至於朱立安則是執拗地保持緘默，拒絕認錯。他們兩人不同的表現很可能是源自於男女兩性對性的認知是明顯有差異的。女人比男人更容易感到自己在性上是犯了罪，她們承受了更多罪惡感的壓力。

許多態度嚴苛的道德人士和愛說教的人要求嚴懲那些不循正道的人——所謂「正道」當然是由這些道德人士來定義。隸屬於小兄弟會（方濟各會）的文森聖母院小禮拜堂專員安端・艾斯提安（約一五五一－一六〇九）在一五七〇年出版了《給放蕩的法國女士、小姐好心的規勸》。這本書在當時廣受歡迎，到一五八五年時已出了四版。他的說法仍是基於教會厭女的傳統。不同於以往之處是在於，這本書在能夠閱讀通俗法文的世俗民眾之間——也就是說主要是男性讀者——獲得廣大迴響。作者表面上是對女性說話，實際上他主要是告知男人必須禁止他們伴侶做的事。他的論據基本上是建立在對死亡和對魔鬼的恐懼。他提醒說，肉體不過是「散發惡臭的廄肥」。但並不因為如此，女人就得掩飾她們的臭味。相反地，他嚴厲地譴責她們衣著淫蕩，像是穿著有緣飾的敞開領口（上過漿的圓形小縐褶，就像戴在頸子上的縐領），或是戴著黑面具，因為前者露出了肌膚，後者遮住了她們在性上的醜惡。他更進而猛烈攻擊女人戴假髮的時尚，說在自己的頭上以死人的頭髮做裝飾是件骯髒的事，那死人可能有頭癬或是有痲瘋。不過，他認為那些放蕩的女人沒遮沒掩地露出一頭長髮很不成體統。她們必須克制自己不露出頭髮，因為她們是「受到丈夫約束的」。這古老的禁忌一直到二十世紀都還存在：必須把女人的頭髮遮掩起來，因為頭髮不管是在視覺上，或是在嗅覺上，都帶有情色的訊息。我們前面已經說過，七星詩社*的詩人曾明確說道，他們的女伴以散播迷人的氣味來發揮頭髮的這種魅力。艾斯提安修士痛斥那些運用嗅覺來吸引男人的女人，他尤其譴責女人使用麝香和小香盒；他對愛漂亮的女人使用的化妝品也沒有好評價，因為「胭脂能讓人辨識通姦的女人」[22]。

正如所有女人的身體自然而然都是愛好肉體慾望一樣，香氛或是胭脂能讓魔鬼進入這樣一個太過愛好肉體慾望的身體裡，香氛和胭脂的效果就和優雅的女人使用鏡子的效果一樣（圖8）。所以濫用香味會開啟地獄之門。在西屬尼德蘭，方濟各會的菲利普·博斯齊耶於一五八九年時在芒斯撰寫了一部韻文體的悲劇，題為《世俗裝飾物的小刮鬍刀》，在書裡令人畏懼的上帝、復仇者基督憤怒地舉發了信仰不堅的信徒所犯的罪孽。基督高呼：「我手中握有瘟疫、饑荒、戰爭／我可以將這些擲向人類。」化妝的女人、穿著時髦的女人、使用香氛的女人尤其被汙名化了，因為她們唆使年輕男子墮入肉體的罪惡中。

為了更能夠抓住年輕愛戀的心
必須撲上白粉

必須改變本來的顏色
來自於我的自然本色：她們會散發出氣味，
聞起來有麝香味的衣服；她們會有香膏
她們手中拿著味道香甜的小香盒。
我的鼻子不想忍受這樣的氣味，
我的眼睛被所有這些顏色弄得眼花，
我不想忍受這些無謂的放蕩，
這些只會煽動淫穢
這些只會引誘盲目的年輕紳士
讓他們像頭公牛似地追逐著她們[23]。

＊譯注：七星詩社（la pléiade），由十六世紀的七名詩人組合而成的一個文學團體，成員包括龍薩、杜．貝萊等。這個詩社除創作質量俱高的詩以外，最重要的貢獻在於對法語的改革：反對使用拉丁文，而用法語進行創作。

在亨利三世、亨利四世和路易十三統治期間興起了一股風潮，即是對女人厚顏無恥的言行大加抨擊的風潮。在特利騰大公會議結束之後，天主教以及基督新教便全面攻擊淫亂之罪，而這些對女人言行的抨擊即是屬於其中一部分。喀爾文教派的神學家藍貝爾·達諾在一五六四年就曾出版過一本旨在根除巫法的書，他在一五七九年更出版了《舞蹈論述》一書，他認為舞蹈是魔鬼的發明，目的在於唆使人投入肉體活動中[24]。西班牙國王菲利普二世在不久之後於西屬尼德蘭頒布了一項禁止跳舞的法令，違者處以罰鍰。我們可以說無論是達諾的書或是菲利普二世的法令都不受歡迎。然而，這還是啟動了一種道德意識，就是在跳舞時要拉開男女身體的距離，因為跳舞會讓人流汗，而且會讓人產生慾望。醫生緊跟著監看社會風紀的宗教人士的腳步，表示要是男人過度沉湎於性事會陷入險境，以此讓男人畏懼，因為他在和他對性從不厭足的伴侶交歡時，他自然的體熱會減弱。在一五六八年，安布魯瓦茲·帕雷就建議，如果要避免感染病菌，就要完全戒除交合，因為「女人實實在在是瘟疫」，她會削弱男性的力量[25]。同樣地，一名殺人犯很容易得到恩赦，他只要藉口說那個被殺受傷的人不是死於傷口，而是死於筋疲力竭——他沒有明智地克制自己的肉慾。在一六〇四年，路易·居榮醫生在他的《各種忠告》中舉發了淫亂的私密作為：

他哀嘆道：「現今，用氣味搞出了什麼汙穢的東西」，不只是「讓衣服和頭髮散發香味，還在交合前把男人的龜頭和女人的外陰弄得香香的，以便提高興致。有些人還拿著念珠，所謂的香味念珠，不是拿它來祈禱，而只是為了榮顯自己，以及為了吸引人同入愛慾之鄉，這似乎讓人更加愉悅。但在禮拜堂裡，在上帝的祭壇前，這些人只會獻上只值兩三蘇的薰香」。[26]

他明確指出，他沒有完全否決香氛，因為香氛在某些療法中可能有用，他只是建議不要濫用。康布雷的教會司鐸尚．博勒曼在一六三五年出版了《潰瘍，或是遮擋女性胸部》。他把女人的「下流的胸部」看做是「地獄之門」、撒旦的枕頭，他想像撒旦「在這象牙山上」嬉戲。在這本書的第二部分，他寫道：「大自然提點女孩和女人都應該蒙面紗」，而這個見解到了今天反而不再是天主教所持的意見[27]。一位巴黎神父，皮耶．朱韋爾內，在同一年也出版了《反這個時代女性虛榮心的特別論述》，他一樣也反對女人在街上、教堂裡，或其他地方露出胸部。他表示，如果只露出一點點，那麼這個罪孽算輕，可以寬恕，但如果裸露得很厲害，或是如果有人死命地盯著裸胸看，並引發了慾望，那麼這個罪孽便不可輕饒[28]。在之前，抱持著「美麗的軀體只會藏著美麗的靈魂」的新柏拉圖主義者頗為認同裸體（桑德羅．波提切利*也是持同樣的想法），但到這個時代，大家對裸體的看法大大改變了。裸體成了猥褻的，對女人來說還是勾引人的。為了避免引發慾念，由西班牙開始，後來在十六世紀最後幾十年遍及全歐的時尚潮流是，讓人把身體的每一寸肌膚包裹起來：手套遮住手、高領或皺領遮住脖子、頭上戴帽或是戴頭巾，無論男女的臉上都抹上一層厚厚的粉。然而，抹粉讓道德人士非常氣惱，因為它也是上流社會的女士誘惑人的陷阱。朱韋爾內表示，上流社會的女士尤其想讓自己變得更漂亮，最理想就是讓膚色顯得白皙，所以她們會在臉上敷上鉛白，然後再用朱紅粉末暈紅顴骨。有些女人還在臉上貼著用塔夫綢†或黑絲絨做成的假痣來吸引目光，假痣在白白的臉上非常顯眼。在朱韋爾內看來，這純粹是魔鬼的詭計，它使得上流社會的女士墮入死罪中。他斷言，她們會在最後的審判那一刻到來時付出代價。在整個十七世紀，教會人士始終不斷地譴責此事。在一六八二年，後來成為路易十四懺悔神父的克勞德．弗勒里神父向來痛斥厚顏無恥的女人淫蕩之風。這些女人愛美愛打扮，衣著講究，還配戴無用的飾物，走起路來腰肢款擺，在這位神父眼中，這一點也不是好基督徒的作為[29]。

法學家奧德．德．杜赫內博（一五五二—一五八一）是位學問淵博的才智之士，經常受邀參加文學沙龍，像是德．侯歇夫人的沙龍。他在一五八〇年撰寫了一部喜劇，題為《心滿意足的人》。劇中的人物很明確地提到了女人以人為的妝點掩飾自然的這個主題。

他們其中一個人說：「在一個女人美得像海倫一樣的時候，我尤其討厭她撲粉。我一點也不想親吻她，特別是我很清楚那白粉是毒藥。」另一個人更添枝加葉地說：「那些撲白粉、染紅暈的臉，臉上的粉造成的厚厚一層殼比威尼斯的面具還來得厚，這樣的臉會讓正人君子不敬重她們。」第一個開口說話的人又明確指出那些脂粉讓人倒胃口的成分：「你們想年輕男子向女士們獻殷勤是為了想知道這些東西的味道嗎：升汞、滑石粉、鉛白、西班牙紅、蛋白、硃砂、凡立水（塗在頭髮上）、松子、水銀、尿、葡萄香露、百合花花露、耳垢、礬、樟腦、硼砂、散沫花的根，以及其他種種女士們冒了有損健康的危險拿來敷在臉上的東西？更何況，她們在還沒到三十五歲之時，這些東西就會讓她們像老舊的皮革或者應該說像沒好好上油的老舊靴子一般滿臉皺紋，還會讓她們牙

＊譯注：桑德羅．波提切利（Sandro Botticelli, 1445-1510），歐洲文藝復興早期的佛羅倫斯畫派藝術家，他最著名的畫作為《春》和《維納斯的誕生》。

†編注：塔夫綢（taffetas）：將絲以平紋織成的高級絲綢。容易保持織物形狀，不意垂墜變形。

齒掉落，讓她們的口氣像發臭的大洞一樣發出惡臭。只要我一想到她們使用這些卑劣的化妝方式，我就會想吐。」這齣戲裡的那位女主角則表現得非常有文化教養，她是個音樂家。她的美「一點也不是那種我們晚上把化妝品關進盒子裡，到早上起床時才將化妝品從盒子裡取出來的那種美。她的美是自然的美」，沒有任何騙人的狡猾手段。[30]

上文說得好，嗅覺和味覺發出的惡臭是與誘惑男人的女人所使用之違反自然的人為妝扮有關。然而，女士們很可能再也不知道她們應該怎麼做，因為當時的醫生在同時指出她們本身天生就會發出臭味，就連不是在月經期間也一樣。她們當中很多人在這種撲粉也臭、不撲粉也臭的矛盾中，找到了違犯道德禁忌的理由。因為對白粉、香脂、撲在頭髮上的粉末，以及沁人心脾的動物性香氛直到路易十四統治時期仍大受歡迎[31]。再者，醫生們也好心地推薦抗女性難聞氣味的藥方。在一六三七年，尚・德・何努吹捧了兩種香粉的效用，也就是西普*香粉和紫羅蘭香粉（後者其實是佛羅倫斯鳶尾花）。

大家都習慣把這些香粉裝在塔夫綢或絲緞縫製成的小袋子裡，發臭的女人都把它佩戴在雙乳之間，好掩蓋並緩和她們不好聞的氣味，而且不只她們，許多柔弱的貴族青年也會這麼做。但說真的，這種香粉只應該讓那些病體正在康復的人使用。[32]

我們很難說一般人對身體氣味引發出來的情色誘惑力量真正反應是什麼。可確定的是，這反應並不完全符合醫學界、宗教界或是文學界所做的描述，而這些卻是我們對這個主題的主要資料來源。因為這些往往帶著說教的意味，有時會完全扭曲了我們觀察的現象。譬如，尚・李耶博勒在一五八二年寫道：「汗水是種好味道，它顯示了體液有良好的溫度〔……〕。同樣地，那些充滿壞體液的人，包括痲瘋病人、淫蕩的人在內，他們的汗水聞起來有公山羊味。」[33]換句話說，臭味是來自由疾病或是由性交過度所引起的體液失調。雖然說這個觀點是根據實際觀察的結果，

＊編注：西普，是 Chypre 的音譯。Chypre 原是希臘一個叫賽普勒斯的小島，傳說中女神維納斯的誕生之地，也是西普香調的起源之處。早在羅馬時代，賽普勒斯島上的人就在使用一種用蘇合香、岩薔薇，儘管這種香料和嚴格意義上的西普香還有些許差別，但也算初具雛形。西普香正式被世人所熟知，是一九一七年法國香水公司 Coty 調配出一款叫做 Chypre 的香水。作為「西普」香的鼻祖，這款香水是由佛手柑加苔蘚混合出來的，同時將花果的甜美和苔蘚的刺激香氛類型，傳香百年。

實際上這來自於古老醫學餘緒的觀點是沒有任何根據的。這個觀點界定了男性才具有好聞的味道，像是亞歷山大大帝，在書中便指名道姓地提到他。女人則只是間接地出現，因為她們是以天生味道難聞著稱。不過，作者還提出了許多可以除臭的藥方，例如除口臭、腳臭、陰道臭等等。

煽起情慾的氣息

至少我們可以再回到前面已經引述過的多位故事作者來平衡上述對女人臭味負面的看法，因為他們比較關注人體的需求。在布朗托姆《風流貴婦的生活》一書中，上流社會的女士比較不那麼假正經、不那麼受拘束，而且更加淫蕩。這本書是在布朗托姆於一六一四年亡故之後才出版的[34]。在他這書中我們可以讀到「香氛大大激發愛情」這樣的句子。許許多多的作品反對他這句話，反而證明了大家依然以香氛來激發愛情，而不是這種做法就此銷聲匿跡。這些道德人士會對一個失去丈夫的悲傷妻子做出了如下這個舉動說些什麼呢？她截下了他的性器官，「過去她是這麼地愛它，這時她以香膏塗抹它，以香氛讓它變芬芳，並撲上很香的麝香粉，然後把它裝進一個鍍銀的盒子裡」，以便好好保存。布朗托姆說，我不知道這個故事是不是真的，但法王很喜歡這個故事，跟幾個親密的人說過好幾次。他自己關於維納斯和戰神私通、背叛她丈夫火神的版本也許傳到了亨利四世的耳中，甚至傳到了後來拿破崙一世的耳中。維納斯沒選擇講究外表的美男子，而選了從戰場上回來滿身汗臭、沾滿塵埃的情夫戰神。他染著鮮血從戰場上回來，「既沒淨身，也沒讓身體散發香味」就和她上床。是女人才會感受到因伴侶出汗而引發性亢奮，而不是男人；根據當代的科學研究，這一點正好符合雄烯酮的作用。布朗托姆再一次堅持自己這個論點。他認為和「一個比公山羊更臭、更髒、更好色的醜男人」比起來，文雅的美男子比較不能滿足需求無度的淫蕩女人。

在一六一一年有一起轟動各地的審判，被告是馬賽阿庫勒聖母院的神父路易・高弗第，他被判施行巫法，最後以火刑處死。他的「自白書」以「地方小報」的形式在艾克斯－普羅旺斯出版並傳播[35]。這份印刷成本低廉的自白書在各城市的街上販售，遍及了廣大讀者，因為它極其聳人聽聞，最後便口耳相傳，就連不識字的人也都知道這件事。在同一年，這份自白書全文刊登在《法國信使年刊》*上，這就更將它的讀者群擴大到了巴黎，以及全法國。在這份簡短的自白書

＊譯注：《法國信使年刊》（*Mercure français*），在一六一一年到一六四八年間刊行，是法國歷史上首份刊物。

裡寫到，出於想要「讓幾個少女得到歡愉」的野心與慾望，和路西法訂下了盟約。這份自白很可能反映不出這名被判刑的神父真正的想法。它直接利用了天主教神學家所研究的魔鬼學，這魔鬼學的目的在暴露並根除和撒旦同謀的人類。關於高弗第卑鄙、淫蕩的行為，就重新被放在肉體之罪這個非常負面的角度來看。然而，在自白書中有些關於情色的說法表達了智識分子與一般百姓一致認同的神奇信仰。例如，撒旦會教導他的信徒在勾引人時讓人難以抗拒的奧祕，向他表示：「藉著我口中的氣息，能煽動所有我想要的少女和女人的愛火，只要我的氣息能直達她們的鼻孔。」高弗第吹噓說自己向一千個女人「吹了氣」，從中得到了極大的歡愉。也就是因為這樣，他贏得了瑪德蓮．德．拉．帕露的歡心。她是馬賽一位貴族的女兒。他愈是對她「吹氣」，她就愈迷戀他，渴望和他有肉體關係。他也承認曾參加巫魔夜會，撒旦在這夜會中惡意模仿了天主教的各種儀式，他並承認在夜會中向許多少女「吹氣」，以便占有她們。這份自白書最後以他受刑做結，據敘述者表示，在他受刑時有三千名民眾圍觀。

這位巫師神父煽起情慾的口中氣息說明了他的體味對所有的女人產生強有力的吸引力。這份地方小報是對都市人來說極為嚴苛的宗教的宣傳工具，這份地方小報旨在將男性氣息具有神奇力量的古老想法轉化為魔鬼的陷阱：這男性氣息與鼻子有關（對當時的人來說，鼻子即是代表情色的器官），大家認為男性氣息能夠魅惑女人，以便讓她們得到歡愉。此外，男性氣息還具有療效。甚至直到現在，在鄉下仍有人相信有些男人在這方面擁有天賦。這些「吹奧祕之氣的人」能治療像是扭傷這種毛病。

不入流的地方小報

「地方小報」是我們報紙所報導的社會新聞的先祖，它在版面上通常會附一幅版畫，在一五八〇年到一六四〇年間它曾有過一段黃金時期，而這段期間也正好是圍剿女巫正盛的時候。這些小報傳播了神職人員的思想，並迎合城市裡一般民眾的好奇心。巴黎的編年史家皮耶・德・勒杜瓦酷愛收集這些小報。許多好奇的人都貪婪地讀它，或是請人把內容說給他們聽，尤其是在有法律處決人犯的場面時，他們可以從小報中了解事件的來龍去脈。它們以轉載宣道的教士、魔鬼學學家，以及悲劇文學作者的文章來塑造輿論——我們稍後會看到悲劇文學在這同一時期也是發展蓬勃。地方小報有一個重要的主題，就是對女人以及對她貪得無厭的性慾心懷畏懼。小報上這些未具名的作者機靈之處在於，以消遣性軼聞的方式來傳達傳統神職人員反女性的思想。於是，虛榮之罪就以一個愛漂亮的女人受到殘酷懲罰這樣的真實故事來呈現。還有一個有錢人家的小姐非常愛漂亮的故事，這個故事在一五八二年、一六〇四年，和一六一六年出現了不同的版本。這個小姐想要一個好看的衣服領子，但她找不到合乎她喜好的，她甚至褻瀆了上帝，說要是魔鬼能幫她找到她要的衣服領子，她就獻身於魔鬼。一位愛慕者（也就是魔鬼本人）來到她跟前，把衣領戴在她脖子上，然後掐死了她。一六一六年的版本把故事背景放在安特衛普，並指名這位沒耐心的虛榮小姐是歐赫諾克伯爵夫人，還明確指出魔鬼在放了一個大臭屁之後消失。這位小姐的家人對外隱瞞了她的死因，但即將下葬時，棺木卻重得抬不起來。於是打開棺木，裡面一隻黑貓跑了出來[36]。

在一六一三年有一份地方小報藉由刺激讀者的感官來引發恐怖。故事發生在巴黎，時間是一六一三年的一月一日。一位巴黎的年輕貴族在和朋友一起吃飯之後，約在下午四點鐘回家。在他住的那條街上，他遇見了一位穿著講究的年輕小姐，她還配戴著珍珠和珠寶首飾。他們兩人攀談了起來。他請她到他家，等雨停再走。她接受了，並說她已經請人去叫她的馬車來接她。但馬車卻遲遲沒出現。男主人於是請她到床上休息。在他到房間來詢問她是否一切安好時，他變得大膽起來。他試探性地觸摸了她的乳房，發現她一點也沒抵抗，便親吻了她，「這吻燃起了他靈魂之火，這火焰燒灼了我們理性，冒起的煙使我們智性之眼昏黑」。接著，他竭盡全力地克制了自己的慾望。第二天，他也不知道為什麼自己坐立難安，便又來到那位小姐的身邊。她卻全身冷得如同冰塊，既沒有脈搏，也沒有呼吸。被急召而來的司法助理人員和醫生異口同聲地說：「這個女人早在前些時候就被吊死，這是她的屍體。是魔鬼進入了她的軀體來矇騙這可憐的貴族。」在說明了這情況以後，「床上冒起了一股大黑煙，黑煙持續了約唸一遍天主經的時間，而且夾帶著一股讓他們不舒服的惡臭」。在黑煙消散以後，他們只見到一具「死屍」。這篇文章強調了這個事件完全屬實，然後還提出了故事的寓意：因激情而失去判斷力的男人有可能遇到同樣的危險。上帝藉由這個例子要將人領回純潔之道，因為上帝只救贖那些能夠將「所有骯髒、有失體面的歡愉」卸除得一乾二淨的人[37]。

文學上的臭味

畏懼上帝的懲罰也同樣是「悲劇故事」背後的驅動力。和地方小報在同一時期出現的「悲劇故事」是一種時興的新的文學類型，它在一六三〇年以前在上流社會之間頗為流行。法蘭斯華・

德・羅塞的《我們這個時代的悲劇故事》在一六一三年以後在書市獲得極大的迴響，此外還翻譯成數國語言。在這本書裡有一篇寫到路易・高弗第的文章，這文章顯然是受到兩年前地方小報的報導和《法國信使年刊》重刊這一題材的啟發。作者想必也記得那個貴族受到魔鬼誘惑、激活了一位年輕小姐的屍體的故事，而講到了**魔鬼化身為小姐出現在里昂一位巡察守夜的騎士眼前，講到了他們肉體交歡，並講到了後來不幸的結局**[38]。為了讓這個悲劇更加引人入勝，羅塞讓他那位悲慘的主角和他另外兩位同伴分享他的豔遇。接著羅塞寫到，這位小姐向這兩位肉體酣足的男人揭露自己真正的身分，魔鬼先是說了一番話，然後脫掉衣服向他們露出「這世上最可怕、最醜惡、最臭不可聞的死屍」。這兩人嚇壞了，昏倒在地。不久之後，他們一個接著一個死了。這個故事的寓意是：「淫蕩會招來通姦，通姦招來亂倫，亂倫招來違反自然之罪（指雞姦）；然後，上帝會允許人和魔鬼交合。」這是將肉體的罪孽分等級，一級比一級嚴重，當時的法院即依這個等級來定罪，這些行為從此被認為是嚴重罪行，受到的懲戒比過去來得更嚴厲。最後三項罪行——亂倫、雞姦，以及女巫在巫魔夜會上和魔鬼交媾——則施以極刑懲戒，也就是將罪犯在柴堆上活活燒死。

貝萊的主教尚－皮耶・卡繆是聖法蘭斯華・沙里士*的朋友，他從一六二八年開始撰寫了數百則殘暴血腥的悲劇故事，在這些悲劇故事裡可說是直接把來自地獄的魔鬼軍團呈現在人世間。他的書非常受到上流社會有文化教養的人士的歡迎，到一六三〇年間才漸漸不流行。他所寫的就和地方小報或是羅塞的作品一樣，所有屬於地獄的一切都發出了惡臭。這從他在一六三〇年出版的一個簡短的故事《姘居的惡臭》就看得出來。有一位初中校長博學而放蕩，他嗜酒，嗜賭錢，還和許多女人上床。他最後和一名美麗的女子姘居了七八年。在他臨終時，頑固地拒絕和她分開，但最終還是喪了命，死「在這個墮落的女人懷中」，沒有得到寬恕。一個小時後，他成了死屍，臭得讓房子無法再住人。他被葬在當地的教堂中，深埋地底七尺，卻還是臭得讓人不得不將他遷葬墓園。結果仍然是臭不可聞，沒有人敢再從墓園經過，最後眾人只好將屍體丟進河中。但死屍還是汙染了河水，以致水裡死了無數的魚，腐爛發臭。尚－皮耶．卡繆下結論說，這是對荒淫無度的人的警告，地獄之刑就在路上等你了[39]！

魔鬼臭不可聞，就連那些投向他的人也是，完全不同於那些會在死後散發著聖人香氣的好基

＊譯注：聖法蘭斯華．沙里士（saint François Sales, 1567-1622），天主教敬奉的聖人，教宗亞歷山大七世奉他為真福品與聖品。他以深厚的信德處理宗教改革引發的分裂危機而聞名。著有《成聖捷徑》、《論愛主真諦》。

督徒。在十六、十七世紀之間，對上帝的信仰幾乎可以說是從它散發出來的好聞味道辨認出來的，而那些不堅守信仰的人會在肉體上和精神上汙染他周圍的一切，使之發臭。嗅覺傳達出一個愈來愈明確的訊息，也就是善惡有別。最大的禁忌都集中在女人身上，像是從此和死亡緊緊交織在一起的不知饜足的女人淫慾，這淫慾體現在如撒旦般腐臭的臭味中。這個主題當然一點也不新鮮。但由於所有權威人士都認為是如此，所以這個主題就顯得更為可怕。於是嗅覺就被制約成把所感受到的臭味看做是危險訊號。撒旦的臭味總是讓人想到鼠疫，也讓人想到特別引人作嘔的公山羊淫蕩無度[40]。儘管不停地宣傳要嚴密控制她犯了罪孽的身體，以及控制她引發的男性慾望，我們還是很難把女人的臭味和她強大的性吸引力分別開來。同樣的文化背景將停經的老婦變成了和魔鬼相交的女巫，她身上帶著的有毒之氣，和古代的帕耳開三女神*或是憤怒三女神†的有毒之氣差不多。

老婦與死亡

文藝復興時期的詩人繼承了古典時代的作家（主要像是賀拉斯‡、奧維德※、阿普列尤斯◎、馬提亞爾）對老婦十分鄙夷的觀點。在本書上一章我們已經引用了克萊蒙．馬羅受到古羅馬作家鄙夷老婦的觀點的啟發而寫作了一首反頌讚乳頭的詩。一直到十七世紀中期，這個主題卻掀起了一波波的文學浪潮，興盛非常。到了西方這段悲慘而怪異的時期，關於老婦是有害的之刻板印象更加根深柢固。在架起柴堆焚燒女巫的年代，也就是從一五八〇年到路易十三結束統治之時，這些文學對老婦的譫狂描述也從魔鬼學學家將巫術定義為犯罪中得到滋養。

和作家對老婦瘋狂的咒罵比起來，布朗托姆或是醫生們對老婦的看法簡直可以說是寬容的。布朗托姆說到他曾經聽人說過，「一名階級非常高的貴婦，貨真價實的高階級貴婦，有一天她的侍女說她呼出來的口氣臭得好比青銅尿壺；她的確就是用這樣的字眼表達；她一位很親密的男性

＊譯注：帕耳開三女神（les Parques），羅馬神話中決定了人的命運、出生與死亡的三位女神。

†譯注：憤怒三女神（Les Furies），羅馬神話中的復仇三女神。

‡譯注：賀拉斯（Horace），古羅馬著名詩人、文評家、翻譯家，是古羅馬文學「黃金時代」的代表之一。著有《詩藝》一書。

※譯注：奧維德（Ovide），古羅馬詩人，著有《變形記》、《愛情藝術》、《歲時記》，影響後世文學、美術極深。

◎譯注：阿普列尤斯（Apulée），古羅馬作家、哲學家，著有小說《金驢記》，透過化身為驢子的主角來觀察羅馬人的生活，諷刺羅馬帝國社會。

朋友（而且曾經靠得她很近），也向我證實了這件事；她的確是有點上了年紀」[41]。這指的也許是他的朋友瓦盧瓦的瑪格麗特，也就是一般所稱的瑪爾歌皇后？至於醫生，我們在前面已經說過，他們提出了很多解方來掩飾身體散發的臭味，像是在胸口佩戴香味袋囊。

對老年婦女的攻擊在此時只有愈來愈激烈[42]，遠超過我們在維庸筆下所見到的那種中世紀傳統的怪誕畫像。自十六世紀前二十五年開始，就在醞釀著宗教改革的萊茵河岸，這個詆毀老婦的主題也有圖像性的表現。最偉大的藝術家都曾描繪裸身的女巫，杜勒*便是其中之一。漢斯．巴爾東．格里恩†從一五一〇年開始成了繪製這個主題的專家，不過，他尤其是抓住這個機會揭露美麗少女的魅力；他約在一五一四年繪製的一幅素描，呈現了兩名美麗少女撩人的性感姿態，旁邊是一名雙乳下垂的老婦壯碩的身體，只有臉現出了衰老之象。尼古拉．曼紐爾．多伊奇‡（一五三〇年去世）的畫則顯得讓人更為不安；在他畫中，老婦有一頭象徵了墮落的蓬亂頭髮，還一副衰老的樣子，不過她仍以正面擺出挑釁的姿態，朝著觀畫的人淫蕩地咧嘴笑；她的乳房下垂、陰毛濃密，帶有病態的色情之想、魔鬼之思[43]。作家也紛紛譴責那些已經過了停經年紀的女人還醉心於愛情。伊拉斯謨在《愚人頌》（一五一一年）一書中就以帶著諷刺的不齒口氣說道：「但讓人覺得最有趣的是，看那些年紀早已讓她們從活人的國度抽身的老婦——這會走動的屍體、這散發出墳墓氣味的臭骷髏——她們時時叫喊著：再沒有什麼比生命更甜美。」

我們中學課程中最讓人著迷的詩人龍薩、杜·貝萊，前者在《嬉鬧》中描繪了「娼婦」，後者在一五四九年的《老婦與少女的反情慾》中寫到「看吧，喔，卑劣的老婦／讓這世界丟臉的老婦」，兩者一樣都表達了對老婦的反感，一如阿格里帕·多比涅、雷尼埃[※]、希格尼[◎]、聖亞芒[§]的詩作。從西班牙還傳來了「塞萊斯蒂娜」這樣的人物典型，她是費爾南多·德·羅哈斯[#]在

＊ 譯注：杜勒（Albrecht Dürer, 1471-1528），德國中世紀末期、文藝復興時期著名的油畫家、版畫家、雕塑家，及藝術批評家。他著名的版畫作品像是《憂鬱》，受到了廣泛的分析與詮釋。

† 譯注：漢斯·巴爾東·格里恩（Hans Baldung Grien，約 1484-1545），德國文藝復興時期畫家、版畫家。他繪有《夏娃、蛇與死神》、《少女與死神》、《兩名女巫》等畫作。

‡ 譯注：尼古拉·曼紐爾·多伊奇（Nicolas Manuel Deutsch, 1484-1530），瑞士劇作家、畫家、版畫家，並身為改革政治家，是瑞士文藝復興時期繪畫的主要代表人物。

※ 譯注：雷尼埃（Mathurin Régnier, 1573-1613），法國諷刺詩詩人，主要作品為《諷刺詩》。

◎ 譯注：希格尼（Sigogne, 1560-1611），法國諷刺詩詩人，著有《希格尼先生的諷刺詩》。

§ 譯注：聖亞芒（Saint-Amant, 1594-1661），法國詩人，創作諷刺詩、抒情詩等。他創作了許多反應下層流浪生活與悲慘命運的詩。

譯注：費爾南多·德·羅哈斯（Fernando de Rojas, 1476-1541），中世紀晚期的西班牙劇作家。他創作的對話體長篇小說《塞萊斯蒂娜》是繼《堂吉訶德》之後最受世人讚譽的作品。

悲喜劇中塑造出來的一個拉皮條的女人兼女巫，是魔鬼的同謀共犯。羅哈斯《塞萊斯蒂娜》這部作品在一五二七年翻譯成了法文，馬羅以及其他許多作家都深受啟發。

老婦最主要的特徵是年紀大、很臭，以及離死亡很近。杜．貝萊和龍薩表示，她只能當撒旦的侍女，龍薩在一五五〇年寫的一首詩〈反德妮絲女巫〉中提到：「你僅僅是呼出一口氣」，狗就嚇得吠叫起來，河水就倒流，狼群就跟在你身後嚎叫。在別的地方，龍薩在寫到娼婦時，他指出她們「從鼻子裡，呼著氣／下面是惡臭的口氣」，然後躺臥在墓園裡死人的身上。在一五五八年，杜．貝萊以下面這些詩句表達了他對老婦心生憎惡：

老婦比世界還老，
老婦比穢物更骯髒，
老婦比病態的蒼白還蒼白，
比死亡本身更加死亡。

他還說她的眼神和口氣就足以熄滅所有的「愛之火」。

詩人們相對地對年輕女子就寬大多了，因為她們代表了生命之芬芳，老婦則不用期待男人會憐憫她們，也許連上帝的憐憫也不用期待，因為她們的氣味會讓人想起死亡。一五七二年，阿格里帕．多比涅在二十歲時寫的一首詩描繪了處於這兩個時期的女人的強烈對比[44]。他把他心愛的年輕女子比做維納斯，把監管她的女傅*比做蛇髮女妖，並拿這兩者來做比較。白天，這個嘴裡的口氣臭得不得了的「老蛇妖」像守地獄大門的惡犬賽伯拉斯一樣守著年輕女子的門戶。晚上，事情便起了變化，因為年輕女子和老婦兩人都裸身睡在同一張床上。多比涅趁這個機會比較她們兩人的身體，他派給了年輕女子七星詩社的詩人們所珍視的品質，在描繪老婦時卻異常地殘酷。他的意中人在頭髮上灑了西普香粉和龍涎香香粉以後聞起來很香，而患頭癬的老婦頭上則滿滿是臭蟲和頭蝨。她全身發臭。

她嘴巴形似漏斗

潰瘍腐爛

---

*譯注：女傅（duègne），古時在西班牙等國僱來監督少女、少婦的年長婦人。但有時女傅也會在私底下為少女、少婦拉攏男人。

蒼白而發臭，
眼睛裡有眼屎，
鼻涕像水溝一樣直流。

年輕女子因呼吸微微伏動的小乳頭對比於老婦像沒灌風的風笛似地亂顫的乾枯乳房。美麗年輕女子的大腿對比於老婦衰皺的屁股，從這屁股「像煙塵一樣地冒出／千百隻毒蒼蠅」。當時的人認為這些從腐敗之物中而生的蒼蠅是屬於地獄的。至於他心上人的「粉紅色小蓓蕾」*，他拿來和陰道甚至也許外露的變形紅色女陰做對比，審判女巫的法官也許真的就近觀察過，為的是要仔細地找尋魔鬼的印記。這些法官是否和多比涅這位年輕的詩人一樣覺得老婦可憎呢？

沒錯，亂糟糟的陰毛，
皮膚像千塊補丁
我無法明確界定發情的老火雞
是什麼顏色，

一個傷疤和一隻舊鞋，
垂下的腸子，脾臟
和兩片陰唇
弄髒了膝蓋。

他的結論還是一樣殘酷：

她的命運就是如此可悲
在生命中摻雜了死亡。

接下來，對老婦性器官的描述，說它骯髒、發臭、溼漉漉的，還帶著疾病與死亡，在十七世紀初期這成了諷刺詩的老生常談，充滿了淫穢。而且這些作者在描寫老婦時還常常帶有一種虐待

＊譯注：「粉紅色小蓓蕾」，指年輕女子的女陰。

狂的傾向，因為他們為糾擾他們的老婦設想出了許多最嚴峻的酷刑。希格尼（一五六〇－一六一一）便非常喜歡讓「下賤的佩蕾特」久久受痛苦：

就像對待男巫那樣，我們應該剃光她的頭髮，
然後在市集開市的那一天，把她綁在死亡輪上
用棍棒打她，她被打斷手腳之後，吊死她
在截斷吊頸繩以後，將她丟入火堆裡。

讀者在聽說這首詩事實上指的是杜・提耶特小姐時會不會發抖發得更厲害呢？這位小姐即是亨利四世宮廷中著名的皮條客。希格尼這位詩人憤怒地將他的指爪插入他那個時代的老婦乾枯的肉體上，而我們這個時代的某些政治人物可以從希格尼那裡學到激烈辱罵他人的方法。

無顏色的死屍，墳墓裡的遺體〔……〕
挖出來的骨骸，被烏鴉攻擊，

一如我們在夢中的影像：
你是在融化的白雪上的衰老軀體，
或是上吊在絞刑台上的男巫軀體，
是魔鬼讓男巫軀體穿了衣服要讓人害怕！

許多作者極其憎惡女人的衰老，並以此為樂，卻不怕這戲謔會反彈到自己身上，因為大家從來不厭棄男人的衰頹。在一六二二年於巴黎非法出版的《帕納斯山的林神》中有一首〈反一位老婦〉，這首詩便寫到老婦在性交時讓人反感的表現：

這個老婦，在有人幹她時，
汗流得全身都是
她打嗝、放屁，還擤鼻涕。[45]

許多作品呈現了老婦和惡魔之間的肉體關係，包括希格尼在一六一八年出版的《反一位和魔鬼往來的女巫的諷刺詩》在內。在這部作品中，臭味占了很重的比例。老婦身上的臭味比死屍來得更臭。她叫嚷著：

死亡和我是同一回事，
我們只有一點不同，
因為我是蒼白的，而死亡是慘白的，
但我有臭味，而死亡沒有。

希格尼接著還以讀者來作見證。

但那讓人受不了的是，
而且我完全被感染，
是女人和魔鬼
他們各自發臭。

她樂得放響屁、悶臭屁；
而魔鬼聞起來有陳腐乳酪的氣味，
魔鬼和女魔鬼
比賽誰更臭。

魔鬼式的歡愉

儘管這些詩都是詼諧之作，作者並不認真看待它們，但它們還是傳達了激烈的厭女思維，這厭女思維是以魔鬼學學家所炮製出來的女巫形象為原型。在歐洲，魔鬼學學家將數以千計所謂撒旦的同謀共犯送上柴堆，這些同謀共犯大部分是農村婦女，以及「衰頹的老婦」。在審判開始時，法官會在這些剃光了毛、裸著身的女人身上找尋魔鬼的爪子在她們留下的痕跡。屠夫或是醫生會在她們身上刺入一根長長的針；如果她們不覺得痛，或是不見流血，法官就會下結論說這是撒旦在他的新獵物身上留下的印記。沒有人知道法官在面對裸露著乾萎身體的女人這古怪的一幕時、在面對身體散發出來的臭味時心裡作何感想，因為並沒有任何文字資料保留下來。不過，在法院審判的資料中倒是描寫了這些女人在巫魔夜會上和魔鬼有性關係，因為有些專門的手冊會鼓動法官就這一點取得非常明確的口供。那些保留下來的自白書看了很讓人心驚，每份自白書的內容都千篇一律：事實上，魔鬼學學家期望女人陳述她們在性關係上感覺是非常痛苦的，因為魔鬼的陰莖是出了名的冰冷而且密布尖刺。有些人從這件事看出當時其實是刻意嚴禁止女人在性上得到歡愉的。這種看法太誇張了，而且不符當時狀況。因為當時的醫生認為，要生下漂亮的嬰兒，尤其是男嬰，女人非得要有高潮不可。在追獵女巫最熾烈的時期，西班牙神學家弗朗西斯科·蘇亞雷斯*（一五四八－一六一七）也贊同這個看法。大家譴責很多女巫只為自己的歡愉而貪圖性慾，而她們又老了，無法生育。在西方這段悲慘而怪異的時期，事實上是傳布了一項重要的禁令，性並不是為了歡愉，而是為了生育：所有的性關係都只能在婚姻的框架中進行，而且以讓女人受孕為前提。因此老婦就不再有權利和人有肉體關係。當時的人對老婦的負面文字與影像就像魚網一般愈來愈緊地箍著她，而如果老婦敢表達自己的需求或慾望，她就會墮入魔鬼那一邊。

從一五五〇年到一六五〇年，社會有了新的行為準則。繼先前對人生比較樂觀的看法之後，這時主導的思想是：在嚴峻的上帝面前，人類懷有深沉的罪惡感。世人因為面臨下述這兩者之間的張力而在心理上起了拉扯：有得到上帝救贖的希望，以及擔心下地獄的恐懼。在上帝的允許下，撒旦是讓罪人變得更好的工具，從此撒旦就不斷地現身。法蘭斯華・德・羅塞，或是尚－皮耶・卡繆解釋道，撒旦一步一步極有耐心地跟隨著受害者的腳步。女性在這之間受到最大的衝擊，起了最戲劇性的變化。和這段悲慘時期一般世俗的厭女情緒比起來，中世紀教士的厭女簡直可以說是沒什麼。這時在法律之前永遠成為未成年人的女性從此失去了她們的獨立性，至少就理論上來說是如此。對被看做是帶有難聞氣味、有破壞一切的月經，並且是耗損男人性精力的弱者的女人來說，這個時期是有史以來最惡劣的時期。一般認為她們不能單獨得到上帝的救贖，以致她們必須隨時受到男性的監視，以避免她們又投入魔鬼的懷抱。因此走入婚姻是絕對必要的，這一方面能迫使她們解救自己的靈魂，再方面能限制她們永不厭足的性慾。

男人對女人的監護愈來愈讓女人感到壓力沉重，而將女人妖魔化顯然是讓男性的監護權成為正當而合法。唯有詩人夢想中的妙齡少女暫時逃過了這種貶抑女人的看法，因為她們象徵了生命。在奉承妙齡少女時，詩人可以得到期望中的愛情歡愉。接著，婚姻對為人妻者其實是牢籠。

＊譯注：弗朗西斯科・蘇亞雷斯（Francisco Suarez, 1548-1617），西班牙神學家、哲學家，一般認為他是繼托馬斯・阿奎那之後最重要的經院神學家。

但她還是得端莊、忠實、生漂亮的寶寶，如同蝸牛一般把家扛在背上。接著，女人開始陷入地獄中。因為年紀實實在在將她引向災難。儘管一些詩人假裝認為女人不臭，但她們在人生之初身上的味道就已經不好聞，而且在月經期間還有令人作嘔的危險氣味，在到了老年時，她們就接近於腐敗。因為在悲慘而怪異的時期，老婦是等同於死亡。這讓我們更能理解歐洲獵殺女巫的強勁力道——女巫被看做是撒旦的老侍女，和撒旦一樣墮落。說到底，這難道不是一種男性的焦慮嗎？他們害怕看到變得愈來愈獨立的女性一族之長在將她自己獻給地獄之主時試著奪回男性的權力。

到了十七世紀中期，事情才慢慢起了變化。這時老婦的形象開始顯得沒那麼邪惡，與此同時，對邪教組織的訴訟也逐漸減少。一六五三年，莫里哀在《冒失鬼》裡有一幕是兩名老婦因為一個把另一個當女巫看待而打起架來，莫里哀對這一段情節的陳述就令人安心多了[46]。古典主義時期*對可怕的魔鬼臭味已經沒有太大興趣，不像前幾個世代那樣畏懼它有如畏懼鼠疫。

* 譯注：古典主義時期（classicisme），指一六六〇年到一七一五年間在歐洲，尤其是在法國，文化、美學、藝術蓬勃發展的時期。

第五章　魔鬼呼出的口氣

十六、十七世紀時期，在歐洲，鼠疫有更加猖獗的趨勢。在一五八〇年到一六五〇年之間，法蘭西王國的幾個省分都大大受到鼠疫的蹂躪。一般醫生和外科醫生對驚恐的民眾都以一套老舊的說詞來解釋其成因：鼠疫是盛怒的上帝不留情地懲罰罪人。不管是醫生開的藥方，或是為避免感染的具體預防措施，都強調了汙染空氣的「有毒蒸氣」是非常危險的。由最難聞的腐爛氣味和危險而有害健康的氣味所引起的有毒蒸氣，對醫生來說，它是和正傳布到世界各處的惡臭直接相關的。所以，大家便非常清楚撒旦是在上帝的聖工中負責低賤的工作。在上帝的允許下，撒旦呼出的口氣會散播鼠疫，而且是致命的。當時的人就是以這種道德式、宗教式的說法來解釋那無法解釋的事，這種對事物的看法即表現在預防或治療的方式中。

要是我們將這些治療方式和全球過去和現在的許多民族以嗅覺來保護人身的儀式做比較，就會發現兩者有不少相似之處。在文藝復興時期極受推薦使用的煙薰法，會讓人想起荷馬時代的希臘人的煙薰法，他們會焚燒雪松的樹枝，以求諸神降福：在十六世紀時，有香氣的煙也在人和上帝之間建立了聯結，以便反制被認為是居於地底的惡魔的惡行。為了和魔鬼以及壞基督徒做分別，每個人為了保護自己都穿上了空氣不可透入的香味胸甲，就像鼠疫醫生的服裝也屬於是這種香味胸甲之一。經常發生這樣可怕的鼠疫表示了我們周圍永遠存在著地獄，可憐的人類太常聞到撒旦的臭味了。對人類來說，香氛首先是為預防疾病之用。然而，最流行的麝香、麝貓香、龍涎香卻是來自動物的分泌物，前兩者更是來自動物的性腺。當時的智識分子認為，同類的東西可以摧毀同類的東西；因此似乎可以用比「黑死病」更加惡臭的氣味來擊退「黑死病」。因為不知道鼠疫真正的成因（是老鼠身上的跳蚤傳播鼠疫桿菌造成的），所以不用說，當時的那些方法、藥劑一點也沒有效。但透過這些方法、藥劑，依然讓我們遍覽了令人驚愕的嗅覺世界，帶出了已經消失的那個時代的信念、恐懼和情感。

瘴氣

西元二世紀的醫生蓋倫*認為，鼠疫是空氣固有的性質失常引起的，並以強烈的惡臭表現出來。到文藝復興時期，大家仍然採信他的理論，他的理論切合當時社會背景下的基督教信仰。那時的人設想，臭味並非從天而降，因為所有從天而降的都是好的；他們認為臭味是來自地底的地獄，以及來自於常只淺淺埋在土裡的死人世界。可加速有機分解的地方（或現象），像是沼澤、汙水坑、火山爆發的硫磺氣、大霧、暴風雨，都為傳染病提供了理想的發展條件；而這些東西都聯結到了魔鬼身上，就連像癩蛤蟆這種令人厭惡的黏乎乎的動物也歸魔鬼統轄，還有會留下一絲臭味的雷也是；還有女巫，這魔鬼的親信，大家都知道她們會施魔法，招來濛濛細雨，招來大雨，招來暴風雨這些會摧毀莊稼的力量。

在一四七七年到一四七八年間，佛羅倫斯著名的人文主義者馬爾西利奧．費奇諾†在《對抗鼠疫》這部論述中談到了「毒蒸氣」，它已經不再是單純的空氣固有的性質失常。到了十六世紀，談論這個主題的醫學作品增加了許多，這些書籍的作者當然都不忘強調鼠疫是發怒的上帝為

＊譯注：蓋倫（Claude Galien, 129－約 201），古羅馬醫學家、哲學家，他以「理性」和「經驗」為基礎建立起他的醫學理論。他的解剖學、生理學、病理學、藥理學和神經內科對後世影響深遠。

†譯注：馬爾西利奧．費奇諾（Marsile Ficin, 1433-1499），義大利詩人、哲學家。他曾翻譯並評注柏拉圖的著作。

懲罰世上的罪人而引起的。安布魯瓦茲・帕雷在舉發「空氣腐敗變質」之前，也針對這個主題在一五六八年寫了長長的一個章節，他說自己在里昂與一場鼠疫爭戰時觀察到此一現象：「鼠疫的腐敗和其他類型的腐敗完全不同，存在著一種無法解釋的、難以言說的、隱藏的邪惡。」[1]就當時的用語而言，邪惡指的也就是魔鬼。

在此之前不久，巴黎的一位醫生安端・米佐勒*針對一五六二年發生在巴黎的鼠疫談到了他自己的經驗[2]。他表示，他想要提供一些實用而簡單建議，這些建議都是他本人或是他朋友實際檢驗過的。第一件該做的事就是懇求上帝「平息怒氣，不再懲治我們，並收回鼠疫的利劍，上帝之所以殘害我們都是出於我們自己的過錯」。因為鼠疫「引發了空氣腐敗，以及空氣難以察覺的變質」，他建議眾人第二件該做的事是逃離受汙染的地區，避免不好的體液，在醫生的建議下服用瀉藥，滌清自己，早晚使用能保護自己的東西，燃起帶有香味的火，使用香氛，常更換內衣。此外，在太陽下山以後不要出家門，也不要在太陽出來之前出家門。還有，手中要有一些帶有香味的東西，口裡要有一些解毒劑，這點也很重要。一定要避免和病人接觸，也要避免接觸那些從疫區來的人。要避免住在墓園、垃圾場、肉販店、屠宰場、魚販店、汙水坑，或是其他「又臭又髒」的地方附近，同樣也要避免住在下列這些地方附近：製革作坊、製蠟燭作坊、熟肉製品鋪、修補衣服的店、毛皮製品作坊、舊貨商店、零售商店、鞋匠，「以及類似這種又骯髒又汙穢的工匠作坊」。而且保持房間乾淨是非常重要的，更別忘了要每天兩次在房裡撒上氣味芬芳的香草和鮮花。衣物要潔淨，並讓它充滿香氣，然後好好收在櫃子裡。屋子裡禁止狗、貓、家禽等出入。住家附近也不得養豬、鴿子、鵝、鴨。腐敗的食物、變質的飲料也一概要避免。要避免在住家附近堆積廄肥，也不可積存不流動而腐臭了的水，或是積存糞便，「在街上有糞便的地方小便」更是不准。一定要讓住屋保持空氣流通，不過在吹南風或西風時要把窗戶緊閉。在起霧、下雨或是吹南風時，尤其不准出門一步。為了讓精神保持昂揚，要避免接近病人，在有為逝者而響的鐘聲或鈴聲時要避開，而且要避免接近衰殘的人和老人……

上述這些禁制帶有一點「傳染理論」的影子。這種把健康的人撤離感染地區的做法多少會有點效果。但這還得這些健康的人在經濟上夠寬裕，才能長時間搬到較遠的鄉下去住，就像薄伽丘《十日談》裡那些講故事的男女那樣。那些留在疫城裡的人並未真的受到上述這些禁制的保護，

＊譯注：安端・米佐勒（Antoine Mizauld, 1510-1578），法國醫生、天文學家。他著作豐富而多元，除醫學、天文學相關著作之外，還有談及流星、園藝、藥草等作品。

那些禁制主要是受到健康和善惡有關的道德概念所影響。他在文章中談到和鼠疫的爭戰時，就好像是在談善和惡的爭戰。所有有惡臭和腐敗的地方，就有鼠疫蔓延。要保護自己免受鼠疫感染的人就得比以往更加接近上帝的聖潔世界：衣物要潔白、沒有不好的體液（也就是說什麼都不過激、過度）、根據太陽調整自己的作息、燃起芳香之火、使用具有保護作用的香氛，以及具有預防作用的好味道。但這一些仍然避免不了由黑死病引起的大量人口死亡。不過，醫生和外科醫生還是為面對一三四八年的鼠疫完全束手無策的廣大民眾注入了一絲希望。他們提出了以贖罪的儀式來平息上帝憤怒的做法，也就是獻祭自己身上壞的部分，以祈求上帝放下復仇之劍。城市中升騰起芳香的氣味，升向天空，表達了祈求上帝垂憐的希望。

染患鼠疫的城市

由於城裡的人向來被看做是比鄉下人來得更加人心敗壞，而且我們在前面也已經看到城裡充滿可怕的惡臭，所以城市也遭受了不斷蔓延的鼠疫猛烈的侵犯。有關當局也相應採取了不准人進城和隔離的做法。就像在人口約兩萬人的阿哈斯城的做法——阿哈斯城是阿圖瓦縣的首府，在一六四〇年法國奪回此地之前，它一直是由西班牙託管。只要觀察警察局頒布的條例就看得出來當時是怎麼一步一步對抗鼠疫這個禍害。在一五八〇年以前，這些對抗鼠疫的措施還很保守。一四三八年四月十八日，在鼠疫的威脅下，窮人和豬都被趕到了城外。一四八九年九月二十三日時，鼠疫蔓延到附近的幾個城市，於是採取了一些預防措施以對抗阿哈斯的鼠疫患者：在每一間受到感染的屋舍前都放上一隻草鞋；病患在各處走動時，手上要拿一根白色的手杖，以表明自己是病患；而且禁止病患出入有人群聚集的地方。一四九〇年八月二十六日，疫情再起，市政官員下令關閉容易散播瘟疫的澡堂。一四九四年四月二十七日，鼠疫仍然四處肆虐。除了採取和一四八九年同樣的做法之外，還下令所有鼠疫患者在衣服上明顯處別上一道和手掌一樣寬的黃色飾帶，以避免別人和他們做接觸；學校關閉；在市集上或馬路邊丟垃圾及倒水都在禁止之列；宰殺以後的豬必須用鹽醃起來，所有的動物都被趕出城市；甚至因為害怕鼠疫變得更猖狂而不准清掃街道。

約在一五七六年時，事情有了轉變：一位外科醫生在八月三十一日被選定為「鼠疫放血者」。從病患身上放血遠遠無法證明它是有功效的。這位外科醫生除了有豐厚的獎金以外（一半的獎金是立刻就領，另一半則在鼠疫結束以後領），在鼠疫期間，他還支取一筆可觀的週薪，而且免繳稅，市政府還會幫他出飯錢，並免費提供他需要的藥品。有錢人以及「正直的窮人」都會資助他。相對地，他必須勘驗死者的屍體，免費為在市政府登記為窮人的人看病，不准拒絕任何人。此外，他在為城市居民或市郊居民看病時，不能索取任何費用，不管這些居民身上有什麼傷口，或是染患了其他疾病，包括染患俗稱「那不勒斯病」的梅毒（自一四九八年開始就有梅毒的案例）。在一五七六年疫情再起的時候，他被迫住在一棟市政府提供的屋子裡，並禁止他在沒有允許之下離家超過兩天。他的處境變得非常危急。政府當局聲稱，由於許多農民躲進了阿哈斯城避難，鼠疫因此變得更猛烈，當局據此表示驅逐這些人的決定是必要的。後來因為這名外科醫生過世（有一說是他突然離開），另一名外科醫生在一五八〇年十月二十七日到任。在第二位外科醫生於一五八二年七月十八日過世後，有第三名外科醫生履新，但十天後，不知原因為何，又有第四名外科醫生來。在一五九七年，文獻中強調「鼠疫外科醫生」是唯一有資格治療鼠疫的。九月十三日，情況變得非常悲慘，於是舉行了一場祈福遊行，希望能得到上帝垂憐，而官方也在這時暫時禁止染患鼠疫的人到街上來，命令他們要隨身攜帶一根長五六尺*的白色手杖，以提醒別人注意。外來的乞丐都被趕到城外去。而且不准舊貨商人從亞眠、康布雷、聖奧梅爾買進貨品，因為鼠疫曾於前一年在這幾個城市肆虐。後來又發生鼠疫時，每次都會再搬出同樣的條例。一六一九年八月二十三日，在鼠疫最猖獗的那一次有長長的條例因應情況，明令所有接觸過病患的人要隔離三週，並下令驅逐外地人和居無定所的人，強制焚燒所有的穢物，並明確指出醫生的職責在於將疫情通報有關當局。在一六五五年，還加上了一條禁止餵養豬的條例，理由是豬很臭[3]。

這些條例嚴格遵循醫生的建議。對治療師來說，人體有很多孔隙，是可被滲透的。被鼠疫所汙染的空氣能夠滲入體內。而且必須完全排除和病患做直接接觸。安布魯瓦茲．帕雷建議其他醫生和所有和病患有往來者，避免「吸到他們呼出的口氣，以及他們排泄物的蒸氣，不管這些排泄物是粗是硬，是液狀抑或蒸氣狀」。在和病患互動時，雙方必須保持距離。一五九七年，在阿哈斯城，頗為明確地規定了該相距多少：就是病患手持白色手杖的長度，兩公尺左右。鼠疫醫生和那些埋葬死者的人往往也得要隨身攜帶白色手杖。這樣便劃定了圍繞著每個人的安全距離，不遵守這安全距離的，即有致命的危險。我們在後面會看到人人都會戴上氣味胸甲，以防止臭味侵入個人的保命空間裡。安布魯瓦茲．帕雷建議幾個市政府當局採取和阿哈斯一樣的預防措施，這些預防措施包括：房屋和街道要保持清潔，不准廄肥和垃圾堆積，要把死掉的動物和穢物遠遠帶到

＊譯注：尺（pied），指法國古代的長度單位，一尺相當於三十二公分。

城市之外，須留意水是否純淨，不准販賣腐敗變質的食物；還有澡堂也要關閉，因為在澡堂洗浴出來以後，身體鬆弛軟綿，「毛細孔大開，鼠疫的蒸氣會迅速進到身體裡，讓人突然死亡」；必須殺死狗和貓，因為擔心牠們在吃了死者的屍體或是排泄物以後會傳染。不過，他並不認為把染病的人關閉在家中是有用的；最好是不准患者和健康的人做接觸，死於鼠疫者的個人物品也不可再出售。此外，沒受到鼠疫侵襲的城市一定要對來自疫區者關閉城門。為了淨化受到汙染的空氣，帕雷主張在家中、在城裡要燃起氣味芳香的火。他還提到要在晚間或是在破曉時發射火砲，他解釋道，在圖爾奈遭受鼠疫侵擾時，「藉由火砲的巨大聲響和煙硝味，受汙染的空氣就中和了，被驅散了」[4]。

許多作者重拾他這個論調，一六二〇年時，在里昂的一位醫生尚・德・藍佩希耶就是如此。他也提到了在圖爾奈射擊火砲的那件事，然後解釋說：「火砲的力道驅散了受到鼠疫汙染的空氣，火砲的硫磺味也驅散並中和了空氣。」他還說，有些人甚至在家裡開槍，以得到相同的效果。除了關於人類的排泄物這一點以外，他的看法和帕雷並沒有太大差異。根據他的看法，必須「禁止在馬路上便溺；這件事的後果很嚴重，而且這件事向來沒有好好安排；該在河邊設立公共茅廁來讓人使用」，每間茅廁要有隔離的裝置。此外，對於燃火以對抗鼠疫的事，他倒是說得比較詳細。他建議在太陽下山以後才做燃燒柴火，並使用不易腐爛的木頭，像是刺柏、月桂樹、扁柏、冷杉、白蠟樹、胡桃木、金雀花、歐石南、松樹。為了增強效用，還可以在這些木頭裡加上同一性質的草本植物，比如芸香、苦艾、檸檬香茅、艾菊、迷迭香、鼠尾草。他還提出了視覺感染的理論：「很多人只是因為看了一眼受感染的房子一眼就染上鼠疫。」他的解釋是，眼睛是「太陽之門，不過，微型宇宙的太陽之門，是心；眼睛能將它所見的善與惡傳給心」[5]。說到底，一切都歸屬於宇宙間善與惡的大爭鬥，每個人不僅是善惡的決鬥場，同時這場決鬥也賭上了自己的性命。為避免感染鼠疫，落入險境，應該採取的預防措施是，在各個層面與自己做爭戰，好避免等同於罪孽的鼠疫進入到我們的體內。晚間或清晨燃起的柴火是用來驅散腐敗、驅散黑暗，表明自己選擇了和死亡對反的生命。芬芳的柴火煙氣升到天上以平撫上帝的怒氣。好基督徒應該徹底拒絕和那些已經嚴厲受到感染懲處的人做接觸。要趕緊逃開，就像蒙田在一五八五年逃離波爾多那樣；蒙田雖然是波爾多的市長，但他逃離該城市卻有著充分理由：因為上帝降下災殃是要擊打罪孽重大的人。在一六四六年，土魯斯的一位神父阿爾諾．巴希克，把鼠疫視同於「世俗的、肉體的、魔鬼附身的驕傲之罪」，女人或女孩露出她們的胸部、肩膀、整條手臂，「違反了基督徒該有的端莊，顯示了靈魂敗壞」[6]。

受到鼠疫侵擾的城市預先呈現了那等著敗壞的基督徒墮入的地獄樣貌。日常的惡臭變得讓人難以忍受，不僅有毒、有硫磺味，而且非常不健康，城市中的這些臭味讓人聯想到最可怕的因鼠疫而死亡的嗅覺記憶。「臭得跟死屍一樣」、「瘴氣」、「腐敗」、「腐爛」這些詞本身在這種情況下傳達了極度危險的信息。某些在平常很普通的景象，到了鼠疫期間則變得非常駭人。像是吃人類排泄物的動物就是如此。於是就有人主張屠殺狗和貓，貓和狗的皮在平常時候是拿來為手套增添香味用，如今則用來保護自己不受——鼠疫——的侵擾[7]。同樣地，也要避免住家附近有豬，豬的髒和臭被用來醜化窮人，窮人成了不受歡迎者。義大利的一位化學家兼醫生安傑律斯·薩拉寫道：「因為當鼠疫降臨一個地方時，它會先從窮人和骯髒的人下手，這些人的住處狹小，像豬一樣群聚在一起，他們過日子的方式、做的事、說的話和豬沒兩樣。」[8]將以為城裡比較安全而進城來的居無定所的人、外地人、農民驅離城市，以此淨化被惡魔圍困的上帝之城。嗅覺因此承擔起陪伴基督徒走上救贖之途的艱鉅任務。

氣味胸甲

照安端・米佐勒的說法，在鼠疫來襲時，不管一地是否受到感染，都一定要淨化空氣。他提出了三種做法：一是用火，二是用煙薰法或是香氛，三是用水、花、葉和草。第一種做法是，在冬天時，在屋子中間擺上暖爐或是火炭，然後在上面燃燒安息香、桂皮、丁香、沒藥、肉豆蔻、檸檬皮、當歸屬植物的根，或是一種稱為「賽普勒斯的小鳥」的混合物。第二種做法是，在燠熱時就不建議用火，因為火會加劇空氣的腐敗，最好是用較清爽的煙薰法，使用性冷的植物：紫羅蘭、睡蓮、玫瑰、檸檬、橙子、乳香……根據季節來選擇植物。第三種做法是，在水裡加上玫瑰、醋來熬成藥劑，再把這藥劑澆在屋裡的隔牆和地板上。窮人的話就只用浸泡在泉水裡或醋裡的萵苣葉子、酸模葉子、車前草、葡萄葉……[9]

過了一個世紀以後，這些預防措施並沒有太大改變。在一六六八年，當尚帕涅爆發鼠疫時，蘭斯大學的醫學教授皮耶・韓桑也提出了同樣的看法。他主張要掃除所有的垃圾，就連蜘蛛網也不放過，然後再把垃圾連同鼠疫病患的床褥，和他用過的所有東西一起在院子裡燒掉。他表示，只有金和銀可以用熱水或醋淨化。在住屋裡掛上繩子，把沒受到汙染的地毯、壁毯、衣服和床單掛在繩子上。儲物的箱子要打開，並放在托架上。窗戶和壁爐要關起來。接著要在每個房間裡灑上一層三根指頭厚的灰，然後澆上醋，以避免地板燒起來，接著再鋪上一層同樣大小、同樣厚度的乾草。兩碗裝著硫磺、樹脂、硝石、銻、辰砂、硇砂、雌黃、波斯樹脂、大戟、阿魏、安息香、馬兜鈴、砒霜、蘇合香脂，把這些全磨為粉末，然後丟到乾草上，再理理乾草，將之覆蓋在這些粉末上，澆上醋以減緩燃燒的速度。再從屋舍的最高樓層開始，在這鋪設上點火，漸次到最低樓層，在走出每個房間時，都要把門關上。三天後，就可以安心地回到屋舍，但還是要打開門窗，以驅散焦味，並讓外頭的空氣淨化屋內的空氣[10]。但這方法有時也有可能比鼠疫本身來得更危險。當時的屋舍都是以木頭或是以輕質材料建造，很容易就招來祝融之災。至少作者對火的淨化功效有堅定的信念。他主張以火淨屋這種以惡制惡的辦法，在他這一行，這是很常見的做法：在他的芬芳合成物當中含有有毒的成分，如大戟、馬兜鈴，或是含有惡臭的成分，硫磺、樹脂、阿魏等是和地獄、魔鬼聯繫在一起的，就像當時的人所認為的那樣。德國人將阿魏稱為「魔鬼的糞」，可見它「臭得出奇」[11]。

在寫於一五八〇年左右的一齣喜劇《心滿意足的人》中，作者奧德·德·杜赫內博簡短地寫到了，鼠疫期間如果要出門，必須採取哪些預防措施。女主角虔誠的母親想要在天剛破曉時就帶她到教堂去做時辰祈禱。女主角抗議道：「你難道不知道在教堂附近人會死於危險的疾病？何況醫生跟你說過在太陽升起之前不應該出門。」老母親回答她，要虔誠地朗誦聖羅克的禱文，以保護自己免受傳染。她還說：「在你嘴裡含一點當歸，手裡拿著浸透了醋的海綿。」[12]當歸的根有些許麝香味，一般認為它能對抗鼠疫[13]。至於醋，在對抗鼠疫上，它也極具保護作用，這我們稍後會再談到。

安端．米佐勒則多次誇讚芸香的效用。芸香的氣味強烈，帶有麝香味，有時被歸為惡臭類植物，但在米佐勒眼中則是對抗可怕鼠疫的絕佳驅逐劑。此外，芸香這種植物有多種神奇的效用。它能驅趕小昆蟲，尤其是跳蚤，所以芸香不會對人有害處。米佐勒這位巴黎醫生給了許多其他建議，這些建議都是建立在氣味或香氛上[14]。那些想要避免染患鼠疫的男男女女先要服用解毒劑。每天早上，在起床時，可以先喝一種米特里達梯解毒劑，這藥劑是將二十片芸香的葉子、兩顆核桃、兩顆無花果和一撮鹽巴混合在一起，在研磨之後，再加上一點上等的白酒調製而成。或者是將當歸的根整夜浸泡在白酒裡，然後吸吮沾了這白酒的烤麵包片。剩餘的泡了當歸的根的白酒就用來洗臉、洗脖子、洗手，以及洗手臂上的動脈。這並不是基於衛生的考量，而是想要強化最常暴露在腐臭空氣中的這些部位。

在戶外，嘴裡最好能含著一點當歸、龍膽，或是類似的植物。還要拿撒上了肉桂或丁香的檸檬或橙子，不時拿到鼻子前聞一聞，而且別忘記每天至少要更換兩次檸檬或橙子。或者是也可以手裡拿一個浸潤了芸香醋的海綿，海綿要緊緊壓縮出水分，使它只剩下氣味。為了保命，身上要帶著小香盒，不時拿到鼻子前聞一聞，也要帶一條裡面包著幾片月桂葉的手絹，而且月桂葉要整夜浸泡在加了肉桂的玫瑰花露中或是玫瑰醋裡。窮人就只用醋洗臉、洗手，再服用一點含鴉片的複方軟糖劑，或者是手中拿著一株芸香，常常聞一聞它，作者表示，在一五六二年時巴黎人就常常遵照此法。不過，他建議女性在採用此法時要小心，因為他觀察發現女人會臉色發紅，甚至有潰瘍的現象。此外，他還建議要把拿在手中的那株芸香泡在醋裡，再加上「一點芬芳的東西」，這會讓它味道聞起來不會那麼不愉快。

小香盒的用途不僅在於預防傳染，也會為人帶來愉悅的感受。小香盒裡香草的組成成分主要有玫瑰、紫羅蘭、睡蓮、檀香、肉桂、沒藥、安息香、龍涎香、樟腦、麝香，將這些搗成粉末之後，浸泡在玫瑰花露裡（在夏天時也要這麼做）。同樣，這些粉末也可用來製造有香味的念珠；也可以把粉末裝進塔夫綢小袋子裡，再佩帶在身上，常常拿來聞一聞；或者是把粉末裝進心形的袋子裡，白天、晚上拿這袋子壓壓心頭，以便強化心臟。此外，還能把這粉末做成大蠟燭、小蠟燭、火把，拿著它們在各個房間裡出入，訪視病患，或者是在夜間拿著它們到城裡去。

身體上的各個開口也受到特別的關注，像是嘴巴、鼻子、眼睛、耳朵，還有其他裸露的部位，如「臉皮」、脖子、雙手及其他暴露在空氣中的地方。這些裸露的部位必須常常清洗，而且要用以白酒（或粉紅酒）、玫瑰花露和一點樟腦來清洗；要是在這液體裡浸泡當歸的根，並加上一點玫瑰醋，則會更有效。嘴巴以芸香或當歸來保護，並在指尖上滴一滴寬葉薰衣草油沾溼鼻子和耳朵，作者表示這味道好聞極了。講究的人就用真正的蠍子油，就像在普羅旺斯製造的那種。他們可以將蠍子油塗在手臂的動脈、太陽穴、脖子、咽喉、「胃的孔」（肛門）上，以及心臟附近。米佐勒堅稱這極為有效，他向那些不信之人保證「一種毒液或毒藥往往能治癒並驅趕另一種毒害」。由於蠍子油在巴黎很少見，他提議以味道芳香的杜松子油來代替。接著他提出了一種「香味水」的配方，在香味水裡放入檀香、蘆薈、肉桂、丁香、迷迭香和薰衣草的花、當歸的根、龍涎香、麝香、樟腦，將這些搗為粉末，再泡進玫瑰花露和白酒裡，然後把渣滓過濾掉。早晚都要用手絹沾取一點，用來洗手臂、太陽穴、脖子、咽喉，然後再用手指尖沾取一點，塗抹鼻腔和耳朵裡面。如果願意的話，也可以用這液體塗抹心臟附近、胃的孔，甚至塗抹在「生殖器官上，這生殖器官和整個身體有一種我不明白的神祕聯結，而且和鼠疫有重要關聯；這在今日卻不被重視」，作者這麼嘆道。什麼都沒有漏掉，就連肛門也沒漏掉，我們本來還以為肛門是很難暴露在魔鬼的氣息中的。除了嘴巴、鼻子等開敞的部位和多孔隙的皮膚之外，身體所有涉及維生的部位都受到了精心武裝、時時更新的芬芳盾牌的密切保護。不過，我們不禁要問這些醫學的祕密是否和市井的偏方所有不同。此外，米佐勒吹噓奧弗涅有個習俗非常有效，亦即喝一點摻上了米特里達梯解毒劑的尿，以預防感染，或者是將這混合物熱熱地敷在腹股溝淋巴結上，這樣就會痊癒，他這麼解釋道。在一六〇四年，路易・居榮則哀嘆老乳酪對身體健康的危害，接著他反感地提到農民都用這種方法來預防鼠疫（在他眼中農民都是些粗野的人）：他們空腹地大吃特吃這乳白色的美味食品，在當時，乳酪不像今日那樣享有特殊地位，因為是它讓我們有別於其他不懂得精緻飲食的國家[15]。乳酪前後地位之不同，真是教人驚嘆！

芬芳的儀式

身染鼠疫的患者發出了強烈惡臭，這使得十六、十七世紀的西方國家因他們之故發展出了多種氣味屏障。儘管道德人士嚴厲地批評香氛，認為香氛會為性慾設下陷阱，尤其是當女人使用它們時，但在數次爆發鼠疫之後，香氛卻徹徹底底地流行了起來。醫生和買香氛的人發現香氛是對抗黑死病的唯一辦法。每個人都認為鼠疫是起源於魔鬼，這從馬丁．路德在寫到惡靈「毒害空氣，或者是以它們惡臭的口氣毒害可憐的人民，並且將致死的毒藥注射到他們體內」時，就已經強調了這一點。在使用香氛時，尋求的目標是加強、刺激個人身體和精神的防禦，同時也能從其中得到歡愉。因為醫生們在主張使用強烈的，甚至令人作嘔的氣味之餘，還建議使用的人加上讓人愉快的好聞氣味。由麝香、麝貓香和龍涎香等組合而成的配方正符合了讓人愉快的要求，而且麝香和麝貓香還能強烈刺激性慾。有錢人對此非常熱中，他們讓周遭的一切都沾染上香氛，就連當時非常時興的小型狗也被灑上香氛。英格蘭國王亨利八世或是他的女兒伊莉莎白一世最喜歡的是玫瑰和麝香的組合。有錢會讓人大量使用香氛。皮件像是手套、鞋子、長靴、腰帶、劍鞘等要散發芳香，金銀首飾匠製造了許多會散發出香味的首飾，像是手鐲、項鍊、戒指，甚至寶石。根據當時的理論，認為寶石是由氣味凝結了水而成的[16]。

在這裡，香氛是用於驅趕惡臭，而不是用於誘惑。出生於土魯斯的一位醫生奧傑．費希耶就在一五四八年時清楚地指出這一點。他依據傳統的做法要人在外出期間不時聞一下小香盒，聞一聞花草的香氣，至少也要聞一聞浸泡在醋和玫瑰花露裡的海綿。此外，他還建議要保護自己，別讓自己聞到別人的壞口氣，也別聞街上令人作嘔的氣味[17]。許多來自不同觀點的類似觀察描述了一些健康的人在不得不到公共空間去的時候都會焦慮地避免一切的接觸。他們身體的任一部位，包括鬍子、頭髮都嚴密地保護起來，都有香味作為護衛。尚・德・蘭佩希耶在一六二〇年時寫道：「在離開家門前，必須用祕魯香膏擦擦太陽穴、鼻孔、雙脣、手心、動脈跳動處的手腕，甚至心口。祕魯香膏因具有收斂性故能阻止壞空氣進入，也因它具有香膏的特性故可頂得住敗壞的空氣，而且因它具有酒精的成分、芬芳的氣味故能讓我們的心、靈愉悅；在外出時必須口含幾片鴉片軟糖劑，或是兩滴丁香精油，或是幾粒龍涎香，或是一些當歸萃取液。」[18]

這不就是建立在香氛上的淨化儀式和贖罪儀式嗎？因為犯下罪孽的人整個人被包覆在香味之內，故能再度贏得上帝的恩寵。在人群之中，有罪的人被包覆著他的香味孤立起來之後，他便不再受到邪惡的誘惑，也和城市裡的臭味分隔了開來。因為這樣，他們的嗅覺就非常地精細講究。在這種情況下，我們就很難說十六、十七世紀的人並不看重嗅覺這個感官。對他們而言，這感官是能保命的，而且它發展健全。

特別暴露在危險中的鼠疫醫生為了保護自己有一套更嚴格的預防措施（圖13）。在一六一九年，路易十三的御醫查爾・德洛姆想出了在治療鼠疫患者時要穿上一種完全密閉的服裝。聖馬丁神父說：「他請人製造了一套羊皮衣，壞空氣很難滲入其內。他還在嘴裡含著大蒜和芸香，在鼻子和耳朵裡放進乳香，並戴上眼鏡保護眼睛，以這樣的裝備治療病人。」另外還手持一根棍子，隔空檢查病人，以遠離危險。這身裝備讓人印象非常深刻。全身上下都不會接觸到空氣。頭上戴著寬沿帽，臉上罩著一個像鳥喙的面罩，長約十六公分，鼻孔處留著兩個洞，以便呼吸，並在面罩尖端放置香草與香氛，好讓他受到香氣保護。眼睛由眼鏡保護。醫生身上穿的寬袍子長度幾乎碰觸到地面，腳上也穿著皮靴，毛皮製的褲子連在皮靴上，皮製的襯衣，襯衣下襬放進褲子裡，還戴著長手套。全身都是皮製品，他在對抗黑死病時就有了雙重的保護。何謂雙重？第一重是皮製品是對抗魔鬼壞口氣的強而有力的盔甲，因為它部分是來自公山羊的皮，公山羊是最佳的魔鬼象徵，它的惡臭能驅逐鼠疫[19]。第二重，所有的皮製品都先以香草和芬芳物質薰香過，例如百里香、香脂、龍涎香、蜜蜂花、樟腦、丁香、鴉片酊、沒藥、玫瑰花瓣和安息香[20]。尚．德．蘭佩希耶還對他的醫生同行提出了幾點建議：在內衣和外衣都薰香完了以後，別忘了帶上一條上了蠟的手絹，這樣就聞不到病患呼出的口氣。此外，醫生們還應該用樟腦油、祕魯香膏和格蓬脂的混合物搓搓鼻孔、雙唇和太陽穴；嘴裡含著以丁香精油和龍涎香萃取液揉好的一團沒藥。臉和手都要事先以長生草的汁液洗過，在長生草汁液中還要加上蒜頭醋或是芸香醋。要避開鼠疫病患的眼睛和嘴巴，不管是側面或正面都一樣。在訪視病患時，不可穿棉的衣服，或是其他質料不緊密的服裝，因為空氣會輕易地滲進去。在訪視過病人以後，最好立刻換下服裝，再將它薰香，以便下次再穿。在心口上放著汞合金，或者是鉛合金，在這合金裡再摻上藍寶石和風信子的粉末，這些也一樣都是必要的[21]。

芸香、醋和菸草

以惡制惡不僅是十六、十七世紀醫生的觀念，也是一般民眾採行的方法。醫生們顯然都不免會鄙夷地看待的這些「粗野」的方法，不過這主要是不信任一般民眾，而比較不是懷疑這些做法是否有效。農民就是採用以下這種惡臭來作為治療方式：聞一聞腐敗的乳酪、喝自己的尿、養一頭公山羊以保護自己的家、早晨空腹時聞一聞便坑的味道。一六八〇年，一位德國醫生常建議用最後這一種辦法。在英國，丹尼爾．狄福在一七二〇年所著的《大疫年日記》中就提到了掏糞者，他們嚴格遵守醫學上的規定，因為這些掏糞者在工作時都口含大蒜和芸香，抽有香味的菸草[22]。

大蒜和芸香這兩種植物的味道是很不好的。尚．李耶博勒在一五八二年寫到大蒜讓人口氣很臭，也讓排泄物發臭[23]。在普羅旺斯或加斯科涅以外的地區，使用大蒜來對抗鼠疫的人往往需要克服強烈的噁心感，愛極了大蒜的亨利四世便使他身邊的人深受大蒜噁心之苦。芸香也是散發出臭味的植物：阿格里帕．多比涅把它歸為女巫愛用的植物之一，其他如風茄、毒芹、白嚏根草也是屬女巫之植物[24]。總和撒旦聯繫在一起的芸香，常常被提到它有治癒、預防黑死病之效。它在這方面的效用，可說人人皆知。在路易十四的治下，有一位化學家，瑪麗．莫爾塔克，她以芸香為主撰寫了簡單調製的藥方。她建議在一湯匙的燒酒裡滴上五六滴芸香精油，在鼠疫流行期間，每天早上服用，作為預防。同樣地，她也建議服用以芸香萃取物、蘆薈染料、威尼斯的含鴉片的複方軟糖劑、沒藥、檸檬和橙子的皮、硫酸鹽蒸餾做成的藥丸，「以保護自己不受惡臭空氣、腐敗空氣的影響」[25]。在拿破崙一世時，在著名的「四名小偷醋」＊中也含有芸香[26]，其用途也還是一樣。不過，和大蒜不同的是，芸香在今日並沒留下能對抗惡魔的名聲。說不定這是因為它在大、小螢幕上在對抗吸血鬼時看來不夠壯觀？

＊譯注：「四名小偷醋」（vinaigre des quatre voleurs），這種醋有個傳說是，有幾名小偷挖墳竊盜死於鼠疫的人的遺物，而他們卻沒感染鼠疫。在被逮捕後，人問其由，他們回答自己每天喝「四名小偷醋」。

在舊體制時期，醋的的確確是一種靈丹妙藥。產婆路易絲・布爾喬亞*在對抗下述各種病痛的藥方中總共提到了十七次醋：牙痛、發燒、黃膽、腎臟疾病、女人要緩解脹奶、女人要讓乳房小而堅挺，另外，預防鼠疫也當然在列。做法主要是用醋浸潤一塊海綿，然後放進一個挖了個洞的象牙小盒子裡，以便在危險時能拿它來聞一聞[27]。安布魯瓦茲・帕雷解釋了為什麼主要在夏天醋要這麼用，因為醋有冷卻的效用，或者是以醋和下述這些東西泡水煮沸了以後來擦拭全身：有香味的植物的種子和根、含鴉片的複方軟糖劑或是米特里達梯解毒劑：「醋可以對抗有冷有熱的動物毒液，而且醋可以防止腐敗，而醋是冷而乾的，冷和乾是可以對抗腐敗，這從經驗中就可得知，因為在醋裡，我們保存了死屍、肉類和草、水果，以及其他東西，而不會腐敗。」[28]在一八〇九年，《皇家調香師》的作者再度提起醋具有絕佳的預防功效，他更明確地指出長久以來醋就用在廁所裡，因為這是「預防傳染與惡臭空氣的防毒劑」[29]。

菸草也在對抗黑死病裡扮演了一個角色。這倒是沒什麼好訝異的，因為在當時新的東西往往會被拿來試驗，看它是不是能當藥方，然後才會傳播開來。像是酒精、咖啡、巧克力都是如此，菸草自然也不例外。一位人稱迪格比騎士的英國學者（一六〇三－一六六五）提出了以下述的香氛來增添菸草的香氣：肉豆蔻油、薰衣草油、肉桂油、墨角蘭油、丁香油、龍涎香、六顆麝香、十九顆麝貓香、少量祕魯黑香膏。必須把麝香和龍涎香和著半顆甜杏仁磨碎，然後拌入麝貓香，接著再放進其餘的。「把這個抹在鼻子下方和太陽穴，具有絕佳抗惡臭的效果。」把這些混合物放進裝著菸草的盒子裡，會讓菸草的味道變淡。龍涎香、麝香和麝貓香強烈的氣味是這個配方的主要氣味，不過這氣味還是固定了上述各種花油的味道，並和這些花油味調和了起來。後來菸草並沒有退了流行，因為在貴族之間發展起來了吸鼻菸的習慣。說不定要防止宮廷和城市惡臭就是吸鼻菸的習慣的起源，甚至是以在鼻中建立屏障來對抗鼠疫是此一習慣的起源？在一六九三年，在《法國調香師》一書中指出菸草可以容納各種香味，比較常見的是橙子、茉莉、玫瑰，和晚香玉的香味。菸草的顏色則有黃色或紅色，帶有麝香味、有麝貓香味，或龍涎香味[30]。

在十六、十七世紀時，和鼠疫相關的想像莫不令人感到古怪而荒誕。尚・德・何努在一六二四年建議的許多防毒劑中，最傳統的就有當歸、蠍子油、魯弗斯藥丸、米特里達梯解毒劑、含鴉片的複方軟糖劑，其他沒那麼常見的藥劑有：獨角獸的角、水銀、蝰蛇的肉、顏色接近於黑色的

＊譯注：產婆路易絲・布爾喬亞（sage-femme Louise Bourgeois, 1563-1636），她以為法王亨利四世的王后接生聞名，並是第一位著有產科學著作的產婆。

紫色巖愛草、蒜味香科、茴芹、亞美尼亞紅黏土、馬爾他的土、木泥（以木乃伊的粉末為基礎製成的藥劑）、馬糞石（神祕的「膽汁石」，圖18）、欝油[31]……

小香盒

小香盒從一三四八年以來便已存在。一開始，小香盒裡只裝龍涎香（龍涎香以又乾又熱著稱），後來才裝入各種對抗鼠疫的芳香製劑。當時是流行手上拿著，或是繫在腰間，在十六世紀時非常時興。最珍貴的小香盒是為當世的豪門而製造。在一五三六年，神聖羅馬帝國的查理五世擁有一個鏤空的石榴形金香盒，金香盒的尾端用來裝香氛。同一年，還有一個填滿香氛的大金蘋果，垂掛在鍊子上，繫在女人的腰間。在法國皇家周圍親近的人之間也擁有同樣用途的珠寶：在一五二九年，有兩個扁平的金蘋果，前後兩面都鑲上鏡子，兩個金蘋果裡都入著一本小冊子，裡面寫著七首聖詩；在一五九一年，有一條可以繞三圈的麝香、龍涎香、麝貓香的大鍊子，這些香氛的顆粒粗大；在一五九九年，有一艘金色小船，裡面裝著一個散發著香氣的小摩爾人，裝飾著鑽石和珍珠。一五六一年，波城城堡裡有一個球形的小香盒，裡面裝了一個小世界，小香盒裝在深紅色緞子的袋囊裡。一五九八年，薩瓦公爵擁有一個圓形的綠色琺瑯小香盒，有一半裝飾著栗子，另一半裝飾著玫瑰枝條。此外，到一五七五年，麝香變得非常普遍，甚致連宗教界人士、智識分子都愛用，有人就曾經暗暗嘲笑這件事。在一六八五年的一則記載上提到了義大利人和西班牙人離不開香氛、手套和芳香的毛皮，就連他們的教堂也以芬芳的香爐薰香[32]。法國在同一時期也有同樣的喜好，我們在下一章會看到。

小香盒和許多護身符一樣都是為了保護自己免受邪惡力量的侵擾。在十六世紀前半葉的荷蘭藝術中，小香盒會出現在祈禱的人手中，或是繫在腰間、繫在念珠上，這表示了人人都想遠離惡魔。呈現了植物的畫作和小巧精緻的藝術品也扮演了同樣的角色[33]。精工製造的珠寶發揮了想像力做出了各種樣貌，有梨子形、心形、十字形、蝸牛形、摩爾人的頭的形狀……。一五九九年，在亨利四世的情婦加布莉埃爾·德斯特蕾過世後盤點造冊時，提到了兩條香氛鍊子、六個裡面裝著香氛的金子、鑽石鈕釦，一個帶有多種香味的金手環、一個梨子形香盒，和一個鑲著金子的手形香盒[34]。約在一六〇九、一六一〇年間，有一張清單顯示了瑪麗·德·梅迪西王后擁有「一個雕花的琺瑯金香盒，配上一條金鍊子，以用來裝香氛」，以及「一個以麝香和龍涎香製成的摩爾人的頭，裝飾著金、銀，帽子或飾帶上還有十顆紅寶石，和八顆祖母綠」[35]。

小香盒並不只是在最有權位、最富有的人之間蔚為風潮。我們前面也看到了，一般人也可能自己製造，做法就是在橙子或檸檬上，甚至在一團土上，插滿丁香。最基本的款式是以一般金屬做成的，並花不了多少錢，是人人都能擁有的。七星詩社的詩人雷米．貝婁在一五七七年他過世時，擁有「一個扁平的小香盒，裝飾著金絲線和一顆小珍珠，價值三十蘇」[36]。這個不失雅致的香盒，價錢卻不貴。在一五五七年，一名在巴黎司法宮內開業的手套商，他的店地點很好，就在大廳附近；他收藏有為數不知多少的小香盒，在他過世後清點時，總數有超過六十二個。這些小香盒和其他物品（如手套或念珠）一起被估價，於是價值便被低估：十二個小香盒和三串小念珠總計為十二蘇。標示給大眾的售價很可能每一個不超過一蘇。在一五六〇年時，一名巴黎的建築工人每天可賺六蘇，因此絕大部分有工作的人都能輕鬆買得起這個醫生說對健康有益的小香盒[37]。

使用小香盒或是小香袋似乎是對抗鼠疫必備之物。路易．居榮醫生在一六一五年曾提出這樣的想法，他認為對「空氣中產生的有毒蒸氣」沒有採取任何預防措施是會使我們的心受到感染，引發死亡。他對一般民眾的下述做法有些鄙夷：早上出門前吃一點大蒜，喝一點葡萄酒；在一天剛開始時，聞一聞便坑的氣味；空腹喝孩子的尿或自己的尿。同樣地，他提到了波蘭人會把狗、馬、牛、羊和狼發臭的屍體丟到馬路上，因為「這可怕的惡臭會驅逐因鼠疫而發臭的空氣」。對他來說，最有效的預防措施是，在脖子上掛一個小香盒，或者是在胸口佩著一個芬芳的塔夫綢小袋囊[38]。路易十四的御醫尼古拉·德·布萊尼，他提出了一個讓小香盒芬芳滿溢的絕佳配方，而且要隨時拿來聞一聞：蘇合香脂、安息香、當歸和鳶尾的根、菖蒲、肉豆蔻、三種檀香、龍涎香、麝香、黃蓍膠，把這些全都在玫瑰花露裡攪拌在一起，拌成糊狀。至於必須一直放在心口上的小袋囊，他提出的配方是：鳶尾的根、油莎草的根、當歸的根、菖蒲、白檀香、乾燥的薄荷葉、墨角蘭、牛至、蘆薈、石竹的花、紅玫瑰、龍涎香，和麝香，把這些搗成粉末狀。為了預防，或是為了治癒病人，他提議用以下的配方讓房間充滿芳香：把粗鹽、當歸的根、芸香的葉子、丁香、樟腦久久冷泡在三大壺的量的醋裡；可以用這溶液來洗鼻子、洗手、洗太陽穴等等的。他還加上一種「馬糞石油膏」在危急的時候用來對抗惡臭的空氣。這種油膏的成分是芸香蒸餾油、檸檬皮、橙子皮、薰衣草、當歸、樟腦、琥珀油、肉豆蔻油。在外出前，要把這油膏塗在鼻腔裡。

但這些並無礙於這位醫生又提出更讓人吃驚的配方，以治療那些感染了可怕鼠疫的病人。他表示，在七月天氣炎熱的時候抓幾隻大癩蛤蟆，把牠們頭朝下地用小火烤，然後連同牠們的唾液放進爐子裡烤乾。再把牠們搗成粉末，槌成扁平的小小牌子狀。再在牌子上澆灌大量的含鴉片的複方軟糖劑，將它們放進小袋囊裡，貼近心口放著。下面這個配方的做法也會得到同樣的效果：將幾隻大癩蛤蟆放進罐子裡，然後放在火上烤，再搗成粉末後溶解在白葡萄酒裡，早上還在床上時就喝一口這個，這會讓人留下滿頭大汗。第三個配方則是吊著癩蛤蟆的腳直到牠們死掉，撒點鹽，將牠們烤焦，然後搗成粉末服用[39]。在事業上飛黃騰達、在醫學專業上勇於冒險的尼古拉・德・布萊尼在這裡傳達的觀念是頗為陰鬱的，顯然就是講求以惡制惡。因為根據當時的想法，癩蛤蟆是屬於撒旦世界的生物。被控施巫術的女巫以飼養癩蛤蟆著稱，並用牠們來製造毒藥或是施魔法。我們不禁要發著抖地問，這個簡直接近於黑魔法的藥方是不是曾經提供給宮廷朝臣，甚至提供給太陽王，好讓他們預防魔鬼的惡臭口氣。不過，與其這麼想，我們還不如想像拉封登從這癩蛤蟆藥方裡想像了一則寓言，標題是〈獅子、醫生，和癩蛤蟆〉。

第六章 麝香香氛

從文藝復興時期開始，法國人正如所有的歐洲人那樣，都在嗅覺上競相瘋狂地追求風尚。強烈沁人的香氛在兩個世紀之間完全支配了大家的社交生活。麝香、龍涎香、麝貓香徹底入侵了有權有勢的人家，或是富有人家，特別是宮廷，即使是一般城裡的市民也是如此。但這正好和當時是主流的嚴苛道德呈強烈對比，這種嚴苛道德把人工的香味看做是撒旦的陷阱，勢必會引人下地獄。路易十四本身就是這種矛盾現象的絕佳代表：他在年輕時代極其喜愛香氛，但後來卻再也無法忍受香氛。然而習慣已經成了自然，他即使對香氛反感，也改變不了什麼。曼特農夫人繼續戴有茉莉花香味的手套，藉口說香味是來自其他人——如果我們聽信她的宿敵芭拉汀娜公爵夫人挖苦的言詞的話[1]。

經常復發的鼠疫深深改變了當時文化的景況。使用香氛從此是合法的，而且根據醫生的說法，是為了保全性命所不可或缺的；為避免被傳染，有必要在自己周圍包覆一層香味的防護罩，好讓被魔鬼的惡臭口氣弄髒了的空氣不會侵入體內。在這種情況下，怎麼會不愛香氛呢？在一六九三年著有《法國調香師》一書的作者巴博先生解釋說，首開先例的是位高權重者，因為在《舊約聖經》裡寫道：「主喜愛芳香。」至於太陽王，他喜歡「看調香師馬提亞爾先生在他的工作室裡為他這神聖的君王製造芬芳氣味」[2]。

廣大的市場為醫生、為香氛的製造商開啟了大門。因為強制人要重視外表的規範要人人身上都散發出香味。製造香氛的祕方到處可見，尤其是用於女士身上的，因為她們都想跟得上流行，而且趕走（或隱藏）時光對她們的摧殘。醫生們提出了保持青春的療法，從這些療法的細節就看得出來在當時的人心中糾擾不去的恐懼，同時也看得出來不只是一般民眾對這其中隱含的神奇思維感興趣。藥劑師成為重要的人物，香氛手套商更是大發利市。他們先是裁製毛皮，然後再使動物（例如狗）的毛皮充滿芳香來隱藏死亡，來防堵死亡，避免和傳染病有任何接觸。他們提供了猛力的配方，這些提煉自動物體內物質的配方傳達了情色的訊息，同時這些配方也掩蓋了讓人不愉快的體味，並保護使用者免受潛在嗅覺危險的威脅。在這幾個臭味處處可聞得到的世紀中，氣味從來沒有這麼受到重視。說不定這是驅逐生命極其脆弱的方式，並且是驅逐成效不彰的醫學的方式，這成效不彰的醫學曾受到莫里哀的嘲笑。或者是多多散發香味、用力散發香味，或者是任自己受到社會的摒棄、任自己喪失性命：問題不就是在於，必須在這兩者之間擇其一嗎？

青春之泉

「氣味」這個字經常出現在路易．雷梅希醫生於一七〇二年出版的《食物論述》這本書中[3]。以下這些氣味的類別在這時期可以讓人界定食物和飲料的氣味。它們的香味可以是好的、讓人愉快的（檸檬、八角茴香、肉豆蔻、地榆、松露），令人驚奇的（巴貝多的橙子花），美好的（橙子花、義大利李），強烈的、讓人愉快的（薄荷、百里香、羅勒、葡萄），芳香的（八角、咖啡、茴香、開心果、香芹、薄荷、百里香、羅勒），辣的（母株的肉豆蔻），強烈的、令人不愉快的（發了酵的豆類、蠶豆，煮爛了的花椰菜），臭的（吃了蘆筍以後的尿味），臭蟲味（芫荽）。大蒜占有一個特殊的地位，因為「它的氣味能驅蛇」；在酒醉的時候，它可以解酒；在海上，它能克服髒水、臭水，或是腐敗的食物。這位作者還用了許多關於口味的詞，雖然他用了八種類別來分別味道：苦、酸、嗆、鹹、酸苦、酸澀、甜、油膩。他也提到了蒲公英令人愉快的苦味、醋的刺激性、黑茶藨子非常讓人不愉快的臭蟲味，並把洋蔥、火蔥或是薑歸在嗆味裡。至於當歸這對抗鼠疫的靈丹妙藥，則必須嚼食它的根，在十八世紀中期有人補充道，嚼食它的根會有一股香味，並且口中會有龍涎香、麝香的味道。

因此，就有了一系列很明確的嗅覺分類。可惜，醫生、美妝品師，甚至囤積必需藥品的藥劑師，和其他各種人都不大常用這一系列的嗅覺分類。至於有毒的物質，安布魯瓦茲・帕雷則只是詆毀「兇惡的下毒之人和調香師」，他們刻意消滅了這些毒藥的刺激性，摻入帶甜味的東西以消除毒藥難聞的味道，以此瞞騙世人，甚至瞞騙專家[4]。帕雷並沒明確指出當時所知的十幾種毒藥的氣味：砒霜、升汞、鉛黃、雄黃、生石灰、雌黃、嚏根草、毒芹、蛇的毒液、癩蛤蟆的毒液。然而，這些有毒的物質有些使用在美容的配方中。用來漂白皮膚的香氛處女乳之中含有鉛黃，這使得這配方中含有腐蝕性，我們可以想像其危害有多嚴重[5]。

路易十四主政時是美容祕方盛行的黃金時代之一，這些美容祕方主要是上流社會的女士在使用，因為在一個注重外表的社會中，她們非常擔心自己容顏老去，過早失去了魅力。一篇針對在一六六九年到一六九八年間出版的四本此一主題的書所做的分析，指出了愛用這些美容祕方的女士主要在意的是她們的臉蛋：在一百八十九個已經編目的配方中有百分之五十八都是針對臉蛋而起。接著是頭髮(百分之十四)、雙手(百分之十)、牙齒(百分之六)、胸部(百分之三)、雙脣(百分之二)[6]。內容最豐富的論述是御醫尼古拉・德・布萊尼所著的,他在一百零八種配方中有五十二種配方是針對臉部,十八種講到了頭髮,十四種講到了雙手,六種講到牙齒,六種講到胸部。

在一六一五年,路易・居榮就已經特別注重理想的膚色,「膚色能比其他外貌之美更能讓一個人優雅起來」。他進一步地表示:「完美的膚色主要取決於以下三點:一是,膚色應該是白皙透紅,類似淺紅色的玫瑰。二是,肌膚平整勻稱,各部分都光滑明亮。三是,臉皮要純淨、乾淨、纖薄、通透。如果膚色沒有這三種完美的狀態,是不可能美麗、不可能健康的。」在他看來,最醜陋的三種樣貌是:「顏色有瑕疵」的膚色,或是被太陽曬黑了;皮膚粗糙、有裂紋、有皺紋、有膿疱、有瘢點、有疣、有肉贅、有天花留下的瘢點;最後是,臉皮厚實,皮膚「又汙穢又骯髒」,尤其是皮膚油膩,滲出油來或發臭[7]。路易・居榮定義的具有誘惑力的女性典型,在無意間符合了現今的生物學家在解釋選擇伴侶時的條件。男性會不自覺地把注意力放在相貌上,因為完美的外表反映了他所選擇的異性免疫系統的完美。所有的缺陷都構成負面的訊號,這意味著生殖力可能會有問題。同樣地,女人在擇偶時也會注意同樣的訊息,也許還加上對可能的伴侶體力的評估。不過，會遭受到嚴厲審視的是女人，她們會被擔心受到欺瞞的男性觀察者審視，被他們識破，因他們深怕女人隱藏她們的缺陷、隱藏她們的年紀。

時尚是很殘酷的，它不准女人老去。時尚所追求的女人典型是青春貌美的少女，七星詩社的詩人所酷愛的即是這樣的典型。女人一旦超過三十歲，甚至是二十歲，在像宮廷這樣競爭激烈的場所裡，她們唯一的救贖就是靠人為的方式來維繫。我們因此更能了解在歷代想像中對老婦的怨恨之心，並象徵性地將老婦化為女巫，認為她們只配被燒死在木堆上。唯有微微綻放的玫瑰才有醉人的香味。其他年齡層的女人都試著煞住時間往前推進。她們甚至冒了失去健康的危險，因為這些不幸的女人出於絕望而緊緊抓住的配方使得她們更快枯萎，更散發出難聞氣味，冒更多的危險。但那些想要保有青春美貌的女人除了求助於這些宣稱自己擁有青春之泉的祕方的庸醫之外，就沒有其他選擇了。這種對永恆青春的追求不只是發生在二十世紀最後三十年的美國加州，也同樣發生在十六、十七世紀時期的歐洲。唯一的差別在於，在十六、十七世紀時，身體並非關注的重點。這不只是因為習俗不准人在公開場合露出身體（嚴苛的道德人士更予以警告）——甚至在路易十四的治下，在河裡裸身游泳的人是會受到起訴的；更是因為為了保命，必須與人保持距離，並避免接觸到他人的肌膚（除了性關係以外），這兩者都是為對抗像是鼠疫之類的流行病而發展起來的保護機制。因此注意力首先都集中在臉部，其次是手部。怪的是，在上流社會中，最具個人自我特徵的臉部卻一層又一層地塗抹上粉，有如戴了面具一般。為了對抗衰老，反而讓人變成像抹了粉的幽靈一樣，彼此之間看不出有什麼差別，只有遠遠地看才有一點青春的樣貌，就像弗朗西斯科·德·戈雅畫筆下的《老婦》[8]（一八〇八－一八一二）。

女人的美貌就如同臉上的鼻子一樣顯而易見。理想的女性應該擁有白皙明亮的肌膚，不過度蒼白，也不黧黑，微帶紅暈，光滑細緻，也就是說散發著青春氣息。皮耶·艾赫薩勒德為此提出了一個簡單的配方，一種「讓人有一張看起來像二十歲或二十五歲的臉的花露」。一超過這個年紀，愛漂亮的女人就得凍結自己的年紀。她必須停留在她最有吸引力的那個年紀。這個配方的成分包括了牛犢的腳、河裡的水、白麵包的麵包心、新鮮奶油和蛋白。為了得到同樣的效果，皮耶·艾赫薩勒德還提出了白色百合花蒸餾液，白甜瓜的汁，或是母驢的奶水加上蛋殼。這個時代的醫學思想在很大程度上可類比為魔法。配方中採用白色的東西實際上是讓要受到治療的皮膚變白。再者，靠著諸如蛋這類具有生發能力的新鮮食物，可以久久地把年紀停滯在青春期。但是，這些配方並不總是無害的。臉上的斑點（指的是我們想像得出來的各種皮膚的瑕疵）是以升汞、鉛白、礬油來治療，而漂白皮膚則常常是用鉛黃。「愛美就要吃苦頭」這句話從來沒有這麼真切過。因為社會的壓力迫使女人要化妝，尤其是在宮廷裡：「要是她沒撲粉，她就不優雅」；特別是像一個諷刺詩人在一六二四年所寫的一句詩：當「皺紋開始爬滿她的身體」時[9]。

保羅．斯卡宏*在一六五〇年出版的一齣喜劇《可笑的繼承人》，裡面以冷酷之筆寫到了那些想要保持青春美貌的女人因出於絕望而不得不採用的處方：

您以為您被其他小姐們嘲笑，
我就是這樣，大家看到這些小姐也有些
像那些上流社會的女士那麼漂亮，大家往往會說：
撲粉、珍珠、蛋殼、豬膘、綿羊腳
香膏、香氛處女乳，以及其他種種成分，
使得她像白櫻桃的光禿禿沒頭髮的頭
呈現出愛的鏡像，這鏡像傳達出魅力的假象
展示了她所沒有的美麗。
我們可以稱她們是遮住髒汙的地毯。

她們的身體三分之一都被衣服遮著；
另外三分之一遮在高幫鞋裡，
最糟糕的是發生在床上：
從別人那裡買來東西美化了她們
她們自己所擁有的
是軟趴趴的肌膚、狐臭、口臭，
而她們那看起來美麗無比的頭髮，
是從別人那裡弄來的。
它們往往是移植的花木，
然後很技巧地種在無牙的頭上。

＊譯注：保羅．斯卡宏（Paul Scarron, 1610-1660），法國詩人、小說家、劇作家。作品詼諧，筆下人物生動活潑，文風簡單、純樸。他在莫里哀來到巴黎以前，是巴黎劇場界舉足輕重的人物。

看太陽王的御醫尼古拉·德·布萊尼的建議，真會讓人感覺真實的事物比虛構更讓人驚奇[11]。他缺乏品味的配方聞起來很有天然的氣味。在他滿滿十六頁的藥劑中，他大量使用動物或人類的糞便，此外還有二十七種配方含有尿液。治療傷口、潰瘍、牙疼，或是腹痛的狗油膏，製造這油膏需要用到一隻肥胖的狗，以榔頭一槌敲死，然後摻入錦葵、蕁麻、接骨木、白葡萄酒，以及五六斤蚯蚓一起煮沸。正如同類的東西會引發出同樣的效果一樣，這也許能解釋為什麼要用以榔頭敲這麼奇怪的方式來殺狗，因為用這令人倒胃口的藥劑來抹太陽穴是可以治癒牙疼的。要除掉疣則比較簡單，只要將黏稠的土泡進狗的尿液裡就可以。專家表示，將狗的糞便磨碎，泡進醋和車前草的香露裡，就非常有效，只要將它稠稠地熱敷，就能治癒腹瀉，雖然這會有點難聞。流鼻血則需要以驢子的糞便為基底的利口酒，驢子的糞便要先搗碎，然後摻進車前草的糖漿裡，以便它更可口，氣味不那麼濃烈。我們也可以在鐵鏟子裡曬乾豬的新鮮糞便，將它化為粉末，烘熱它，然後聞聞它的味道。我們這個時代吸毒的人說不定會認為這有點下作？要溶解結石，則是把硼砂放進燒酒裡，然後再加上久久浸泡著尿液的土罐子的水垢，再將全部溶解在葡萄酒裡。再讓病人連續服用十四五天，便知這帖藥的藥效奇佳。至少這可以讓不喝酒的人變成酒鬼吧？治療胃脹氣（也就是因屁滯留而產生的下腹部腫脹），必須把病人放進乾熱的浴室裡，然後用拌著一個健康的人的尿澆在熱石頭上。病人（很少有人這麼配得上「有耐心的人」這樣的稱呼＊）必須聞這蒸氣味，以便流汗，「一直到他能夠忍受這氣味為止」。在這句話裡，說「氣味」還不如說是「惡臭」來得更合宜。

我們不免要問：路易十四是否試用過這位在一六八二年成為他御醫的醫生的某些藥方？一些惡毒的人極可能會說路易十四試用過。尼古拉．德．布萊尼在一六九三年因盜用公款而被捕，在多年以後去世時，早已失寵。總之，路易十四能夠在布萊尼的一堆藥劑中找到治療自己遺傳性狐臭的方子——他的祖父亨利四世也曾為狐臭所苦，他的情婦薇爾納伊夫人有一天就對他說：「您臭得像死屍一樣。」根據路易十四另一位御醫法罕†的說法，太陽王的腳臭得要命[12]。尼古拉．德．布萊尼建議他要常常用溶入礬的熱水洗腳。他也提出了對付狐臭的藥方：把洋薊的根在葡萄酒裡煮熟，製成膏藥敷用，或者是把菊科薊屬植物的根搗成糊狀敷用；或是將薄荷葉磨成粉末；或是用以沒藥的葉子和礬水為基底做成擦劑。在他出版的這些處方中，除了有一些配方是以植物

＊譯注：病人（le patient），在法文中，「病人」這個字有另一層意思，就是「有耐心的人」，所以這裡說必須極有耐心忍受治療法中惡臭的病人配得上「有耐心的人」這樣的稱呼。

†譯注：法罕（G.-C. Fagon, 1638-1718），路易十四自一六九三年到他去世時的御醫。

為基底的平凡建議外，還有一些讓人遐想的神奇想像。就像是，要治療疼痛的蛀牙，就把雉雞的腦填進齒槽裡；要是雉雞難以取得，或者是太難填補，那就用一種更簡單的方式，就是從死人口裡拔出一顆牙，拿這顆牙齒去碰觸那顆痛牙，直到它一小塊一小塊地掉下來。

他書裡十幾種美容配方也大致是同樣的性質，而且或多或少會發出惡臭。由於布萊尼在失寵前享有極為崇高的地位，這些美容配方想必是非常受到當時的人所歡迎。他推薦了好幾種「美肌水，以滋養肌膚，並讓膚色光滑細緻」。其成分包括，白醋、硼砂、洋乳香、蘆薈、蛋白和蛋殼，再加上牛膽汁，隔水加熱進行蒸餾。在他的多種美肌水中，有一種能使肌膚煥發光彩——「滑石水」的做法是：把蝸牛養在罐子裡，用鹽和醋餵養，每天並餵以一湯匙的滑石粉，養三個月後，將牠們搗碎，然後蒸餾。「為了讓這種難聞的水氣味好聞一點」，最後還必須加糖，以及加入一小袋的麝香和龍涎香。還有一種讓膚色光滑、白皙的配方是：準備兩隻鴿子，清光內臟，去毛，然後還要將松脂、新鮮雞蛋、檸檬，以及一點麝香放進蒸餾器裡，好讓人可以忍受這氣味。女士們使用的「維納斯手絹」（在它乾燥時使用），製作方法是將焙燒過的白堊浸泡在酒精裡，或者是一些含有礬和鉛白的混合物。他還推薦了一些化妝油，其成分是把珍珠溶在醋裡或是豬膘裡，以此作為基底。還有一種配方是，把最油膩的豬油溶入新釀的白葡萄酒裡：「它會讓膚色十分白皙」。

接著還有「又白又尊貴」的配方，譬如一種「讓膚色散發珍珠白」的配方，其成分是將白色的珍珠和白色或淺色的珊瑚磨成粉，再取鏡子背面的錫，將它搗碎，然後溶入錙水裡；以這種方式製造出來的粉必須清洗很多次，直到錙水的味道消失為止；然後將這種粉摻著面霜使用，或是摻進睡蓮花露、百合花露或其他花朵的花露裡使用。要對付斑點，或是對付皮膚因日曬而顯得黧黑（只有鄉下人才會面色黧黑），有一種「美妝牛膽汁」非常著名——其配方是在牛膽汁裡加上礬、磨成粉末的玻璃，然後將這些在五月的陽光下曝曬十五天。然後再把化成了粉末的瓷器摻入醋酸、硼砂、青蛙的精液（一點也沒說明該如何取得）、樟腦、升汞、冰糖裡，一起溶解，再將這些重新在陽光下曝曬十到十五天。早上到田裡去時，把這些塗抹在臉上，一直到晚上回家才洗掉。黧黑的膚色也可以藉著以下這個配方得到矯正：取六七隻還在吸奶的小狗（內臟要拿掉）並摻入小牛犢的血，然後加以蒸餾，所得的液體即是藥方。或者是取一點鴿子糞便、亞麻的種子，和大麥粉，摻進氣味濃烈的醋裡。為了讓臉上有點顏色，最好是將紅檀木放進蒸餾過的醋裡煮沸，再加入一點礬。巴西紅木、礬、醋、檸檬都是用來讓臉上有點紅暈的。

這些無一處不照顧到的美容「聖品」真可說是在講究外表的社會上的一大女性福音，卻也對她們的身體造成了莫大的戕害。他的書還談到了除毛、美甲、讓瘦子變胖的辦法、讓雙乳無懈可擊、讓頭髮及眉毛和男人的鬍子變金黃（變黑色、變銀色、變紅棕色）、讓牙齒變潔白的粉末，在這粉末裡還有珊瑚、鹿角、浮石、墨魚的骨頭。書裡還提到好幾十種護手膏能讓手變嫩或是變得比較不油膩，以及讓手變白的化妝水。還有五項準備美妝手套的建議，也就是用橙子的花、玫瑰花、茉莉花的花露來讓它散發出香味。禿頭和頭髮稀少的人也能在他的書裡找到解方，即使這些解方有時讓人倒胃口。解方就是在煎鍋裡炙燒蜜蜂，然後加上亞麻種子，再全部倒進浸泡在油裡的蜥蜴煎劑裡，接著煮沸它，在太陽下曝曬二十天。如果要讓頭髮很快地長得又長又密，必須把這藥劑塗在頭上自己想塗的地方。這解方還有另外一種配方，就是使用蝸牛、小蒼蠅、胡蜂、蜜蜂、水蛭，以及燒炙的鹽。把這些放在鑽了小洞的罐子裡，然後放在地窖中，這樣日久之後就能取得「濃稠的油膏」，將它塗在頭頂上毛髮不生的地方，然後按摩。我們不必搔破頭就能知道在這樣的藥劑背後到底隱藏了什麼祕密。它顯然帶有一點地獄的色彩，因為這類藥劑中所採用的那些被認為是自然發生的生物，包括蜥蜴在內，都是屬於撒旦國度的生物。魔鬼不只是藏在細節裡，他還藏在毛髮裡。再說，上面提到的濃稠油膏並沒提到它的氣味如何，很可能它聞起來是很臭的。

古時候這些專家的美顏祕方、健康祕方其實效果並不彰。他們賣的是虛幻的夢想，讓不得不相信他們的女人幻想能夠永遠具有吸引力，要不她們也就只能絕望以終。但他們讓它如奇蹟一般噴湧而出的青春之泉（他們讓女人覺得自己和她們分享了祕密），有時是奇臭無比的。只除了那些以花朵和植物為基底的配方之外，許多書中所提到的藥劑都是臭不可聞。這些所謂的「靈丹妙藥」使得配製這些藥劑的地方噁心難聞，像是藥劑師的店鋪，以及許多消費者的家裡，甚至王宮。儘管使用氣味強烈的香水來掩蓋難聞的體味，還是難除體味，這對有錢人來說更是如此，因為窮人根本沒有錢跟隨潮流。更嚴重的是，女人一到青春期末期就開始焦慮外貌會走下坡。女人愈是努力想要保存永恆青春的外表，有詩人所愛的芬芳氣味，她們就愈是使用有毒的配方來損害自己的健康，把這些有毒的配方敷在自己臉上、頭上、手上，有時甚至是用在隱密的部位。事實上，她們只會在生病、老化的身體散發出的不好聞氣味之上再加上一層難聞的氣味。這些讓病人聽命於他們的醫生往往和莫里哀嘲笑的迪亞法留斯醫生父子*沒有什麼不同，女人乖乖地當這些

＊譯注：迪亞法留斯醫生父子（les Diafoirus），莫里哀《奇想病夫》（*Le malade imaginaire*）一劇中皆是庸醫的一對父子，他們貪婪、多詭計，想辦法從幻想自己生病的主角身上撈得利益。

藥方的實驗品，而這些藥方和以負面的眼光來看待身體的基督教看法密切關聯。理想中的膚色白皙、略略泛紅、光滑潤澤，說起來不過是一種宗教幻想，這種幻想定義了年輕女孩的貞潔本性，許諾給她們帶來多子多福的婚姻，而這其實是為了帶給男人幸福。然後，一切都變了質，在她們如度苦海的長長一生中，有著避免不了的衰頹、痛苦，甚至死亡。醫生頂多只能掩飾時間的摧殘。在這方面，醫生們很常運用近似於神奇的思維，有時甚至帶有一點魔鬼的性質，尤其是在他們建議一些含有排泄物、讓人厭惡的動物，和毒藥的藥方時。他們以和對抗鼠疫同樣方式，將一層芬芳的氣味包覆著女性身體外露的部分。不過，他們為愛漂亮的女人精心製造的氣味保護甲，其特別之處在於它聞起來又香又臭：臭是因為，使用了動物、礦石為基底；香是因為，其中加了濃郁的香氛。若是有人接近使用這種氣味保護甲的女人，這會讓他想到的說不定是死亡，而不是愛情。因為麝香基調的香氛會先放大化妝品中的臭味，然後傳導出臭味，這臭味便會讓人想起身體疾病或是上了年紀。因此有必要離遠一點，好讓人只以眼睛來讚嘆女人營造出來的幻景，不然誰也不會長時間近距離地受騙。至少我們可以認為這種表現自己外表的策略擁有很強的社會意涵：這不就是要把女人的存在分為兩個不均等的部分嗎？一是短暫的，擁有青春；二是長期的，懊悔不再青春，或根本是從來沒有過青春。

從上述這些做法中可以見到對女人的衰老絕對地擯斥。宮廷裡愛漂亮的女人不能以本來的樣貌見人，在這種情況下，整治頭髮比修潤臉上肌膚來得容易許多。這也就是為什麼道德人士會大聲斥責使用死人的頭髮，斯卡宏會嘲笑那些將死人頭髮移植到自己光禿禿頭顱上的人。然而，假髮仍然風靡一時，不管是男人、女人都愛。此外，年輕小姐或有點年紀的女士自然的秀髮都經過處理，以使它在視覺和嗅覺上有如誘餌一般，以吸引男人的青睞，並轉移他的注意力，使他忽視不大誘人的臉上面具。約在一六三〇年時，流行時尚將頭髮分為三個部分：一是在頭頂上要盤成一個髮髻，稱之為 la culbute；二是額頭上要有劉海，先是流行短的劉海，後來則是流行捲的，有時候劉海還中分，稱之為 garcette；三是耳邊要垂下兩綹捲曲的頭髮（圖9和圖11）。髮髻上或插上羽毛、配上緞帶蝴蝶結或寶石，以吸引男性讚賞的目光。尤其是他們的嗅覺也接收到了慾望的訊號，因為在這些美人撲了白粉的頭髮上也撲了香粉：鳶尾香粉、「元帥香粉」、西普香粉，或是含麝香味的紫羅蘭香精。七星詩社的詩人所讚賞的美妙動人的少女，她們金黃的髮色（有時這顏色是人工假造出來的）和頭上散發出來的沁人香氣，總會引來大家向她們致意。在路易十四治下，這樣的風俗仍然持續。奢華的物品變得更加讓人陶醉：珍珠、鑽石、珠寶讓女士們閃閃發亮，還有刺激情慾的動物性香氛也讓女人變得更加誘人，儘管她們臉上塗著厚厚的粉[13]。

她們身上配戴的閃閃發亮的飾物，只有配上嗅覺上的吸引力，兩者才能相得益彰。宮廷的服飾一向寬大，再加上禮儀上必須保持距離的規定，這使得每個人比過去享有更大的個人空間，而這也就不會讓別人靠得太近，而聞到這些精美的彩色娃娃身上的味道，這些女人身上總藏著一些香囊，以免腋下的酸臭味外溢。

自一五七二年起，女詩人瑪麗·德·侯妙*就揭露了某些美容配方會造成傷害，她取材自義大利的一部作品想像了一對母女之間的對話：

女兒問母親：「所以你覺得使用我有時聽說的那些西班牙的紅色、白色升汞，還有那些種種的撲粉是不好的？」

「女兒，請你務必要像防鼠疫一樣防這些東西，因為只要你用過一次，你就會非常驚訝地發現自己三十歲就變老了，而且滿臉皺紋。這些東西立刻會讓你一直口臭難聞，而且會讓你的牙齒（牙齒是美貌最主要的飾物）很快變黑、敗壞、變質，而且常常疼痛，以致你只能一顆一顆拔掉，裡邊的拔掉，兩頰會凹陷，前面的拔掉，你得裝成自己有小小的嘴巴，得不甘不願地閉著嘴，連笑都不敢笑，要不然就要拿手遮著嘴。還有常常會有些藥劑讓人失去了視力，或者是讓人變衰弱，整個身體的健康都會惡化。」[14]

這些慢性毒藥造成的後果顯然醫生們也都知道，但這卻沒有遏阻那些追求永恆青春的女士狂熱地投入這些有害身體的配方。她們更需要調香師的幫助，以沁人的香味來掩飾她們在額外受到社會文化的壓力下更顯衰老的身體。

龍涎香、麝香和麝貓香

法國第一本調香師的指南是巴博先生在一六九三年出版的。在開頭的〈致讀者〉中，他說自己只是想幫助城裡的澡堂老闆和假髮師，在他們這行業中並沒有所謂的調香專家。在調香師這一行中最常使用的配方莫過於龍涎香、麝香，和麝貓香。一樣都是來自國外的這三種成分就和前面

＊譯注：瑪麗·德·侯妙（Marie de Romieu, 1545-1590），法國女詩人，生平不詳，只知道她取材自一部義大利作品，在一五七二年出版了一本《給年輕女士的建言》。

提過的很多成分（像是來自阿拉伯的安息香、蘇合香脂，來自祕魯的祕魯香膏）在香料鋪裡都有販售。由於它們極為重要，因此披上了一層傳奇的色彩，這即是它們在當時的社會中具有無窮神祕力量的證明。作者表示（但他的說法不符事實），龍涎香是出現在海上的一種水沫。他還說，麝香是源自於國外的一種動物，是趁著牠奔跑時逮住牠，不斷地刺牠，好讓牠流的血裝進小袋子裡，然後再把這血袋以太陽曬乾。他也說，麝貓香是源自於一種類似於石貂的動物，抓到牠後把牠關起來，在牠周圍放上熱爐，使牠流汗。再用象牙製的刀從牠腋下或大腿採集想要的物質。這物質剛開始是白色的，然後會變成金黃色，這時才會有氣味。他指出，這三種物質都不能拿來服用，也不能用來佩戴在身上，只能小量用在和其他成分混合的配方中。不過，要讓皮膚或手套芬芳滿溢，在香味水和香精之外，這三種物質都是必要的。謹慎的巴博先生拒絕在美容護理上提出建議，因為「沒有脂粉是不會傷害皮膚的」，這一點我們早就已經注意到了[15]。

在今日，專家將香水區分為三種依序出現的香調。在噴上香水的瞬間即是所謂的「前調」，是香水最初給人的感受。其次是「心調」，常常是花香或果香。最後是「底調」，底調的香氣也許沒有前調和心調那麼強烈，但它香味比較持久，讓我們能夠深深記住。底調常是木質香（沒藥、檀香……）或動物香（自然的，或是合成的）。目前，最著名的幾種香水，像是「香奈兒五號香水」，它的心調主要是茉莉和玫瑰……；而如香水商所稱的極為性感、極為濃郁的嬌蘭「一千零一夜香水」，它的底調則是「香脂」，以及零陵香豆香脂。十六、十七世紀的香氛都是以動物香為底調，是源自於動物腺體的分泌物（一點也不討巴博先生的歡心），它能牽動其他香味。我們很難想像會有比過去這種香氛更強大的誘引肉體的香氛。尚．李耶博勒醫生不就建議說，要生男孩，就在裝飾著色情圖畫的明亮房間裡做愛，而且床上還要「使用麝香、麝貓香、賽普勒斯的小鳥香，以及其他種種香氛」[16]？

大概只有技藝出眾的調香師還能調出類似過去這種醉人的香氣，甚至是真的重現這種香氣。順便一說，要是調香師能調出過去那種香氛，這會還給路易．居榮在十七世紀初所提出的醫學理論一個公道嗎？根據路易．居榮的醫學理論，麝香和麝貓香的「熱氣」滲進腦子裡能治頭痛[17]。我們至少想知道，現今取代過去那些配方的現代合成香水是否一樣有效（在今日的合成配方中含有數十種麝香成分）。龍涎香是來自抹香鯨胃裡的一層具有保護性的油性液體。很奇怪地，在十六、十七世紀的法國調香師的實驗室裡並不使用海狸香（來自加拿大或俄國的海狸腹部的腺體），儘管當時的帽商會以海狸的毛皮製成帽子，在那時頗為流行。麝貓香是源自於衣索比亞的貓之性腺中的蜜狀分泌物。有如紅色透明膠狀物的麝香則是源自於亞洲的麝（或又稱為香獐）的腺體。雄麝在發情時會在牠腹部的腺體裡分泌三十多公克的麝香。從前要取得寶貴的麝香都必須殺死雄麝，麝香的價錢就算到了今天仍為天價。似乎只要一點點麝香的存在，女人就能夠聞得出來，有人解釋說這是因為麝香類似於睪酮和類固醇。就和前面提到的另外三種動物性物質一樣，麝香被認為是喚醒人類性慾望的香氣。在從前，許多使用麝香的人都肯定了這種說法。至於麝貓香，它一開始其實是具有明顯糞便氣味的，在經過巧妙的調製之後它才具有愉悅的香味，而成為春藥[18]。到今日，麝貓香早已被人忘記，不過，它還殘留在法國香菸鋪有兩個角的紅色招牌中，有時候連香菸店鋪也叫做「麝貓香」，這等於是對昔日以麝貓香加在菸草裡的那個時代的雙重回憶。為了避免在調製麝貓香的過程中流失了它的效力，巴博先生建議雙手要很輕巧。麝香味情色的底調增強了吸菸樂趣的記憶，我們這個時代的人也許會從這裡看到更多肆無忌憚的淫蕩危險？

在十六、十七世紀時，調香師是依附在別的行業上，不是獨立存在的。自十字軍東征以來，眾人就已經對香氛有所需求，巴黎的手套商已經頗為明確地得到授權，允許他們在手套上添加香味，甚至販售香氛[19]。他們在法律上的地位於一五八二年時得到了更新。然而，縫紉用品商卻成了他們激烈的競爭對手，因為縫紉用品商也經營香氛，並表示他們享有「調香師」稱號的特權。一五九四年的一則法院判決裁定了縫紉用品商不能用「調香師」的稱號，不過他們卻取得了「可以洗滌、美化他們的商品，並讓他們的商品充滿香味」的權利。二十年後，在一六一四年一月，一則皇家判決讓手套商可以自稱「調香師」，但禁止他們販售不是他們自己製造的東西。在鼠疫的推波助瀾下，大家對香氛的熱愛使得香氛這一行業蓬勃發展了起來。這一行業裡便出了許多名人：例如荷內．勒．弗洛洪丹——這個有點像是「下毒者」的勒．弗洛洪丹在一五三三年時隨著凱瑟琳．德．梅迪西來到法國；或如馬提亞爾，法王弟弟的侍從官兼調香師，在路易十四年輕的時候曾諮詢過他；瑪麗．德．梅迪西聘請了另一位義大利調香師，安尼拔．巴斯嘉貝——在一六三二年的文獻裡曾經提到他。這個令人稱羨的尊貴職位往往是世代相傳的。在一六八六年，皮耶．勒．利埃弗赫是皇家衣飾間的調香師；在一七四〇年，克勞德．勒．利埃弗赫則取得了國王藥劑蒸餾師的繼承權；在一七五〇年，則由艾利－路易．勒．利埃弗赫繼承了這個職位[20]。

一六五六年三月十八日，香氛手套商在法律上的地位受到了保障，確立了他們的名望。法律並允許他們對所有的皮革和布料進行加工處理。他們只能僱用一位學徒，訓練他四年，然後他們必須聘用這位學徒三年，讓他當伙計，之後，這名伙計如果不是老闆的兒子就能製作自己的作品，以通過資格考試。要通過資格考試必須製作一雙半指手套、四雙手套，都要充滿香味、染上色彩，並要遵循藝術的規則。半指手套必須有五根指頭，以帶毛的水獺皮，或是其他類似動物的皮毛製成，還要襯上毛皮的襯裡。至於四雙手套則如下：養鳥手套會特別要求要以狗（或是其他動物）的一整塊毛皮製成，還有以一塊皮革製成、襯了裡的V字形開口手套，以及無指的女用山羊皮手套，和男用的綿羊皮V字形開口手套。官方允許不曾再婚的寡婦繼續經營店鋪，但不准她製造手套。手套商可以販售龍涎香、麝香、麝貓香或是其他「味道濃烈的香氛」，以及販售「洗」過的、散發香味的皮革，或是白色皮革。這一行的行會則是位於巴黎的無辜者教堂聖亞納禮拜堂。抹大拉的馬利亞（圖8）和聖尼古拉都是這一行的主保聖人。手套商這一行需要有大空間：攤子、倉庫、店鋪、實驗室（有大小鍋爐、蛇形管、壓榨機、研缽、火窯……）。稍後我們會看到有些手套商只製造手套，甚至只專門加工處理某些皮革。在巴黎，手套商多聚集在以下這些區段：聖傑曼歐塞爾、聖猷士坦、聖賈克塔樓、兌換橋、西堤島的西堤宮、聖敘爾比斯。

保存在卡納瓦雷博物館裡的一幅創作者不詳的版畫清楚地呈現了十七世紀末時調香師想像中的衣裝，這身衣裝隱喻了香氛這門藝術[21]。版畫中這位男士頭上頂著散發出芬芳蒸氣的香爐。他的假髮顯然也是充滿芳香，他白皙的膚色（在上了色的版畫中清晰可見）表示了上流社會的男人也會在臉上撲粉，他們不讓自己有象徵粗野的黧黑臉色。他兩邊的肩膀裝飾著芬芳的扇子。他身上衣裝的各個部分一定都是散發著香氣。除了撲了粉的臉以外，他身上的肌膚都不外露：密不透氣的芬芳胸甲阻止了鼠疫的空氣進入人體。在上了色的版畫中能更清楚地看到，他雙手戴著和臉色同樣淺淡顏色的芬芳手套，以保護雙手。在香氛手套商行會的紋章上都會出現手套的圖像，並附有一句話：「天藍底色上的銀色手套。」就像在另一個版畫上的香爐也有這樣一句話：「銀色底色上的三隻紅色手套，其上有天藍色頭顱以及鍍金的小香爐。」版畫中的人物一手拿著幾個布洛涅的圓形小香皂，另一隻手拿著西班牙著名的皮革。他胸前掛著一個共分為四層的小貨架。貨架裡從上到下放著的是不同香氛的小玻璃瓶，有羅馬香膏、佛羅倫斯香膏、那不勒斯的肥皂和小香皂、香氛水、百花花露（以牛糞為基底，再加上一點麝香）、匈牙利皇后香精（將燒酒蒸餾後加上迷迭香的花），以及橙子花。在他的裙子上則掛著許多不同的產品：長手套、菸草、雪松、馬爾他*、口服糖錠、焚燒用的香錠、蠟、西班牙紅、杯盞紅（也就是說把產品裝在瓷器杯盞裡）、香桃木花露（我們今天還用它來除皺）、西普香粉（主要成分是安息香和麝香）、天使香露（安息香、玫瑰、龍涎香、麝香……）、茉莉花花粉、哥多華香露（天使香露的一種，摻了玫瑰花露）。巴博先生還補充說，天使香露或哥多華香露（其中或許含有龍涎香的香精）都有護手

＊應指某種來自馬爾他的香味產品。

的功效，用在手絹上也很好。最後，版畫中的人物的雅致皮鞋想必一定帶有預防作用的好味道。不過，皮鞋並不是由調香師製造的，而是鞋匠；就像他身上的芬芳皮革製品是由製革工人所製，或是其他專門的工匠製造的：男式緊身短上衣、小袋子、錢包、腰包、背袋、男式齊膝緊身外衣的襯裡或是衣衫的襯裡、腰帶、馬鞍……。巴博先生還建議在箱子裡噴香假髮，身上的所有衣服則要在充滿香氣的小衣箱裡放兩天[22]。我們前面已經說過，香味袋囊的形狀是根據所要保護的器官的形狀而裁製的，然後要經常把它配戴在胸前。在這方面，巴博先生特別偏好紫羅蘭香粉。至於室內，即使不是為了對抗鼠疫，室內也要時時散發香氣，這香氣從有支架的香爐或是從吊在天花板上的香爐裡散發出來（圖15），或是從焚燒用的香錠散發出來，或是從可點燃的賽普勒斯小鳥香、從藏在裝飾用的假鳥裡的撲粉、從撒在地上的花或枝葉、從芳香的噴泉等物散發出來。當時的人有時會在以裝著玫瑰花露的水壺洗手，不過，也許沒有十六世紀時洗得那麼勤快。在有人請吃飯時，賓客為保護自己不受臭味的侵擾，可以將自己隔離在個人擁有的小空間裡，劃定這個小空間界線的方式是：將從有洞的小套環或是從灑水器裡灑落下的香味小水滴圍繞在自己四周[23]。

在香氛手套商作坊中漫步

把水看做是有害健康（從澡堂的關閉可資證明）的那個排斥水的年代，同樣也使得性病猖獗了起來。對當時的人來說，他們並不會為顧及衛生而做身體清潔的工作[24]。我們必須把當時的人看做是骯髒汙穢，滿身寄生蟲、疥瘡，這現象不僅常見，還很難治療，他們都盡可能地不用肥皂，盡可能地不洗澡，除非是為了治病。因為對大部分的智識分子或醫生來說，骯髒是有保護力的，特別是新生嬰兒的頭骯髒。如果不是在人身上與其環境上大量使用香氛，和他人近距離接觸很容易就變成非常人所能忍受的試煉，比在尖峰時間搭地鐵更教人受不了。就像大家有必要經常更換衣物一樣，也必須經常到香氛手套商那裡去更新所使用的香氛用品。讓當時的人最受不了的可能不是城市裡可怕的惡臭，而是身旁的人的體味。不過，我們前面說過，往往是凝滯不動的可怕臭味在經過十五分鐘之後我們就不再聞得到。在住家中或是在作坊裡，通常我們也會習慣居住在其中的人的氣味。但在開放空間裡的惡臭卻不是如此，像是漫遊在城市街道上的人留下的惡臭痕跡並不易消散，或是漫步在凡爾賽宮裡的廳房、花園的人留下的惡臭，或是擠滿城裡的公園、廣場，或是客棧的人留下的惡臭也不易消散。因為臭味雖然一樣是十五分鐘之後就聞不到，但因人潮不斷湧動而使得新的臭味時時撲鼻而來。幸好，香氛手套商會為受到臭味侵擾的人製造解除臭味的解毒劑。這些原本對抗鼠疫的解毒劑，因它們讓空氣更適於呼吸而在日常生活中占據更重要的地位。

藥劑師把必要的藥劑賣給調香師。在藥劑師過世後盤點他的貨物，從中可見有些調香師甚至與專業藥劑師競爭。在一五一四年，巴黎的香料商兼藥劑師讓・埃斯夏爾斯擁有玫瑰、白色或黑色嚏根草、百里香、小豆蔻、青金石、祖母綠，這些都用於美容配方中；他們還擁有甜杏仁，沒有標明成分的藥品、軟膏，蒸餾水，製造芳香聖體餅的模子。在一五二二年，他的同事羅勃・卡利耶把一些必要的材料賣給調香師，主要像是銅綠、乳香、鉛黃、珊瑚、蘇合香脂、阿魏、硫磺、麝香。他也儲存了許多不同的蒸餾水[25]。

一五五七年去世的尚・比內是個在巴黎西堤島上的西堤宮裡經營有道的手套商，他在不同的兩間店裡販售的商品樣式繁多。除了販售上文提過的小香盒之外，還有小念珠、四個賣一蘇的香粉袋囊，以及其他像是紫羅蘭香粉、麝香香粉，和麝貓香香粉等物販售，尤其是他還賣手套。每個人都能在他這裡找到想要的東西，不管是小牛皮製的，或是山羊皮和小牛皮、山羊羔皮、白色小牛皮、綿羊皮、鹿皮和小牛皮、狗皮、雙層狗皮（以威尼斯方式裁製的，或是以襯上絲綢的凡登方式裁製的），還有給女人戴的無指手套、半指手套。有些手套是很豪奢的，諸如：繡上了金線和絲線的手套，一雙就要一法鎊；繡上純金或合金絲線的手套，價格要比平常的貴三分之一。繡上金線和絲線的小牛皮手套稱之為「在香味中洗過的」（lavés en senteur），其他以小牛皮和山羊皮製成的手套稱之為「有香氛味」。比內還在離西堤島西堤宮不遠處，也就是在老佩勒特利街上，有一個作坊和庫房。這個地方非常適宜他工作，也適宜開設染坊，許多染坊就在塞納河左岸、介於聖母院橋和兌換橋之間的這處小交通幹線設立起來，因為這裡可以藉由一個水門直接通到塞納河，如同威尼斯的情形。他在這裡儲存了加工過的養鳥手套、山羊羔皮和綿羊皮手套、劍術手套（約三蘇一雙）、以米約方式裁製的手套、兩雙手腕處以絲絨和緞子裁製的豪華手套（每雙五法鎊）、大量的安息香、九瓶玫瑰花露和蜜蜂花花露[26]，這些花露全部共值十六法鎊。毫無疑問地，他是以保存在盒子裡的麝香和麝貓香來為皮革增添香味。據他表示，他擁有無數的皮革，主要是擁有兩千張白色小牛皮，其中一半都儲藏在「小」閣樓裡，和許多其他東西放在一起，像是白色山羊皮、白色山羊羔皮、山羊羔皮、巖羚羊皮、摩洛哥皮、綿羊皮、狗皮（有三十四張，帶毛）。另外還有數目不詳的貓毛皮和野兔毛皮，用來做手套的襯裡。公證人和他的助手在四月底盤點這個有如阿里巴巴的寶庫之時表現得非常專業，因為在面對這些極可能散發出惡臭的東西時，他們完全沒表示這讓他們倒胃口。他們在這寶庫裡發現七百八十顆小牛犢的頭時，也沒有留下任何評注。這些小牛犢的頭是還要再賣給肉販嗎？總之，在一個世紀之後的食譜裡就有以小牛犢的頭熬製的濃湯。這些小牛犢的頭並不是很值錢，因為它們和其他東西一起估價，總共值八法鎊；這些其他東西包括了許多小商品、九把這一行不可或缺的銳利大剪刀[27]。

另一位經營較不成功的手套商，紀堯姆．德戡，在一五四九年盤點他的庫存時貨品顯然少得多。其中提到了二十六張「維持原樣」的狗皮，每張狗皮約值一蘇，另外還有總共約值四蘇的十八張貓皮。他在這些東西上澆上玫瑰花露和莫里耶（？）花露，一品脫分別值四蘇和三蘇[28]。在路易十三統治之前，沒有什麼特別讓人覺得有意思的盤點資料。在一六一三年，一位賣香氛的商人多明尼克．普雷沃（他在一五六六年結婚），他從一五八二年開始就在聖傑曼教區的雙門街開設商店，除了香氛以外，也賣香味手套（一雙四蘇），雖然他並沒有調香師的頭銜。多明尼克．普雷沃還擁有武器，數把劍、數把匕首和一柄戟，這不免讓人認為他是住在不大安全的地區。估價商預估一條可繞兩圈的香味鍊子價格是二十蘇，一條帶有安息香的鍊子是四十蘇，十幾條香味念珠十五蘇[29]。

有情慾意涵的皮革

從一六二〇年到一六三〇年開始，文化顯然加速發展了起來。在「戰爭之王」*和黎希留†（無情地摧毀衰頹了的西班牙帝國的首席大臣）的領導下，法國社會成了文化最精緻的歐洲國家之一。這精緻的文化不僅是表現在皇家及其周邊的人身上，也表現在首都的街巷裡，處處都有一種講究個人外表呈現的藝術。最理想的個人表現模式是尼古拉．法雷在一六三〇年時於他的《正人君子，或在宮廷裡討得歡心的藝術》中提出來的——這本書直到路易十四統轄的初期就再版了六次，並引起許多作者的仿效。他提出來的模式與其說是重整貴族的風尚，不如說是提出了一個社交界的新規範。因為法官、律師、法學家、高級行政官員，以及對君主忠誠的人，他們都希望以仿效舊有貴族的品味和排場來晉身社會高階。在拋棄西班牙式的灰暗色布料以及他們的言行舉止之後，法國式的風格獨領風騷。男士的服飾就這麼一次甚至比女性服飾還來得光彩耀目，還來

* 譯注：戰爭之王（roi de guerre），這裡指路易十三。
† 譯注：黎希留（Richelieu, 1585-1642），法王路易十三的首席大臣暨樞機。在他當政期間鞏固了法國專制制度，為路易十四的興盛打下基礎。

得絢麗非凡。上流社會的男士就有人會穿有花邊、飾帶的服裝，帽子上插著羽毛，蓄著尖尖的山羊鬍子，身側佩著劍，就像大仲馬筆下著名的三劍客的造型。一點也不需要出身貴族，也不需要出身軍旅，就能穿著一身時新的服裝出入巴黎繁華的街道，或是出入小巷中賓客眾多的沙龍。不管是穿著長靴、短靴，都一概會被人看做是君子，以至於喜歡嘲諷的人都很興高采烈地嘲笑那些「時時」穿著靴子，卻「沒有馬，沒有騾子，沒有驢子」。開口變得非常大的靴子，從一六三五年開始就散發出香味。在路易十三統治的晚期，風雅人士還在服裝之外加上了非常考究的優雅舉止：用腳尖走路，「一邊有節奏地晃著頭、講著話」。滿身散發著香味，遇到人就脫帽深深地屈膝致意，詩人法蘭斯華．梅納德*挖苦地說：「他們戴帽子不是為了遮住頭，而是為了愉快地脫下來。」到處都會遇見「撲粉、捲髮、噴香的美男子」，他們裹在一層香味中，這宣告了他們的輝煌燦爛，而且他們心想，在他們離開之後，別人會覺得遺憾。他們自然是戴著手套的，他們以這個配件迷住女士和旁觀者。女人也一樣講究她們的舉止、外貌，身上使用了甚至比男人更多的具有誘惑力的香氛。在上流社會中，即使是孩子也逃不過此一規則，孩子們也全都戴手套、穿靴子、用香氛[30]。

盤點商家庫存正反映了當時這類的物資很充足。在一六三一年，調香師兼法王侍從官的皮耶・法蘭克之亡妻留下的庫存顯然就盤點得不徹底。不過，根據盤點的清單，我們知道店裡有配上了塔夫綢小飾帶的手套，或是散發香味的山羊羔皮和綿羊皮手套，以及撲在身體上的西普香粉。以橡木苔為基底，再加上帶麝香的茉莉花或是玫瑰的西普香粉會散發出濃烈而持久的香味。此外也提到了「散發香氛的小織物」，也就是說將我們穿的便服或是夜晚穿的衣物保存在散發香味的織物裡[31]。

在一六三六年七月，在盤點香氛手套商安端・戈達的庫存時，列出了近三十頁的明細[32]。安端・戈達的店鋪位於巴黎西堤島上塞納河邊的佩勒特利街上，招牌「聖母」。我們這裡只能概略地介紹當中某些商品，一瞥其豐富。這位香氛手套商是當時最興旺發達的店家。他擁有一些罕見之物，包括兩幅小小的銀製圖畫，畫裡是路易十三和他的王后奧地利的安妮。在這兩位尊貴大人物的保護下，上門的客人可以在這裡買到有黃色、紅色邊飾的雞蛋花香味的手套，帶雞蛋花香味的羔羊皮手套，山羊羔皮和羔羊皮手套，英國式的縫製（雙縫法），帶雞蛋花香味的綿羊皮手

＊譯注：法蘭斯華・梅納德（François Maynard, 1582-1646），法國詩人，法蘭西學院院士。他的詩作音韻天成，但多流露悲傷之情。

套，以英國式縫製的黑綿羊皮手套，有紅色邊飾的綿羊皮手套，繡了花的「洗」過的手套，繡了花的「洗」過的寬邊手套，凡登式裁製的無邊手套、白色並打過蠟或是白色和黃色，英國式裁製的麂皮手套、有花邊並有雞蛋花香味、襯上雲紋綢內裡，弗蘭德斯的花邊手套，鹿皮和綿羊皮的大手套、襯上皮紋結子花呢的內裡，有條帶和流蘇的手套，鹿皮手套，小牛皮和綿羊皮的大手套、配上絨毛絲綢、繡了花，綿羊皮手套、配上不同顏色的絨毛絲綢，白鹿皮的大手套，或是其他顏色的鹿皮手套（每副手套值一法鎊十蘇），狗皮手套，綿羊皮的黑色小手套，有顏色的鹿皮小手套，鹿皮式的綿羊皮手套、從裡面縫製、呈V字形，指端是紅色的緊狹手套、以英國兔的毛刺繡，上面以絲線繡了花的綿羊皮手套、襯以塔夫綢的內裡、配上緞子，呈V字形的白色巖羚羊皮手套，呈V字形的鹿皮、母鹿皮、白色巖羚羊皮的手套，隼皮手套，鳥皮手套，倒V字形的綿羊手套，繡上金線、配上飾帶的口簧琴式樣的鹿皮手套，「又白又洗過的手套」。他一樣也賣各種不同顏色的呢絨手套，其他還有男士用的繡上金線、銀線的很貴的手套（一雙六法鎊），或者是女士用的裝飾著套子（價值七法鎊）或飾帶的手套。也有給年輕女子用的「洗」過的手套，以及各種供兒童使用的手套（主要是半指手套），還有很昂貴的凡登式樣的淡色手套。最後這種以山羊羔皮裁製的精緻手套，在當時特別有名。

手套樣式應有盡有，包括適用於各式各樣指頭、各式各樣預算、各式各樣場合的手套。在路易十三治下，在上流社會中，人人都熱愛香味手套，一時蔚為風潮。再加上大家對靴子的喜愛熱潮，導致死亡氣息在兩方面變得更加濃烈。因為這股風潮使得無數的動物（包括許多狗和貓）被無情地宰殺，粗暴地取得異國動物的性腺，好將牠們的毛皮、性腺做成對抗鼠疫的胸甲，或做成充滿誘惑性和強烈香氣的衣飾。因此當時的人從很小的時候開始，就習慣聞到轉化為讓人迷醉的香氣的死亡氣息。巴博先生一點也不覺得哪裡有不對勁地提到，製造扇子或是香味手套，處理皮革時所需的配方[33]。在第一種情況下，要製造扇子，首先要讓製扇的皮革充滿花香味，接著以麝貓香為主調的配方來完成成品。在第二種情況下，要製造香味手套，首先要把皮革浸泡在橙子花花露中，然後在裁剪了手套以後將它染色，例如要製造出雞蛋花色調就用棕色、紅色和黃色，然後再把它放在花瓣鋪成墊子上。我們也可以直接用海綿沾著龍涎香、麝香、麝貓香，和一點歐蓍草的香露的混合液，讓它沾上香氣，除此之外，巴博先生還提出多種不同製法。在曬乾以後，再讓它定型。除了狗皮手套，和以狗皮手套方式製成的山羊羔皮手套以外，必須沾溼手套內部：「這就是我們所稱的『洗』。」我們前面已經看到，雞蛋花色指的是赭紅色。不過它也是指一種強烈的香味，有點類似於紅色茉莉的香味。我們很難說在一六三六年雞蛋花色指的是顏色，或指的是香味，或者是同時指兩者。

英國伊莉莎白時代的一位劇作家菲利普・馬辛格在他寫於一六二三年的一齣悲喜劇《奴隸》中，他讓一位劇中人物說了這樣的話：「夫人，我很願意親吻您的手，但您戴了手套，手套上麝貓香的氣味讓我感到不適。」[34]英國人的鼻子難道比較抗拒動物底調的香味嗎？而這種香味在入侵義大利、西班牙之後，也入侵了法國。至少，劇中人物的這句話顯示了有新的禮儀規範要求男士要雙脣輕輕地吻女士戴了香味手套的手。說不定就是因為這樣，女士們才常常戴露出指尖的半指手套？仔細保養的指甲和香脂當然可以防止身體這個部位露出原來自然的樣子，緊緊保護好雙手，使之沒有漏隙，不就是為了避免感染鼠疫。總之，因為女人緊緊裹住自己的身體，所以潛在的迷戀女人天然肉體的人不太有機會滿足自己的慾望，而在這時期女士們是隱藏在帶香味的皮製扇子後面以香味來誘引她們的追求者的。

在十七世紀中期，這種流行風潮持續在法國風靡一時。這從盤點以下這幾位在過世後的庫存就可見一斑：在聖奧諾雷街開業的香氛手套商尼古拉・胡塞勒（一六四一年過世）、在羅浮街開業的調香師查爾・梅塞內（一六四二年過世）、在聖奧諾雷街開業的調香師皮耶・庫爾坦，他的店招牌是「洛林十字」（一六四九年過世）[35]。這裡只提到和前面所提到商品是不同的商品。第一位賣的是許多不同款式的手套，其中有些是以南瓜油洗過，另一些是以凡登方式裁製的橙子花顏色的手套，或者是女士用的有長長開叉的手套，以及同樣是女用的有香味的狗皮手套；除了使用南瓜的油以外，他還使用鳶尾香粉。第二位賣的是許多香粉：用於身體上的西普香粉（白色或灰色的）、紫羅蘭香粉、鳶尾香粉、雪松香粉、「元帥香粉」，以及帶麝香味的西普香粉。他也有橙子花花露、玫瑰花露，以及大量的天使香露（兩百品脫），散發出安息香的氣味，再以此噴灑在手套和衣服上。他也賣必須少量地用到水的小香皂（一塊一蘇）。他還零售花梨木、雪松木、曬乾的玫瑰、帶香味的絲質鈕釦和布料、帶香味的華貴繡花布（小心翼翼地保存著），另外還有皮革，裝在充滿香味的箱子裡；估價商預估全部共值四十五法鎊。第三位在一六四九年時賣的是手套、小香皂、撲在頭髮上的香粉，不過沒有說明是什麼香味。在他的店裡有許多不同顏色的香味皮革，有時帶的是茉莉花的香味。他還擁有鑄模，以便製造帶香味的耳環，以及念珠。

在太陽王時代沒有新鮮事？

一六四〇年代是帶有誘惑力的香氛與皮革的鼎盛時期。這兩樣東西是要征服女性的男士不可或缺的裝備。在一六四四年時，作家查爾．索荷在一本很有意思的小冊子《做個風雅男士之道》[36]裡就很幽默地詳述情況。

至於服裝，要遵循的一個大原則就是要常常更換，而且要一直很時髦。再說，我們所謂的服裝，除了身上主要的衣服之外，還包括身上各部分所有的配件。對那些執著於不再流行的服裝，但這樣的服裝卻讓他們很舒適的人，我們必須把這些人看做是好高盧人，看做是舊時宮廷中人（……）。至於我們穿在最外面的衣服所要遵循的準則，當這些服裝很寬大，而且是細棉布上了漿時，我們很認同其式樣的簡單，儘管這樣的服裝像是燈籠的糊紙，以致有一天晚上宮廷裡的洗衣女工把蠟燭放在這樣的服裝下，以避免風吹熄蠟燭。為了再在這服裝上添加裝飾，我們通常會再覆上兩三排的條帶，或者是細棉布，或者是荷蘭布，而且如果能有兩三排的熱那亞刺繡，並且再配上同樣款式的襟飾。要知道細繩飾帶和褲子的開襠稱為「小鵝」（la petite oie），襯衫開到肚子上的開口稱為「襟飾」，在襟飾的開口上總必須要有花邊裝飾；因為只有老派的人才會把襯衫整排的鈕釦扣起來。我們知道現在的男人不再戴有花邊或是有刺繡的頸圈，但還是有不少人還是這麼穿戴，我們反對這樣顯露出小氣巴拉的穿戴，因為一個真正的風雅男士必須又新又帥，而且必須是特意這麼表現自己。再說說靴子，鞋子必須是長長的大腳靴子，但還是應該符合腳的長度，不該超長太多。我們知道在大腳鞋子流行起來的時候，大家也都戴又高又尖的帽子，尖得可以用錢幣蓋住這個尖頂。不過，帽子突然變成流行平而圓的樣式，而大腳靴子和鞋子的流行卻延續了下來，這表示了我們更加看重靴子。有一次有人趁另一人專心與人談話時，在他的靴子尖端釘上一根釘子，以致他被釘在了地上；不過這件事卻不能讓我們痛恨大腳靴子，因為要不是大腳靴子，釘子會穿透這人的腳，就這樣大腳靴子等於是救了這個騎士。接著靴子之後，如果您想到了馬刺，那馬刺是要以實心的銀做成的，並且要時時換新，而不抱怨其價格昂貴。那些穿絲質襪子的人都只穿英國的襪子，而且他們的襪帶和鞋子上的裝飾花結都得要跟隨潮流，一有新的款式我們立刻就會知道，觀察新款式是光榮的事，以便讓別人以為是我們開潮流之先，也免得自己落人之後，跟不上潮流。為此，必須要裁縫師趕緊加緊工作；因為裁縫師通常動作慢，而流行時尚卻很快就退潮，以致衣服還沒裁製好，就已經不再流行。〔……〕有些價格不高的小東西卻能將男士裝點得非常好，使他在別人眼中看來優雅而有吸引力

〔……〕，譬如在帽子上配上金線、銀線的美麗飾帶，有時則摻雜美麗顏色的絲質飾帶，在長褲前面有七八個美麗絲緞飾帶，顏色鮮麗非常：儘管有人說他整個人就像是一間店鋪，他還是照這麼穿不誤，照樣陳列出整個服飾用品店，就好像要出售一樣；然而，我們必須觀察當時發生的事，因為飾帶非常有助於男士顯示出風雅，所以這些風雅男人就以「飾帶」*為自己定名。自從看到大部分的女士都不再戴珍珠手鐲、琥珀手鐲、煤玉手鐲，而只在她們的手腕上戴黑色飾帶，我們也覺得風雅的年輕男士也在手腕上戴黑色飾帶是好的，因為在他們脫下手套以後，這可以讓他們的雙手顯得更白皙。我們也贊成有些男士會把淺紅色的飾帶和黑色飾帶交纏在一起，或者是單獨使用淺紅色飾帶，因為這兩個顏色都能襯托白皙、細緻的皮膚，增加光彩。但嚴格禁止那些已經有點年紀的人，或者是雙手又黑又乾又皺，或是雙手有黑毛的人也戴飾帶，因為到頭來這只會讓他們受到嘲諷，讓他們感到困窘。我們氣色最佳的風雅男士還可以在太陽穴上貼圓圓、長長的假痣，或者是貼顯眼的黑色假痣，稱之為「牙痛的標誌」；不過，因為頭髮可能會遮擋住假痣，最近有不少人已經開始將假痣貼在顴骨下面，我們認為這既得體，又很雅致。要是有人批評我們說我們模仿女人貼假痣，我們對這些批評者的回答是，我們沒辦法不這麼做，我們只能跟隨我們所欽佩的、所喜愛的女人的做法。

於一六四〇年代，在盤點調香師的庫存時確認了此時已有小香皂（des savonnettes）和肥皂（des savons）。在這時期，似乎已經開始注重身體衛生，以及開始使用水——這比歷史學家一般所認為的還要早一百年，而且他們往往把這現象歸因於受到英國習俗的影響。事實上，這可能是受到誘惑異性的新標準的壓力，以及受到時尚的壓力所影響，也就是因這樣，在路易十三統治的晚期重新出現了沐浴淨身的習慣。

有時我們會到澡堂去洗澡，讓身體乾乾淨淨；我們也每天用香皂洗手。我們幾乎也得天天洗臉、刮鬍子，有時也要洗洗頭，或者是用香粉讓它乾燥；因為我們既然會天天洗換衣服，保持房間、家具整潔，那麼我們不是更應該維持身體乾淨。您或者是有個僕役來

＊譯注：風雅男士，法文為 galant。但 galant 在十七世紀時，也指「飾帶」。所以這裡會說風雅男士以「飾帶」為自己定名。

伺候您洗身，或者是您到剃頭匠那裡去洗頭，但不是那個包裹傷口和膿瘡，整天散發著膿水和油膏氣味的剃頭匠。

索荷這裡指的是一六三七年開始出現的剃頭匠－假髮師。和剃頭匠－外科醫生不同，以在假髮上撲香粉並打理頭部為業的剃頭匠－假髮師可望大展宏圖。索荷接著說，他「可以幫您燙捲髮，或者是讓您的頭髮蓬鬆」，並替您剃鬍子，好讓您顯得「更優雅」。習慣一旦養成就不容易再改變。一六七三年三月二十三日登錄在高等法院的一道皇家敕令在巴黎以及在其他城市創設了剃頭匠－假髮師－澡堂老闆－蒸氣室老闆這樣的團體。人數規限在兩百人。他們黃色的招牌上寫著：「澡堂，蒸氣室，假髮師，這裡我們幫人剃鬍子、剪頭髮。」他們有權利零售或批發假髮、製造小香皂、香膏、精油、香粉，但他們不能從事外科手術[37]。大家明顯開始講究清潔衛生，以致一六九四年第一版的法蘭西學院字典就收錄了 muguet 這個詞，以它來指稱講究清潔衛生，並噴上香粉以討女人歡心的年輕男子。

香氛手套商為因應顧客的需求（除了男性顧客的需求外，當然也有上流社會的女士的需求），開始販售新的產品。在一七三五年，在巴黎開業的尚－巴蒂斯特・杜埃擁有製造假髮撲粉需要的大量澱粉，以及九十八打的小香皂，重五十斤的肥皂，除了西普香粉之外各種沒說明用途的香粉，非常流行的乾燥花、粉撲、杏仁糊（洗手用的）、牙籤、幾盒貼在臉上用的假痣、沒有味道的油膏[38]。

在十七世紀後半葉以及十八世紀最初的幾十年氣味起了變化，這種變化涉及的更是追求時尚的人的體味大於香氛的味道本身。路易十四約在一六八〇年代中期開始排斥香氛，此舉會給人氣味起了變革的錯誤印象，而其實它只是短暫的插曲，是君王個人的行為。路易十四其實只是再也受不了橙子花花露的味道，就有人過快地推論說路易十四在氣味方面起了影響，不只在宮廷裡也在香氛業裡[39]。然而，我們在前面提到過，橙子花花露已經在一六四一年、一六四二年兩位巴黎的香氛手套商的庫存清單中出現。它先前在義大利非常受到歡迎，瑪麗・德・梅迪西就喜歡得不得了，還有朗布耶的侯爵夫人也是。自十六世紀末開始，在法國格拉斯城附近就種了好幾千棵橙子樹，而格拉斯城以皮革著稱。除了從橙子花中提煉的香精之外（只能提煉少量香精，而價格非常高昂），無法運送到外地的橙子花則用來為瑪麗・德・梅迪西或奧地利的安妮所喜愛的手套增添香氣。約在一六五〇年時，在格拉斯，茉莉花大為流行，然後在一六七〇年左右則是晚香玉大行其道。格拉斯當地最早有調香師大約也起於這個時期。他們供應橙子花、茉莉花或晚香玉的香精和香膏，尤其是將之賣給傳統上製造香味水的蒙彼利耶城的商人。香氛的創新一點也不是集中在宮廷中，也不是在巴黎。苦橙花露和香柑花露（後者後來稱之為科隆花露＊）分別在一六八〇、一六九〇年左右調製出來。以苦橙花為基底的苦橙花露帶有苦澀的橙子香味，接近於香柑的香味；它之所以流行起來是因為住在義大利的一位法國王妃，她用苦橙花露洗澡，並以之為她的手套增添香味。更難調製的香柑花露則讓一位定居在德國科隆的義大利人尚－馬利．法希納發了財。像是從中國而來並在我們這裡很風行的小橙子，這些柑橘類植物不僅讓我們鼻子裡感受到新的味道，並在口腔裡嘗到了新的滋味。此外，很可能從十七世紀下半葉開始，當橙子花開始流行之時，皮革就比較沒那麼有香味，或比較少添加香氛[40]。

龍涎香、麝香和麝貓香這三種動物性的香氛，它們的重要地位並不是突然被推翻，而是漸漸地失卻。我們在下一章就會看到，只有到十八世紀中期以後它們才被人淡忘。一次重大危機（或者至少說香味手套的生產減緩）也許可以解釋為什麼格拉斯會成為香氛的首府。同樣地，在這時期，也比較少見盤點巴黎香氛手套商在死後的庫存，即使盤點也顯得較簡略，對歷史學家來說較為無用。不過，這也可能是由於文獻有限造成的假象。這使我們無法斷然地裁定當時的情況，這個主題需要更深入的研究。最多我們可以指出該領域專家的論述和配方是前後相符的，其間並沒有太大改變。在一六三七年，尚・德・何努（他的論述最初的拉丁文版本可以追溯到一六〇九年）提到了二十九次龍涎香，十四次麝香，九次麝貓香，而且往往一起提到這三者。玫瑰花露出現了四十次，玫瑰提到了九次，橙子提到了八次，其中兩次是提到橙子皮，一次是提到橙子花，他盛讚橙子花的香味[41]。於一六八七年出版第三版（第一版於一六六六年出版），並專為女性而寫的瑪麗・莫爾塔克的作品在當時頗為轟動，這部作品中有五處談到龍涎香或麝香（或是龍涎香和麝香），並在第六處又加入了麝貓香；首先提到的一處是為了減緩滑石粉水的臭味，滑石粉水是以蝸牛和牠的殼製成的。作者在三處提到了橙子花花露，在另外三處提到了橙子花油。玫瑰花露則提到了三十四處。玫瑰花露可和新鮮奶油、威尼斯的松節油，和檸檬一起調配成保養臉部和手部的香膏；再以一點橙子花花露和丁香花花露可以讓玫瑰花露增添香氣[42]。在初版首見於一六八一年的尼古拉・雷梅希的文集中，也並沒清楚地提到時尚潮流起了變化，也許就除了麝貓香有點退了流行以外。在他文集中只提到麝貓香一次，而麝香提到了七次，龍涎香提到十五次；提

＊譯注：或又稱為「古龍水」，以下同。這裡譯為「科隆花露」是為了強調這是住在德國科隆的義大利人所調製的。

到了八次的玫瑰花露只略略超過提到六次的橙子花花露，另外還提到一次橙子花香精。在一六八六年的版本中，這位作者教窮人或是仿冒商加入一點點的真材實料以製造價格低廉的麝香（稱之為西方麝香）：在月末的最後三天，餵食爪上長羽毛的鴿子（顏色愈黑的愈好）寬葉薰衣草的種子，並讓牠飲用玫瑰花露；然後在十五天的時間裡餵牠吃豆類和藥丸，在第十六天砍下牠的脖子，把牠的血盛在瓷碗裡，再把瓷碗放在熱熱的灰燼上；除去浮渣，然後在每盎司的血裡加上一德拉克馬溶解在葡萄酒醇裡的真正東方麝香（一德拉克馬等於八分之一盎司，一盎司等於五百七十六格令＊）；再加上四五滴公山羊的膽汁；全部都放在熱熱的馬糞廄肥裡放十五天；再將之加熱[43]。見鬼囉！由於這配方是黑色的，並有公山羊的膽汁，以及地獄之火，幾乎就等於是撒旦的魔法。根據這些文獻，在十七世紀末期，動物性香氛還是常常有人使用。在一六九三年，香水師巴博先生肯定地表示麝香、龍涎香和麝貓香就足以讓手套有好香味，不需要再增添花朵的香味。不過，他提供了以麝貓香和橙子花為基底的黃葵配方，還提出含有這三種動物性香精，以及橙子花香精的一種「羅馬混合液」。還有另一種不同的調配法是，將橙子花香精或是茉莉花香精和龍涎香香精、麝貓香香精混合起來[44]。

讓死亡得到昇華

在十六、十七世紀，城市裡或皇家宮廷裡的惡臭一點也沒讓人的鼻子變得比較不靈敏。相反地，當時的人深深相信需要架起不可穿透的障礙，以防止惡臭，這會宣告鼠疫降臨，或是伴隨鼠疫而來的惡臭。他們培養自己有敏銳的嗅覺，以辨別迫近的危險訊號，而且這樣也能大大享受生活中的樂趣。這即是詩人尚・德・畢希耶赫在一六四九年於一首奇怪的歌詠鬱金香的詩中所表達的：

親愛的朋友，我欣喜若狂，
我再也約束不了自己，
嗅覺還要和奇妙的信仰
結合起來：

＊譯注：格令（grain）是最小的重量單位。

嗅覺相信愉快的氣味
給了花朵柔和的力量，
這形成了花朵的魅力；
要是靈魂不陶醉，
只有眼睛陶醉是成不了事的。
但可惜啊！你的富饒在哪裡？
鬱金香沒有味道；
所有鬱金香所擁有的
只是徒勞無功的撫摸：
鬱金香讓我們眼睛有愉快的感覺
它們的魅力到處展現，
但在謊言的外表下，
在它們的美麗之下卻是空虛的，
沒有其他實質的東西

使得它們像是死了一樣。[45]

就在荷蘭掀起了一波鬱金香熱潮，人人爭相以大筆金錢搶購這新近引進到歐洲的球根的時候，法國更看重的卻是能激發情慾的動物性濃烈香氛，以及次要調性的花香味，而不是沒有香氣的「公主」——鬱金香。沒有醉人的香氣，就沒有人會向它致意！法國、荷蘭兩國彼此之間的差別是很大的，尤其是在荷蘭的中產階級累積了大量財富之後，通過商業化的社會型態，將信奉喀爾文教派的荷蘭共和國引導到去除氣味的道路上，因為在商業化的社會中，錢也是沒有半點氣味的。法國人並不贊同荷蘭人這種做法。對法國人來說，能遮蔽對死亡的恐懼的濃烈香氛是生存不可或缺的，就像在德·畢希耶赫的詩裡所提到的那樣。沒有氣味教人難以接受，因為它破壞了用以對抗焦慮的心理防備機制，這焦慮是由到處存在並意味著危險臨近的惡臭引起的，而為了預防惡臭的侵襲，大家會戴上不可見的全套氣味胸甲、氣味頭盔。不過，災殃是時時存在，處處存在的。生命是很短暫的，和我們這個時代的人比起來，當時的人平均只有我們的一半壽命。醫生其實治不了病，他們頂多只是提供一些祕密的藥方幫助人克服對死亡的恐懼，當時的人以既虔誠又滿懷希望的信心使用這些藥方，而這些藥方在我們眼中是毫無效果的。只有從這種懷著信仰、抱著希望的角度來看，為患鼠疫的人、為老年人、為垂死的人放血的這種行為才有意義。

對動物大屠殺

事情到此並未了結。十六、十七世紀的社會之特徵是不擇手段地掠奪動物的一切。動物的用處無窮，就像豬，連豬鬃都有用，可以做成刷子，或是牠的膀胱可以作為孩子玩的燈籠或氣球。動物大概從來都沒經歷過如此黑暗的時期。如果是野生動物，牠們會被皇親貴族或是君王熱烈而殘酷地捕獵。如果是家畜，在機器還沒取代牠們之前，牠們會被迫做苦役。旅行需要牠們來拉車，載貨需要牠們來負重，耕田也需要牠們，我們在在大量地耗用牠們。我們往往忘記動物也提供了應用在多種用途上所需的皮革，像是馬鞍，和人身上穿戴的皮革製品。牠們的血、牠們的肉、牠們的排泄物、牠們的毛皮是重要的原料，甚至許多藥方也需要運用到動物。在風雅的女人、愛漂亮的女人手上戴著的是狗皮手套，在溫暖而舒適的手套裡則有貓或是兔子的毛襯裡。一五五七年時在一位手套商的庫存裡有數百顆小牛犢的頭即可證明當時對動物的大屠殺[46]，這使得城市裡經常飄散著陰森森的氣息。要是我們再加上那些淺淺埋在教堂墓園裡的屍體（不過，在一七七六年有道敕令要他們遷葬到遠離城市的墓場），就更臭不可聞了。大量從異國動物的性腺提取出來的醉人香氛（提取性腺讓動物受了很大的痛苦）可以用來解除那盤繞不去的臭味。龍涎香、麝香和麝貓香在讓人遠離鼠疫之餘，也雙重地抵抗了死亡，更具體地說是透過增添了香味的皮件讓死亡昇華。於是，在上流社會，以及模仿上流社會的社會階層中，就有由此引發的色情文化隨之而來。儘管道德人士和愛說教的人對此有所指責，放任自己以濃郁香味來誘惑人的慾望卻很強烈。包覆著來自動物性腺的香氣的人類肉體之氣味，便和被犧牲了並且轉化為香味裝飾物的動物之氣味混合了起來。到底，有這類習俗的我們和那些我們現在出於政治正確的語言修辭而稱之為「土著」而不再稱之為「野蠻人」的人有很大的不同嗎？鳥類的羽毛、海狸皮的帽子、香味手套和靴子對過去的西方人來說不就是成功勝利、權勢財富的象徵嗎？

矛盾的是，透過來自動物的香氛可以激化愛的慾望，動物的死因此可以說是維繫了人類的永存。就像尚－巴蒂斯特・波爾答所說的那樣，鼻子是和性器官是相關的。從文藝復興到古典主義時期，鼻子就被教育成能夠在嗅到異性散發出來的龍涎香、麝香和麝貓香時捕捉到肉體歡愉的可能。和教導正人君子要拋棄動物性的文明人的禮儀手冊不同，讓兩性得以成為配偶的文化習俗偷偷摸摸地將動物性腺的味道轉變為吸引異性的產品，但也轉變為男性主宰女性的工具。因為這些醉人的香氛能遮掩女人身上私密處向來被視為難聞的「自然」氣味，而根據醫生們的說法，男人儘管完全不注重衛生，他們都還是被認為是好聞的，直到太陽王的時代顯然都是如此。漸漸有了沐浴和淨身的習慣預示了一場深刻的嗅覺革命，這場革命有利於女性，而不是男性。這場革命也許是源自於對死亡的看法起了深沉的改變，瘴氣被推到了遙遠的城市外圍，那裡是衛生保健人士把墓園和屠宰場遷去的地方。不過，基於對身體、愛情，甚至和其他生物世界之間的關係有了新的認識，這場革命也反映出男女兩性之間的關係緩慢起了變化。原來流行的底調是龍涎香、麝香的男性香氛終於退了潮，而由以心調是花香、水果香的女性香氛取而代之。在近期崇尚無味道的風潮興起之前，暫且就由女性香氛領導流行。

第七章 促進文明發展的花之香精

舌尖上的滋味和香氛是否能讓人了解過去歐洲各國在勢力上的此消彼長？我們可以說，西班牙帝國在十七世紀前半葉的衰頹是因為軍事將領委靡不振所致，這些原本所向無敵的將領後來卻因為縱情於享受這些要躺著品嚐的美味巧克力而頹廢下來。另外還有茶，這種站在茶館吧台前、迅速喝下茶的習慣，非常有助於英國人在商業上擴展，以及有助於增長征服外邦的力量[1]。儘管上述的觀察過於簡化，但要了解一個社會是突飛猛進或是停滯不前，卻不能完全忽略這樣的思考。約有歐洲五分之一人口的法蘭西王國，在取得西班牙王朝的遺產後，無論是在政治上、語言上，或是生活藝術上都由它來主導。法蘭西王朝的霸權讓路易十四得以與一支出色的各國聯盟軍隊*抗衡。後續的路易十五繼承了歐洲大陸最強大的軍隊。不過，在七年戰爭時，這支軍隊遭到

* 譯注：這裡「各國聯盟軍隊」指的是由英國、荷蘭共和國、神聖羅馬帝國等國組成的「大同盟」（Ligue d'Augsbourg）。「大同盟」的軍隊與法國打了一場持續九年的戰爭，最後各國被迫與法國言和，法國仍是歐洲最強的霸權。

建立未久但更剛毅、更具侵略性的普魯士王朝的重創。在此同時，英國皇家海軍攻下了法蘭西殖民帝國大部分的殖民地，其中多數是在一七六三年簽署《巴黎合約》時割讓給戰勝的英國。

我們很難解釋西方第一強權的衰敗。從太陽王的治下到法國大革命期間，法國人口增加了大約百分之五十，這是數世紀以來第一次有這樣的大幅成長。這個國家繁榮興盛，新奇的商品到處可見。主要是建立在安地列斯群島的奴隸與蔗糖買賣上的航海貿易，使得大西洋岸的許多城市日漸興旺，並修築道路，有了愈來愈精緻的生活，四處都仿而效之。然而，隱藏在背後的某個彈簧卻鬆弛了。不可否認地，在法國，生活仍然有新的樂趣，這點以一句德國諺語即可證明：「一如在法國的上帝那樣幸福！」就連平民階級也感受到了這個進步。一七二〇年發生在馬賽的最後一場嚴重的鼠疫使得大家往後不再那麼畏懼黑死病。沃邦*的雙層邊防讓戰爭遠離了法國領土的中樞。這時饑荒較少見了。醫學也進步了。受到高級料理的激勵，大家的品味也提升，對香氛的品味也一樣提升了。在前兩任君王的統治下，於馬背上勝利地征服新疆土的騎士，他們的靴子和皮革散發出動物性腺的氣味，這氣味所屬的年代已經過去了。繼之而起的是，宛如風風鬱金香†年代的蕾絲戰爭‡（風風鬱金香是以沒有氣味的鬱金香當標記的虛構英雄人物）。軍士們都沉浸在和平盛世的恬適安逸的生活裡而頹靡不振，失去了戰鬥力。就像法王路易十五和他的表親孔蒂親王，或者是像黎希留元帥，他們寧願在美女床上打情罵俏，而不願披甲上戰場。幾位最勇猛果敢的元帥，像是有最近幾場重大戰役（譬如一七四五年的豐特努瓦之戰）勝利光環籠罩的薩克森和羅旺達爾其實都是從外國僱傭來的。而在一七五七年，當蘇比茲親王在羅斯巴赫被神聖羅馬帝國的腓特烈二世擊潰時，黎希留元帥關心的卻是自己的利益勝過王朝的。

在一七八三年美國獨立戰爭結束、法國報復英國之前，很多元帥和將軍往往在戰場上鎩羽而歸，這些元帥、將軍即使在戰場身上還帶著花香，撲粉，化濃妝。十九世紀愛抱怨的資產階級一邊忌恨這些墮落的貴族，另一邊卻又喜歡模仿他們的裝潢或家具，他們表示那些貴族根本是在火山口跳舞，不在乎大禍臨頭。不過，當事人顯然並未意識到他們是屬於行將過去的世界。相反

＊譯注：沃邦（Sébastien Le Prestre de Vauban, 1633-1701），路易十四時代的法國元帥、著名軍事工程師。他總共在法國各地建築了三十三個要塞，其築城理論在歐洲影響久遠。

†譯注：風風鬱金香（Fanfan la Tulipe），是法國一九五二年的一部喜劇電影，是以一七五四年的七年戰爭為背景。風風鬱金香是這部電影的主角，在戰場上常靠著好運，不費吹灰之力地獲得勝利。

‡譯注：蕾絲戰爭（la guerre en dentelles），伏爾泰以「蕾絲戰爭」來形容在豐特努瓦戰役（bataille de Fontenoy）中英法兩軍在戰場上彼此禮貌地謙讓，以避免開第一槍，引發真正的軍事衝突。

地，他們自以為是世界的主宰，與同屬貴族階級的女性一起享受逸樂的生活。誘惑異性的藝術成了他們人生的驅動力。當時那微妙的情慾需要更輕盈的衣物，需要像印度棉這種新的纖維，需要更柔和的香氛，以保證自己能夠縱情享樂。然而，宮廷和巴黎始終浸漬在惡臭中，巴黎更因人口急遽增長而變得更加嚴重。要等到十九世紀末，下水道系統建立起來以後，這情況才真的得到改善。我們並不能完全根據衛生保健人士對讓他們受不了的惡臭環境的抨擊，來解釋在十八世紀中期大家為什麼「突然不再容忍」惡臭[2]。醫學、化學的進步，或是鼠疫的銷聲匿跡必然也是大家不再容忍惡臭的原因，雖然這樣的解釋還是有其不足。如果真的要解釋，其實應該從路易十四統治時期開始說起，那時出現了一種帶有享樂主義思維的新的身體文化。因為哲學家的關係，「自然」受到了重視；在沐浴後還做細緻的保養即可得到「自然」的氣味，從此「自然」就以柑橘香和花香突顯出來。那些從軍事配備中獲得靈感以對抗鼠疫的個人氣味胸甲，或是其他帶有麝香的防護裝備從此退了流行。在宗教對人的影響漸弱、魔鬼也不再令人害怕之時，以提高肉體價值來表現珍愛自己的態度取代了氣味胸甲和防護裝置。盧梭不就建議要將多年泡在穢物和排泄物裡的嬰兒從襁褓中解放出來，以便及早進行感官教育嗎？一位有教養的文明人不應該是臭味薰天，而應該散發出一種宜人、美妙、具有吸引力的個人氣息。

香氛的革命

從十七世紀中期開始，對身體的看法漸漸起了變化，我們前面已經說過，這伴隨著這時在身體清潔方面已經會使用水和肥皂。這種對身體有了新的看法後來變得愈來愈明顯，但這有待於歷史學家來詮釋它進展的步調是快還是慢。到一七五〇年代，這種新看法終於全面占上風。不過，這絕不表示新的氣味革命就此突然從這個日期啟動。相反地，這個日期標記的是新的氣味革命在經過緩慢、無聲的長期醞釀之後終於革命成功。這個革命主要是建立在揚棄了氣味非常濃烈的動物性香氛，這種動物性香氛原先是處處可聞，就連戴了手套的指尖都散發著氣味，激發了火辣辣的情慾。在一六九三年，香水師巴博先生在他的論著中還給了動物性香氛頗為重要的地位。後來，大家漸漸對這常被仿冒而且價格昂貴的異國產品起了反感，最後它過於濃烈的氣味只會讓人感到不舒服。要是想到它散發的氣味多少接近於人類排泄物的氣味，就比較能理解為什麼大家會排斥了。於一五四一年過世的一位醫生、占星家帕哈塞勒斯不就提出了如何將人類排泄物化為「西方麝貓香或麝香」嗎[3]？

一七六四年（龐巴度夫人也在這一年過世）出版的《論香味》正可以說明這個情況。這本書的作者是人稱「德瓊」的安端．歐荷諾。他指出雖然龍涎香和麝香向來被視為是香氛的起源，但它們總是式微了。再者，「儘管消費的人少了，但它的價格仍然不菲」。調香師還是繼續製造龍涎香香精，但其實有很多種配方都套用這個名稱，比如它可能只含有麝香，或是麝香和龍涎香的混合，或是麝貓香、麝香和龍涎香的混合。作者解釋說，以真實的名稱來稱呼，會導致它賣不掉。調香師當然都想節省成本，尤其是針對最昂貴、最稀有的龍涎香。不過，這也是因為大眾「強烈憎惡」麝香。德瓊也提到了讓天使香露更符合當前流行的配方，在從前天使香露於行家眼中是極其有名的。「高貴人家和有品味的人都以它來洗淨身體。根據雷梅希先生的說法，大家都把它噴灑在手套和衣服上，不過這在今日已經見不到了。現在我們只把它裝在香水瓶裡，為免讓不喜歡它味道的人覺得不舒服」；他接著表示，在這時候調香師所賣的東西裡，手套是唯一沒有氣味的。為了試著讓這個「幾乎被遺忘」的配方有點光彩，他建議取用鳶尾花的根、蘇合香脂、花梨木、安息香木的花、黃檀香、香味燈心草（幾乎被遺忘的還有喜歡的人也愈來愈少的它的變異配方：西普香露）：然後「為了迎合當前的喜好，必須完全除去麝香，而只放幾滴龍涎香香精，以便突顯其他材料的氣味」，像是在蒸餾之前，再加上的玫瑰花露、橙子花花露的氣味。不過，他承認，龍涎香已經「被人遺忘」，只是仍有喜愛它的人。使用麝貓香或麝香來防止龍涎香重新流行起來，而「一點點麝香可以突顯其他氣味」。至於麝貓香，「在四十年前」還有人在使用，「但從那時開始，這個氣味已經式微，尤其是在法國」。「古人」以牛糞做成的百花花露後來是以麝香、龍涎香和麝貓香作為配方。他建議就只用鮮花，加上六十滴的龍涎香香精，以製成八品脫的百花花露。他表示，有很長一段時間，就只有玫瑰花露和橙子花花露。這時開始有了烹調用的香料花露，以及帶果皮的水果香露，這很常被調香師用在他們的麵漿中、也常被用來製造利口酒，或是貴婦們會用它來洗澡，甚至會滴上一兩滴來保養雙手[4]。

氣味的革命顯然是存在的，不容置疑。德瓊在一七六四年時就宣稱，香氛業是一門藝術，因為他常常說從事這一行的是藝術家，他將最簡單的建議提供給「業餘愛好者」。天生好奇的他從尼古拉．雷梅希或是尼古拉．德．布萊尼的作品中汲取「古老的」資訊，好讓他透過以追溯到一六八〇年的歷史眼光來界定他所處年代的獨特性。他指出自一七二〇年代麝貓香就不再受人喜愛，麝香也退了流行，以及儉省使用龍涎香（只把它當做如我們今日所說的「底調」來使用），他這些說法似乎值得採信。最大的變革是在於花香、果香的香氛完全取代了動物性香氛。可惜的是，針對這個主題，他並沒有進一步按照年代說明其進程。要是我們認為他這本書的確是捕捉到了這一時期氣味風尚的重點，那麼這場變革肯定是在十八世紀中期確定完成。但為了補充，他常常要人參閱他早於一七五三年所著的《思論蒸餾》。所以這種偏好花香香氛甚於「排泄物」香氛的感官變革，至少必須再往後推遲半個世紀[5]。

要是我們相信《香水師的藝術》的作者尚－路易．法爾傑昂的說法，這場變革是不可能逆轉的——法爾傑昂是提供給瑪麗－安東妮皇后和宮廷香氛的調香師。因為麝香已經完全被排除在這本在一八〇一年出版的書裡提到的香氛配方之外。在一八〇六年這位調香師死後盤點庫存時，他店裡僅存少少的麝香。他只用幾滴龍涎香香精來提襯其他氣味[6]。其他同行的調香師從此偏好以鮮花、香料、帶果皮的水果來調製花露（單方花露、複方花露，或是含酒精成分的花露）、精油、美妝花露、潔身花露和香精。根據經過多少次蒸餾，香精可分為許多種，例如燒酒醇、葡萄酒醇、精餾葡萄酒醇、尖銳的醇、熱烈的醇，或是穿透的醇。這些香精非常強勁、非常精妙，而且易燃，只有專業人員能調製，因為要是不小心，它很容易就揮發掉了。

在一七六四年，德瓊就已經提到了以枸櫞、檸檬、葡萄牙橙子、香橙、四種水果、橙子花，和薰衣草等，調製而成的配方。不過，各種花露、香露的名稱標示往往名不副實，因為像天使香露、西普香露、百花花露，它們的配方和前幾個世紀的已經都不一樣。橙子花露可以是非常淡雅，而價格高昂。在那個哲學的世紀，當時的人喜好的是較清淡的香氛，沒那麼強烈性吸引力，一如德瓊的性感花露，它的組成成分是七品脫沒有氣味的干邑白蘭地、枸櫞香精、苦橙香精、鳶尾花香精、肉豆蔻的甲種皮香精，和多庫斯香精（多庫斯是一種非常昂貴、稀有的種子）。他表示，這種花露宜人、柔和，應該會受到女士的歡迎。誰敢宣稱沒有迷醉，也能有愛情？他也推薦阿多尼斯花露（鮮花、香料、四滴龍涎香，這些構成了「討人歡心的氣味」），它像是春天的花束，是迷人的香露。根據他的說法，最受歡迎、最美妙的一種香氛是茉莉香氛，茉莉花是所有花朵中最宜人的，遠勝於紫羅蘭。由於茉莉萃取液很難取得，專家們通常都只為頭髮製造茉莉花油，這種茉莉花油是將浸泡在甜杏仁油、榛子油或辣木油中的茉莉花放在粗布上，然後再將它放進密閉的大盒子裡。另一種做法是箱子裡放在一層茉莉花瓣，再放上一層搗碎的杏仁，如此交疊數層。茉莉花瓣必須時時換上新的，然後等到杏仁有了香味以後，不用火來萃取杏仁油，這便成了「很香、很雅致的香精」。茉莉花露就是在加入精餾葡萄酒醇後，以這種油製造出來的。所有這些調製法都很複雜，而且費用非常高昂，不過它能製造出非常美妙、非常流行的香氛。換句話說，茉莉花露是當時的香氛之后，用以對抗惡臭的瘴氣。

對香味皮革的狂熱喜好徹底消逝以後，手套原本那種激起情慾的作用也散失殆盡，代之而起的是在美感上給人柔和、優雅之感。當時的人以黑麥精白麵粉團、蛋黃、礬和鹽讓手套顯得更油亮亮。巖羚羊皮手套最後更敷上數層的魚油。在公開場合，白手套從此是唯一能為人所接受的。要是想為它增添香氣，那就必須只是淡淡的氣味，只使用有香味的油，主要是橙子花油，或是茉莉花油。為了讓雙手、雙臂變得更美，當時的人會在夜裡帶著美容手套，手套上塗抹一層熱蠟、蛋黃，和甜杏仁油的混合物。

性感的洗浴

在德瓊的書中約有百分之二十五的篇幅論及香氛，不過有將近百分之六十的篇幅論及臉部、牙齒，或是頭髮的保養，而且是帶香氣的保養。無疑地，頭部是身體部位中最受到重視的，尤其是對女人來說。就像當時的人所認為的，頭部是個人外貌之美的重心所在，但除此之外，它在人和人的關係中也占了重要地位。一個人誘惑力的表現都集中在於此，而且它更因微微散發出香味而令人顧盼生輝。淡淡的微香取代了麝香之類的濃烈香氣，就像應用在手套上的香氛就是這樣[7]。和前一個時代不同，服裝在這時已經極少沾帶香氣。不過，「香味袋囊」還是普遍有人使用。袋囊也簡化了，只有方形或橢圓形的，而不再是做成要保護的器官的形狀。「在袋囊裡裝上百花香、香粉，或者是有植物香味的棉紗。」這可以讓「憂鬱的人開心起來，並強化腦部」，香味袋囊可以帶在身上，或是放在家具裡，特別是放在床頭櫃裡面。香粉的成分是鮮花，再加上香柑皮、橙子皮，或是香料，就看配方是什麼。棉紗則沾滿這些香粉，然後喜歡的人可以再滴上幾滴龍涎香，然後再放進烘箱裡。在一六九三年，香水師巴博先生提到氣味更為濃烈的配方，其中包括了祕魯香膏、麝貓香、龍涎香、百花花露和麝香。他建議的香味袋囊中至少都有包括了一種，甚至是三種的動物性香氛[8]。

對德瓊來說，保持身體清潔的沐浴占有很重要的位置，他表示沐浴是必要的，因為有益健康。不過，他也寫到了不同的沐浴習慣。有些人每年只洗一次，一洗連續洗八或十天。有些人則是每個星期洗一次、每兩個星期洗一次，或是每個月洗一次。可以是到澡堂洗，享受便利設施，或是在自己家裡洗。沐浴的方式有三種：浸泡在水中，直到脖子上；坐著洗，浸泡到肚臍上；浸泡到小腿肚，洗腳。根據當時的趣聞，第二種沐浴方式有時會讓男性的服侍人員感到尷尬，因為上流社會的女士毫不羞赧地露出赤裸的胸部，一點也無視於他們就在一旁。調香師推薦以甜杏仁、以土木香、以松子、以松樹種子、以蜀葵的根、以百合的球根為基底的麵漿。把這麵漿裝滿三個袋子，一大袋、兩小袋。沐浴時坐在大袋子上，再拿那兩小袋來擦拭身體。也可以再加上最讓人感到愉快的香氛，像是橙子花花露、帶果皮的水果香露、植物性香料（「很常用」）、龍涎香（喜歡的人可以用）、蘇合香脂、安息香，好讓身體更白皙，「更清潔，沒有臭味」。在德瓊的書中有六頁專門談肥皂。肥皂有可能會讓皮膚變粗糙，甚至起皺紋，因為它們是以刺沙蓬、生石灰，和橄欖油製成的。所以在製造小香皂的過程中，為了讓它變溫和，不具刺激性，必須加上橙子皮、檸檬皮、鳶尾花粉末、葡萄酒醇、幾滴橙子花油、茉莉花油、丁香油，最後再加上兩滴龍涎香。另外的配方是加上黃檀香、肉豆蔻的假種皮、鳶尾花、菖蒲，此外也可能加上安息香、丁香，和肉豆蔻。然後還可以用摻了少量龍涎香的天使花露，或是上面提到的幾種精油來讓它散發芳香。「有麝香味的小香皂」事實上是以鮮花、香料，以及幾滴龍涎香香精製成的。其他含有蜂蜜成分的香皂能去油汙、漂白肌膚，使肌膚細嫩，修復燒炙傷的傷疤。根據德瓊的說法，在二十五年前，也就是約自一七四〇年開始，流行起了用在沐浴上，或清潔牙齒上的盥洗醋。德瓊表示，這一直流行到十八世紀中期，而且還持續流行下去。這種帶有香味的醋是以水果精油調製的，其中包括了香柑、枸櫞、鮮花、橙子，或是薰衣草、百里香、歐百里香、香料。當時的人會在洗澡水中倒一點這種盥洗醋[9]。

上流社會的人士開始喜好沐浴這件事。龐巴度侯爵夫人在她新建的貝樂芙城堡中設置了一間非常精緻講究的浴室，牆上掛了布雪*兩幅非常有感官之美的畫：《維納斯出浴》和《維納斯安慰愛神》。在她這浴室裡有一個有靠背的精美坐浴盆，靠背上嵌著一層鑲了花朵的梨花木，坐浴盆的腳架裝飾了鍍金的銅和金粉，還有一個浴桶，以及錫的水龍頭，在一七五一年總共價值三百六十法鎊[10]。浴缸成為奢華的象徵，甚至是性感的象徵，進而激發了這個世紀的情色想像。克勞德・亨利・菲傑・德・瓦瑟諾在一七四六年出版了一本色情故事《米札布夫蘇丹和格里斯敏公主》。主角米札布夫因受到詛咒歷經了多次變形，不過，每次不管變成什麼都一樣有視覺、聽覺，而且能思考。有一次，他變成了浴室裡的浴缸，承受了「仙女油膩膩的黑色大屁股」的重量。八天後，他終於解脫了這個重負，不過他聽見了這個仙女說：「你當浴缸當得很好，我想你不會不高興在這麼短的時間裡我讓你看到的東西。」而仙女偏偏就是喜歡保持身體乾淨，或者說偏偏就是喜歡耽於逸樂，她又把米札布夫變為「聖克盧的瓷器坐浴盆」，不過她讓他保有兩條能走動的腿。仙女的妹妹跨坐在這個臨時變成的坐浴盆上，要讓他像馬匹那樣奔馳起來，以報復

---

*譯注：布雪（François Boucher, 1703-1770），十八世紀法國畫家，曾任路易十五首席宮廷畫師，是龐巴度夫人最賞識的畫家。畫風精緻、細膩、優雅，筆調感性。

他，而這種涉及私密行為的大膽想像也逗樂了讀者。

這類的題材在這個時期層出不窮。不過，不該忘記對絕大部分投身其中的人來說，樂於沐浴（可說是一種自體的情慾行為）既是時尚，同時也是為社交做準備，必須在人前表現出誘惑之姿。讓身體乾淨、白皙、純粹、散發著花香或果香的淡雅氣味是讓他人敬重不可或缺的先決條件，否則就會讓他人避之唯恐不及。德瓊只提出香氛兩種主要的作用，「或者是〔……〕驅走臭味，或者是〔……〕擦擦太陽穴和鼻孔，讓人從昏迷中醒來」[11]。這也就是為什麼他提供了一個臉部和頭部的芳香保養指南，它首先會從遠處吸引他人的眼目，接著在近處讓人感受到他散發出香氣。因此鼻子成了判斷一個女人美不美、能不能發出引發慾望的暗號的最後一個嚴厲的判準，由此來斷定她是不是長期的或暫時的伴侶。

動人的臉龐

德瓊在他寫到「香氛處女乳」那一章的開頭表示：「調香師要是只取悅嗅覺是遠遠不夠的，他還必須能夠呈現出肌膚之美，尤其是臉部的肌膚，必須讓臉部散發出應有的光彩。」等待著愛情降臨的女子會以香浴淨身。接著，她就根據自己的年紀或身體狀態來仔仔細細妝點她的臉，或者是修補歲月的摧殘，這反映了她最具誘惑力的臉龐要呈現在打探的男性目光之前、呈現在審視的男性鼻子之前。從「香氛處女乳」這個名稱就可見她妝點自己是件多麼浩大的工程，因為她絕對必須顯得年輕、漂亮。德瓊知道幾種古老的「香氛處女乳」的配方，他說他就從雷梅希的書裡知道兩種配方，從布萊尼的書裡知道了三十四種。他知道如何調製從前用來清潔、也用來讓人變美麗的「香氛處女乳」，它的成分或者是含有當時稱為蘇合香脂的安息香，或者是鉛醋、銀鉛黃，或者是金、礬、硫磺。他提出了八種配方，其中有幾種是古老的配方，另外幾種則比較時新。這幾種配方都能讓皮膚變白皙，使丘疹和紅斑消失。他表示，這些能讓調香師發大財，儘管這幾種配方都很容易調製，就連婦女都可以自己製作。

緊接著是三十三種修正瑕疵的花露，可以去黑斑，去雀斑，去黑痣……，也可以除去黧黑的肌膚。鮮花、水果（草莓、野生桑椹、甜瓜），以及萵苣、水田芥、菊苣、甘藍、新鮮雞蛋、醋，這些東西都比從前更常見到列入配方中。有一種根本可以稱為是（有錢的）老祖母配方的祕方，它的調製法是把一塊金塊放進火裡燒紅五到六次，每次燒紅後就把它泡進葡萄酒裡，最後再加上一點酒石，以它來溼潤臉部。另外還有好幾種配方讓人想起前兩個世紀大大利用動物的肉和排泄物的做法。根據這些配方就必須殺死一隻白母雞，用牠的血來摩擦黑痣或雀斑，然後不擦掉它，讓它自行乾燥。有一位仍採行這種古老做法的藝術家表示，這種簡單的做法「的確可見成效」。同樣地，為了對抗黧黑的膚色，他建議將六七隻剛出生的小狗和小牛犢的血混和起來，或是用鴿子糞，或是用去了內臟的鴿子，或是將「雄野兔的血和要使用它的人的同等分量的尿液」調和在一起，或者是用牛膽汁。他畢竟是個頭腦清楚的人，因為他敬告使用者在用他的配方前必須先請教醫生，尤其如果是紅斑、丘疹、酒糟鼻時更要當心，這些有可能是疾病引發的。他宣稱，如果是要讓肌膚白皙，或者是去除黧黑的臉色、去除雀斑、黑痣倒是可以安心使用這些配方。不過，在他主張使用像是鉛黃這類有毒礦物時，還是不免讓我們起疑心。

德瓊還提供了二十七種油質美妝水，可以滋養肌膚，讓臉色更柔嫩、紅潤、有光澤。其中有幾種是古老的配方，是從雷梅希的書中取得的：這些配方的成分包含了鉛白、鉛黃、動物性產品，主要是鴿子，或是其中有幾次提到的是小牛犢的腳。其他還有幾種配方是符合當時潮流的，以山羊奶，以及各種植物或水果為基底，有茉莉花、甜瓜、檸檬等等的。

多達六十幾種為臉部而調製的配方反映了顧客對此有強烈的需求。所有的女人都希望擁有「美麗、白皙、均勻、紅潤、氣色好的肌膚，有光澤而且帶紅暈的柔嫩肌膚」。理想的狀態是擁有一張沒有任何瑕疵的臉龐，白皙、潤澤、容光煥發，而且還將蓽澄茄（尾胡椒）、天堂椒、丁香、巴西木的削皮浸泡在燒酒裡，然後蒸餾數次，用這個來讓臉色微微泛紅。有一種「讓人顯得年輕的美妝水」其成分是沒藥、白乳香、天然硫磺和玫瑰花露[12]。至於臉部保養，德瓊為免把配方弄得太複雜，還加上了更容易調製的染劑或煎劑；油、滑石粉和其他；許多種特別是可以除皺的香脂；準備「維納斯手絹」的說明（這種手絹要在乾燥時使用），好讓膚色更清爽、亮麗。當時這些美妝品的市場肯定是和今日一樣蓬勃。

這種蓬勃的發展反映了大家顯然沉迷於此：就像鼻子是臉龐的焦點那樣，外貌之美也集中表現在臉龐上。愛漂亮的女人在選擇了不洩漏自己能讓臉色更佳的美妝品的祕密之後，她該做的事並沒有因此就完結。現在她還必須像照顧藝術品般地妝點自己的臉。首先，她必須用自己精心調配的配方——這使得她有點像是煉丹術士——來摩擦自己整張臉。因為她必須調製她自己的美妝品，辦法是把小塊的鉛白摻入任選一種的香脂裡（根據德瓊，最好的香脂就是綿羊腿的香脂、蝸牛香脂，或是五月的奶油香脂），而且在這香脂裡事先要攪入鉍白的粉、鉛粉、珍珠粉，或者是煅燒過的威尼斯滑石粉，好讓臉色變得更「明亮、鮮麗，可以再抹上胭脂」。這種美妝品每次只可調製一次的用量，因為調製太多的話，剩餘的第二天就會失去光彩。為了維持美貌，就得天天動手做，弄得自己筋疲力盡！

德瓊表示，抹上胭脂，是這場盛事最後的儀式。不管是粉末狀的，或是裝在罐子裡的，胭脂的調配法都是一樣的，其成分是巴西木、紅檀木、紫珠草，如果是裝在罐子裡的話，就摻入樹膠。我們也可以在其中加入胭脂紅粉和滑石粉，色調深淺就依個人喜好調配。德瓊就表示，「調胭脂真是好玩的事」，他這話顯然不帶嘲諷，不過，愛漂亮的女人不見得會同意他所說的。再者，拿小刷子沾胭脂來抹在臉上也需要才華。小刷子沾了一點胭脂後，要淺淺地塗在臉上想暈紅的部位，然後輕巧地漸次加深色調，塗在「需要更鮮紅的部位」，好讓這胭脂看起來有層次感，像是臉上天生自然的紅暈，「所以這即是一門藝術」。

到這裡雖已讓人筋疲力竭，但美妝之事並未結束。「嘴唇能突出臉部之美。嘴唇顯得美麗、紅豔，表示了身體健康。」嘴唇皸裂有損美觀。有些香脂能消除皸裂，另一些香脂則能讓嘴唇潤澤、發亮，「這使美貌更添新的姿彩」。除此之外，最重要的是妝點「靈魂、情感之窗」的眼睛，他解釋道：眼睛是「臉上最美、最巧妙之處」、「我們身上最精華之處」。在眼科醫生開的處方之外，他提供了三種強化視力並美化眼睛的祕方，也就是每天早晚在每隻眼睛上滴幾滴以下的液體：蒸餾過的雪和矢車菊；白葡萄酒和錦葵的莖；小米草（直到今日，對抗眼睛發炎用這植物都很有效）和茴香[13]。

龐巴度侯爵夫人明亮有神的雙眸靠的是不是像這種人為的配方呢？她顯然是用了上述所說的美妝品來化妝，在當時要出入宮廷絕對是必要這麼做，這種做法一直持續到了舊體制末期。從伊莉莎白・維傑・勒布倫＊所畫的瑪麗－安東妮（圖19）和其他貴族的畫像中就能明顯看出他們都化了妝。她在一七八七年所繪的瑪麗－安東妮皇后和她的三個子女，畫中人物的臉都顯得白皙，臉頰上襯著紅暈（圖20）。男士們一樣也化妝，不過他們會讓臉上的紅暈較淡，而且有時會強調嘴唇亮澤[14]。當時的慣例是要求女性為襯托她們白皙的肌膚，要在臉上黏貼黑色塔夫綢做成的假痣，假痣的形狀很多樣，有圓的、橢圓的，或是新月狀：「貼在哪裡才能襯托光彩是一項藝術。」假痣一方面可以遮掩瑕疵，另一方面則可以發送愛的訊號，旁人能夠根據它所隱藏的暗碼輕易做出詮釋。最後，牙齒也是保養的重點。根據德瓊，有三種潔白牙齒的方式：用水，用粉末，或是用乳劑（同樣是粉末，只是用糖漿調和）。後兩種方法會破壞牙齒的琺琅質，而且一旦

＊譯注：伊莉莎白・維傑・勒布倫（Elisabeth Vigée Le Brun, 1755-1842），十八世紀後期法國傑出女畫家，在洛可可的時代，她的畫風卻傾向新古典主義。

破壞了就無法恢復，這使得牙齒這「嘴巴裡唯一的裝飾」漸漸失去了美觀。因為這兩種配方裡往往含有珊瑚、礬、浮石、大理石、墨魚的骨頭、雄鹿的角……。德瓊表示，水是最好的清潔劑，雖然有些人抱怨水並不能潔白牙齒。他建議了十七種不同的水的配方。他補充說，蜀葵的根是唯一能用來潔牙的，用常春藤的根來潔牙的做法則是不再有人使用了。當一個漂亮的人有一口黑牙的時候，有時候是有必要使用粉末，不過，這時候必須用絲綢過篩，好讓粉末更細，而且在使用之前、之後別忘了要漱口。為了消除口臭，則要使用鮮花製成的糖錠，紫羅蘭、黃水仙、茉莉花、玫瑰、晚香玉，或是枸櫞糖錠、橙子花糖錠、肉桂糖錠，或是用芬芳的長方薄片[15]。

帶香氣的毛髮

很可能為了顧及體統，德瓊避談女性在私密處的保養，避談陰毛或腋毛的護理，即使只是以隱語暗暗帶到都沒有。為避免陰毛和腋毛在公共場合發出難聞氣味的香味袋囊似乎確有可能仍然有人使用，就像在前幾個世紀那樣。德瓊對頭部帶香氣的保養則很感興趣，因為這一部分在他書中占了五分之一的比例。他評論到，在當前這個世紀，「幾乎每個人都很滿意自己天生自然的頭髮，靠著人人都喜愛的粉末來讓髮色均勻」。不過，上流社會的女士或男士較偏好戴假髮，這使得他們每天花兩個小時的時間在澡堂裡妝點頭部，讓他們遮掩自己鬢邊漸稀少的頭髮，遮掩禿頭。鬍子再也不流行，只有眉毛和眼皮必須塗上顏色，以改變包括紅棕色在內的那種讓人不快的色調。眉毛會用燃燒過後的樹脂、乳香和洋乳香的煙炱來塗黑。

其他配方（有一種是以蟲癭核桃為基底）則用於頭髮，每星期使用一次。有許多讓頭髮增生，或是防止掉髮的祕方。有許多香油、香精能讓頭髮散發出水果香（枸櫞、香柑、橙子、黃檸檬、綠檸檬）、香料香或香味植物香（丁香、迷迭香、百里香、歐百里香），以及很受到喜愛的花香（紫羅蘭、黃桂竹香、茉莉、黃水仙、石竹、白色豆蔻香玫瑰、橙子花、晚香玉）。這些香油、香精的主要角色是滋養頭髮，同時讓它散發香氣。德瓊這位審美家表示：「由於頭上的熱氣會讓氣味散發出來」，所以這氣味必須要好聞，要不然就會讓人受不了。在他那個時期，比香油更常用的是髮膏；髮膏中含有豬脂、羊脂、蠟、杏仁油、檳胡桃，此外還含有各種不同的精油，茉莉精油、帶果皮的水果精油等等的。最常見的白色髮膏是所有其他髮膏的基底。白色髮膏並沒有味道，那些不喜歡香氛的人都愛用，儘管這種人很少見。至於其他香油，它們散發出和一般香油一樣的氣味。最受喜愛的是橙子花香油，因為它在其他花香類的配方中最容易保存。最難調製的是黃水仙香油，所以它價格高昂，不過它會散發出「迷人的香味」。他認為，最上乘的是帶果皮的水果義大利香油。也有一些香味特殊的香膏提供給品味特殊的人，例如帶香柑氣味的百花香香膏。還有細棒狀的香膏能一綹一綹地保養頭髮。這些處方不只是能夠保養頭髮，還能「讓頭髮承住粉末」，或者是讓捲髮撐得更久。這些處方很可能有酸腐味，因為其中總含有豬脂的成分[16]。在一六九三年，調香師巴博先生寫到了大家的習慣改變：花香味的香脂只用在頭髮上，而不再用在臉上。再者，香脂變得比較不流行，因為當時的人偏好使用更方便抹在假髮上的香油。不過，在去除女人頭部的油垢時有必要用到香脂。巴博先生明確指出：「只有茉莉香脂、橙子花香脂和晚香玉香脂能久久地散發香味，其他花朵的香味都太微弱了，無法持續太長的時間。」[17]在六十年後，有關嗅覺的系列美妝品改善了許多，也有了更多的產品。

粉末的氣味

美妝的最後一個步驟是在頭髮或假髮上撲粉。德瓊談到了粉末的消費量驚人，適合於各種喜好，人人皆可隨心所欲地使用。最好的粉末是以泡過葡萄酒醇的品質精良的澱粉製成，非常白，非常乾，非常細，能久久地固定在頭髮上，可以避免它散落在衣服上，惹人不快。這粉末會搭襯清淡的香味，鳶尾花香粉（最常見）、紫羅蘭香粉（香味其實是來自佛羅倫斯鳶尾花的根；德瓊提到，從前的人會把這種香粉撲在衣服上）、西普香粉（唯一同時含龍涎香、麝香、麝貓香的配方）、「元帥香粉」（含龍涎香）、石竹香粉、「高級香粉」（含香柑）、皇家香粉（鳶尾花、薰衣草、百里香、月桂）、「海濱香粉」（墨魚的骨頭、乳香、沒藥、檀香）、非常受歡迎的布洛涅香粉（鳶尾花、鼠尾草、檀香）、黃葵香粉（扁柏、檀香、龍涎香）。所有這些香粉都能製成給金髮用的黃色、給淡栗色頭髮用的紅色，或者是灰色。灰色是最常見的，它能讓頭髮顯得銀亮亮。給上流社會人士用的有些香粉是只以花香製成的，黃水仙、茉莉、橙子花、晚香玉，或者是以鳶尾花香粉來取代紫羅蘭香粉。德瓊補充道，當然也可以用迷迭香、薰衣草、百里香、歐百里香，不過這幾種香粉的愛用者不多，不像橙子花那麼受到歡迎。他下結論說，人人都可以自行調製這些配方[18]。

在一六八九年時，當局允許香氛手套商使用「香粉師」這個稱號。直到舊體制末期，在頭髮上撲粉是人人必須遵守的社會禮儀，香粉師即是負責這項執行這項禮儀。這種社會禮儀強制宮廷朝臣和貴族都要遵守。這從伊莉莎白．維傑．勒布倫於一七八四年的繪製的一幅畫像中即可得到證明：位高權重的法國財政總監查爾－亞歷山大．德．卡隆恩戴著一頂華麗的捲髮假髮（圖21）。在畫像裡，穿著有波紋閃光的黑色華美衣服的卡隆恩在他的肩膀上有一點白色粉末的痕跡，這表現出了勒布倫的高超技巧。除非這是勒布倫故意無禮地留下痕跡？因為她一點也不喜歡撲粉，在她多幅自畫像中從不畫自己撲了粉。在卡隆恩這幅畫中，她是故意要點出撲粉的不便嗎？或者是，她可能是調皮地用這種方式來暗示這位法國財政總監在這時於財政上遭遇了困難，以致他便使用品質較差的粉末以減少個人開支？德瓊會很遺憾品質不佳的粉末沒附著力。

不管有錢沒錢，渴望依循這種壓倒一時的時尚的城市居民往往對粉末很著迷。沃布朗伯爵*在他的《回憶錄》中寫到了在一七八二年回到巴黎時有了「新的時尚」。他認為女士使用假痣，以及使用很多胭脂可以歸為新的時尚，但他這是搞錯了。比較有趣的是，他注意到「每個」女人身上都會帶著一個小盒子，裡面裝著假痣、胭脂、筆，和鏡子，「無論走到哪裡都能隨心所欲地讓臉頰顯得紅潤」。他也栩栩如生地描繪了她們的髮型：在額頭上方，右邊的角落，有一綹捲髮、僵硬、上了髮油、撲了粉；在脖子兩邊，分別吊著一個不小的撲了粉的球狀頭髮，用別針別著；在背後，在編了髮辮，或是梳了個大大髮髻的頭髮上撲了更多的粉。當時流行黃色，他認為是當時的人特別喜好黃色，但事實卻不盡然如此，因為這是德瓊在一七六四年提到的三種染劑之一。說不定這表示了當時對開始迷戀金髮，而黃色正好可以襯托出金黃髮色？根據沃布朗伯爵的說法，撲粉時而會有令人討厭的髒汙，這顯示了粉末的品質低劣，原因可能是較不富裕的人也開始大量使用撲粉。至於男士，他們也講究髮式，並總在頭髮上撲粉，「小鳥式、馬車式、栗子式、希臘式」，沃布朗伯爵解釋道，最後一道打扮的手續是在頭上撲粉，於是要保護身上的衣服，用粉撲撲粉，遠遠地撲，要站在公寓的樓梯平台上，這會引發一陣煙塵，妨礙到其他人。富有的人家中會特設一間專門用來撲粉的房間。香粉師在撲粉時的做法是，把粉末噴向天花板，再讓它落在當事人頭上，這樣就會像「白霜」一樣，有些人的說法是「雞蛋式」。他表示，儘管頭髮是包在黑色塔夫綢的袋子裡，體積漸漸被壓縮，但背後的頭髮還是撲了滿滿的粉。接著他樂呵呵地說到有一幕常見的景象就是，一身裝備齊全的香粉師全身白撲撲的，手上拿著刷子和梳子，氣喘吁吁地在街上奔跑，為的是要趕到客戶家去服務[19]。

這精工製作的頭髮最後是經香水師之手而圓滿完成，可惜的是，沃布朗伯爵對從這頭上散發

＊譯注：沃布朗伯爵（le comte de Vaublanc, 1756-1845），法國政治家、作家，曾任內政大臣，於一八一六年三月重組法蘭西學院。

出的香味並不敏感。我們前面已經說過，在十五分鐘之後，近在身旁的人就會聞不到香味。再者，製造香氛的人敏銳的鼻子遠比一般人更能辨別多樣性的香氛。事實上，幾乎所有的香氛都是宜人、淡雅的，而且都是花香或水果香。除了給少數人用的某幾種摻了麝香的配方之外，其他香氛配方都是一種芬芳典型的多種變異。潛在的社會壓力引發了嗅覺的革命，這場革命排除了太過帶有色慾的動物性香氛，而以從植物界取得的更低調的香氛取而代之。德瓊表示，大家會使用香氛，其中有兩個原因：或是為了讓嗅覺得到滿足，或是出於必要。為了讓嗅覺得到滿足，大家會讓居室充滿芳香，驅走會讓人不快的氣味；甚至會讓衣物用品散發香味，不過用的不是濃烈而刺激性的氣味，而是讓人不容易形容、不容易分辨的淡雅氣味。而出於必要，則是為了要遮掩難聞的氣味，這往往是因身染傳染病而偶爾會散發出臭味。在有人過世時，「絕對必須要在逝者的房間噴灑香氛」，基於同樣的理由，醫院也要噴灑香氛。「不過，在我的書裡是不談濃烈香氛的這種用法的」：這種濃烈香氛的用法是醫生建議的[20]。

因此，帶來歡愉的美妙香氛和預防用的濃烈香氛徹底被分了開來，這在兩者混同起來的十六、十七世紀是意想不到的事。前者從此和生命做聯結，後者則和死亡做聯結。此外，在一七五一年，狄德羅是以「驅動快感的力量」來定義嗅覺的，並說它是繼視覺和聽覺之後第三重要的感官：「我覺得在所有的感官中，眼睛是最膚淺的，耳朵是最自傲的，嗅覺是最耽於逸樂的，味覺是最迷信、最不穩定的，觸覺是最深沉的。」[21]可能是從十八世紀開頭幾十年開始，在文化上的革命慢慢地，但堅定地重新塑造了嗅覺的感受方式，這從查閱得到的書面文獻或是藝術作品中即可得到證明。嗅覺在從前主要是負責鑑別鼠疫造成的致命危險，以便架起不可穿透的防護牆以對抗惡臭，但在這時候它反而開啟了人生之樂，首先這就從不再受到道德與宗教之束縛的性慾開始。這從有了新題材的圖像表現中即可得到佐證。傳統上是以擱在畫中人物腰間的狗鼻子來表現女人的體臭，這時候在義大利畫家居斯貝．馬利亞．克斯比（一六六五－一七四七）呈顯氣味的寓意畫中卻是用以表現女人的誘惑力：一位惹人愛的女士手執一朵美麗的紅玫瑰靠在左胸前，在她的左手和前臂裡則安安然然地抱著一隻貓（圖16）[22]。愛情可能是有刺的，或是有尖爪的，不過，牠也可能與以淫佚著稱的貓一樣喜好色慾。對於啟蒙時代的情色，我們必須更仔細地從嗅覺的角度來考察細節。

啟蒙時代的情色一點也不是放縱不受拘束的。儘管有像薩德侯爵這種聳人聽聞的例外，但一般而言這時期的情色是非常精巧、微妙的。啟蒙時代的情色和我們當前這個時代的社會情色規範是非常不同的。一如香氛是啟蒙時代情色的具體呈現，這情色慢慢地散發開來，並在記憶裡留下了痕跡，這記憶的痕跡來自於受到禁忌約束的慾望遊戲。用一些既精巧又奢華的物品來包裹或妝點激情。就像從攝政時期＊即有的格拉斯城特產香柑盒子那樣，這盒子是以香柑的皮製作而成，往往裝飾著男女間有風流之舉的場景，年輕的情侶往往以此作為禮物送給對方。當時也有人會慷慨贈與更昂貴的禮物，包括裝在珍貴瓶子裡的香水（圖17）在內。由英國切爾西製造廠所製的香水瓶有兩種不同的氣味，而且在瓶身上飾有神話的場景、義大利戲劇的場景、寓言故事的場景，或是飾有動物。這些香水瓶都保存在格拉斯城國際香水博物館裡，還有瑪麗－安東妮以瓷器、金、銀、烏木、象牙和皮革製成的旅行匣也保存在這裡，這旅行匣能讓她梳洗，也能讓她保養自己[23]。

整個包裹在衣服裡的女人胴體幾乎完全避開了好逑君子的目光。除了雙手以外，德瓊從來不談脖子以下的身體保養。胸部、腹部和大腿、小腿、臀部、陰部也一樣，他都不曾置一詞。然而，這些部位卻顯然應該是會受到注意的，而且不只是在洗浴時會有人關注，在其他時候也會。這些部位是開濃烈氣味藥方的醫生會關注的部位，也是母親會關注的部位。再說，瞥見年輕小姐在邋鞦韆時短暫露出的小腿肚，會引人遐思。在一七六四年出版的一則作者不詳的短篇故事《年輕人學習愛》表現了女士也會想看見男人赤裸的胴體。當年輕人在靠近城堡的一條清涼的河裡洗浴時，來了他的一個「點燃他慾火的女人」。他慢慢穿上衣服，

從這個靜謐的田野間
他瞥見伯爵夫人在窗口，
她斜睨右眼，
手裡拿著眼鏡，看著他。[24]

唯一外露的部位是頭部、臉部和雙手，女人有時也會露出前臂，這些部位幾乎從來不會呈現自然美，因為頭部和臉部是戴了假髮、撲了粉、化了妝的，其他兩個部位也往往是抹了香膏。身上散發出來的香味不僅可以誘惑異性，同時也可以讓他們感覺自己被帶著花香、水果香的幸福感團繞。在這種誘惑的遊戲裡，雙手扮演了重要角色。雙手往往非常具有表現力，以便吸引他人的目光，尤其是在伊莉莎白・維傑・勒布倫的人物畫像中就常有這種效果，譬如在一七八三年，手裡拿著玫瑰的瑪麗－安東妮的畫像（圖19）[25]。德瓊就花了將近三十頁的篇幅來寫雙手，這顯示

＊譯注：攝政時期（La Régence），指法國一七一五年到一七二三年之間的時期，當時因登基的路易十五年紀太小，而由奧爾良公爵菲利普二世代行攝政。

了在社會交際上它們十足重要，因為被臉上的撲粉遮掩起來的老態會從雙手顯露出來（今日的明星會拉皮、打肉毒桿菌，但不幸地，有時能從手看出年紀）。手部的保養品通常是和臉部所用的相同。必須讓雙手白皙，而且要保持肌膚紅潤，接著還要以各種常帶有香氛的配方來讓手部肌膚顯得柔嫩。適用的粉末是以甜杏仁、香精，或是來自花朵的（橙子花、茉莉、晚香玉和白玫瑰是最常用的），或是來自加上了苦橙的帶果皮的水果。有些配方能讓瑕疵消失不見，或是讓膚色不再那麼黧黑。指甲應該要是白色的，沒有斑點，必須看來無懈可擊[26]。我們不能忘記一個行之有年的禮儀，就是親手禮，男性以這種方式來表現對女性的尊重。親手禮也許不再總是親吻在手套上，手套的角色在十八世紀變得比較不重要，不過在十八世紀時，親手禮在資產階級和有錢的都市人之間卻仍發展了起來。我們可以想像，直接親吻在手上之所以受到歡迎，原因是在於可以合法地和女性有初步的肉體接觸，而且可以近身嗅到她身上的氣息，尤其是當她很迷人時。在這時期，雙手似乎比從前更能挑動情慾，這可解釋為什麼德瓊會在他的書裡讓它占有一席之地。就和裸露的前臂一樣，浸潤著花香、果香香氣的雙手延展了從臉部和頭髮散發出來的宜人光暈，讓人覺得有望在未來享受歡愉。或者是，帶著香氣的雙手使得男人敬重那些勇敢地和衰老抗爭的女人。

只有小說家，也就是派屈克·徐四金的《香水》，能夠想像一個出身於十八世紀巴黎的主人翁會為青春少女散發的自然香氣而煩擾，他後來殺了她，以便透過蒸餾取得她身上的香氣[27]。因為在當時愛漂亮的女人身上自然的氣息不僅是被衣服抑制住了，也被她們頭髮上、臉上、手上散發的香氣所抑制。根據現代科學的說法，每個人身上都有特有的氣味印記，而在啟蒙時代，一個追求流行的小姐身上散發的氣味印記只能在近處聞得到，因為洗浴和暗中攜帶香味袋囊而使得這天然的氣味變得不明顯，這氣味只像是短暫而稍縱即逝的前調。氣味印記大大地被女人身上散發的花香味、果香味的心調所壓制——最受歡迎的花香、果香味是橙子花或是帶果皮的水果的香味。

十八世紀的社會在嗅覺上發展出新的成規，這新成規影響了當時的人在外表呈現上須履行一套相當複雜的規範。遵循同樣的禮儀和社交標準的上流社會人士因此可以在同階層的人之間感到舒暢自如，因為他們都散發著類似的氣味。有少數人喜歡過去的龍涎香，或者身上帶著少有人有的香氛，以讓人留下獨特的印象。臭味便在很長一段時間成了一般平民大眾的標記。因此，嗅覺對於鑑別每個人在這個社會中的地位至關重要。嗅覺還有助於發展新的享樂主義和感性生活。身體不再被看做是靈魂之發臭的監獄。生命不再被看做是橫越人生苦海，其終局是等著大多數罪人的令人畏懼的惡臭地獄。作為渴望享受生活的新媒介的精緻天然的香氛大獲成功，而且新的哲學思想、性慾的解放也在此時成為潮流。女人取得了前所未有的重要地位。上流社會的女人在性方面也和她們同階層的男性一樣自由無羈，這類的例子有許多，就以龐巴度夫人的弟媳瑪希妮侯爵夫人來說，她公然地和她的情人之一洛罕樞機主教勾勾搭搭。漸漸變老的女人不再像於十六、十七世紀那樣遭受猛烈的批評，這時她們有辦法以調香師提供的多種人為的方法來掩飾她們的年紀。她們當然還是常常受到大家嘲弄，指控她們濫用了人工技巧來粉飾自己，不過，這和過去的反女性思維比起來已經好太多了，在過去總是排斥女人身上所謂的天生臭味，甚至對上了年紀的女巫抱著恨意，說她們就像魔鬼一般發出惡臭。

實際上，生命終結的意義深刻改變了。大家再也不會天天忐忑不安地提起死亡和地獄，在過去死亡是被動物性腺香味的皮革，或是被麝香味的香氛所喚起的。從此，大自然再也不等同於讓人畏懼的可怕上帝的唯一力量。大自然以使人香噴噴的花香、果香味之形式成了盧梭所謂的理性的、可親的、誘人的、具有生產力的「良善的野蠻」（bon sauvage）。從路易十六治下開始即把逝者從人群聚居的地方移開，到後來大家把生病受苦及垂死的景象局限在醫院裡，這便在西方世界展開了一段讓死亡遠離世人眼目的長長變遷過程。人們的心理結構在千百種進步的工廠現代化的影響下漸漸地起了變化。嗅覺在這個領域中扮演了重要的角色。這難道不是為了和愈來愈臭的惡臭對抗（這惡臭在整個十八世紀都明顯可聞，還因為初步工業化的發展而變得更加嚴重），因此嗅覺在將男人、女人變成一個散發香味的散播者之時，提供了一個帶有花香和果香的人工天堂？

皇家調香師

在巴黎聖殿老街街角的安端街開了一家店鋪的調香師安德烈—米歇爾—羅克．布里亞，根據他在一八〇〇年二月十四日過世後公證人對貨品的價值評估來看，他店鋪裡的東西並不豐富[28]。再說，公證人在盤點庫存時盤點得並不精確，這很可能是因為他見繼承人能繼承的東西很少，因而不覺得有必要仔細盤點。不過，他還是記錄下了為數不少的「可用來製造撲粉的巴黎澱粉」，總共超過七千公斤，並有兩種不同的品質；有四十六點五升的橙子花（估計值八十六點四法郎），有四點三公斤的香柑，有一點一公斤的薰衣草，有各式各樣不確定是哪種植物的花露和香精。這位店鋪老闆還擁有五粒半的麝香（三十五點五五法郎），和二點七公斤的黃葵種子（十九點二五法郎）。這兩者價格的巨大差異，使得大家偏好以後者來讓香味變醇厚。在這家店鋪裡還有象牙梳子、玳瑁梳子、牛角梳子、牙籤、緊身褡撐架、天鵝毛的粉撲、牙刷、鬍子刷、粉盒、肥皂、小香皂。最後，他庫存裡有皮革，用來製造手套販售，他有「編號一和編號二」兩種樣式，上光的長手套、上光的山羊羔皮手套、巖羚羊皮手套、給男人用的白色並上光的手套。上面所提到的七千公斤澱粉是個謎團。說不定，這位店鋪老闆是澱粉的大盤商？總之，這麼大量的製造頭髮撲粉的原料表明在頭髮上撲粉的傳統並沒有隨著舊體制的瓦解而消逝。然而，在這時候儘管假髮還是有人戴，但已經不大流行。藝術品交易商兼畫家的尚－巴蒂斯特・皮耶・勒布倫（他是著名的女畫家維傑・勒布倫離婚的丈夫，而她當時流亡海外）在一七九五年畫了一幅自畫像（圖22）。在畫中，他將自己呈現為新體制中的顯貴，在這一年，他常到政府部門去要求任命他為已經向大眾開放的羅浮宮博物館的專員。畫中的他衣著講究，頭上戴著假髮，在黑色的寬邊帽底下，看得出來頭髮撲了灰色的粉[29]。在一八〇〇年時，撲粉比較是用在頭髮上，而不是假髮上。我們不是應該有別於和我們為敵的英國人嗎？不應該像他們那樣，為了籌措戰爭的經費，而從一七九五年開始對澱粉課稅。在第一帝國時期，女人流行在一天之中改變數次髮型，而這使得假髮又有回歸之勢。

貝爾堂在一八〇九年出版的《皇家調香師》一書可以讓人更明確地了解香氛的變革來得非常遲緩。這本書是在德瓊的書刊行半個世紀之後出版的，兩本著作都處理了同一個主題。貝爾堂這位作者非常的神祕，我們對他所知不多。他在書中從未提到他的先驅德瓊的名字，不過，看得出來他深受德瓊的啟發，就連書的提綱都受到了影響。譬如，洗浴（通常是以薰衣草、玫瑰，或是芳香的草葉來調香）這個章節一樣是被放在書的末尾。書中也常常提到舊有的習慣繼續存在。譬如，使用被看做是可以「預防感染和預防惡臭空氣」的盥洗醋的習慣一向都有。貝爾堂更明確指出著名的「四名小偷醋」的成分，自從一七二〇年馬賽發生鼠疫之後，這種醋就被人拿來作為預防的用途。它的成分如下：丁香、大蒜、龍膽、芸香、當歸、刺柏的漿果、苦艾、迷迭香、薰衣草、鼠尾草、薄荷、洋蔥、米特里達梯解毒劑、阿魏[30]。和德瓊一樣，他也花了許多篇幅來談臉部保養。他採用的香脂是以鮮花調製的，所用的鮮花有些是從前沒用過的，像是丁香花、山梅花、鈴蘭、木犀草。百花香脂裡不再摻牛糞。另一種帶龍涎香、麝香氣味的香脂在一七六〇年時已經退了流行，不過，他在這香脂裡另外加上了香草。在鼎鼎大名的尚－法蘭斯華．胡畢岡*的引導下，有久遠歷史的蝸牛配方曾風靡一時，但在貝爾堂的書出版之前兩年就已不再有人使用。貝爾堂和胡畢岡一樣都把蝸牛配方歸於「保養皮膚最重要」的配方，貝爾堂宣稱自己書中提供的配方是最原初的成分：羊脂、玫瑰花露、百合的球根、蜀葵的根、檸檬、糖、安息香、蘇合香

＊譯注：尚－法蘭斯華．胡畢岡（Jean-François Houbigant, 1752-1807），法國著名的調香師。他以自己的名字創建了法國最古老的香水品牌。

脂、硼砂，以及二十幾隻去除了腸子的蝸牛[31]。不管是香氛處女乳，還是充填在香味袋囊裡的粉末，在用來美白皮膚的香脂裡並沒有什麼特別的配方。不過，他提到了在他那個年代，大家偏好香精油。香精油的配方是，各種香料、金合歡（刺槐）、天芥菜，或者在許多配方裡還加上了龍涎香和麝香。香精油價格高昂，常常有人造假。

達官顯要使用已經超過一個世紀的精白澱粉製成的頭髮撲粉，「不僅有助於裝扮整潔、優雅，而且大家已經普遍使用，時到今日已經在大半個歐洲成為流行的趨勢」，貝爾堂這麼表示。可是，我們可以感覺得出來，在提到這已經結束的時代的象徵時，他有點尷尬。對頭髮撲粉的使用，他並沒做任何明確的說明，不過，他解釋說，澱粉的製造愈來愈精良，以致再也不用燒酒或葡萄酒醇來清除雜質，他以這個解釋很技巧地讓頭髮撲粉顯得更切合時代。這時候，人人都可自行製造頭髮撲粉，只要有配方的材料和一個碾磨機，不管是誰都可以製造得和專家一樣好。他提到的配方是：鮮花、香草、天芥菜、「元帥」（摻了龍涎香和麝香）、「龍涎香」（摻了麝香）、「麝香」（含有龍涎香）、「皇家」（鳶尾花、香草、龍涎香、麝香）。有些頭髮撲粉則是有顏色的：灰色、金色、紅棕色，或是粉紅色。後面兩種在君主政體時代不常見的顏色帶來前所未有的奇特效果。至於臉上的膚色必須始終維持清爽、明亮、潤澤，不見瑕疵，也不黧黑。和過去一樣，要先撲上白粉之後才抹胭脂。胭脂或是胭脂紅染料，或是藏紅花染料製成的，在表演舞台上，胭脂該抹得深濃一點，在日常生活中則要抹得鮮豔一點。他沒怎麼提到潔牙和美白牙齒的方法有改變，一樣都特別是用珊瑚的粉末來潔白牙齒。口臭，尤其是吃了大蒜以後的口臭是用兒茶、香芹來去除，嚼一嚼浸泡在玫瑰花露或橙子花花露的口香膠。在屋裡用的是和過去一樣的方法來消除臭味：在暖爐上焚燒香錠，或者是用液態的配方，配方裡可能含有兒茶或是麝香，它們會隨著熱氣而蒸發。上個世紀流行的百花香到這時新的菁英階級仍然喜歡[32]。

在啟蒙時代受到忽視的龍涎香和麝香，在這裡卻多次被提到，這顯示了它們重新流行了起來。貝爾堂嘆道，香氛手套商不再製造的手套一樣也是重新充滿香味，充滿花精的香味，如果希望「手套的香味能更濃烈、更宜人」的話，就再加上龍涎香和麝香。他顯然很喜歡動物香氛，不過，他也提醒讀者麝貓香只能加一點點，否則配方會變得很臭[33]。他那個時代的人似乎又喜歡起強烈的氣味，帶點排泄物的氣味。這是否和在拿破崙一世治下的強勢軍事力量有關呢？這種在十六和十七世紀酷愛戰爭的諸位法王時代受到喜愛的動物性香氛，是否表示象徵征服力量的男性價值突然躍升起來，反制了在上一世紀的舊體制時期那種軟綿綿的花香、果香味？這種趨勢是繼續持續，還是很快地就消逝，就有待觀察了。

貝爾堂自稱是「製造蒸餾產品的人」。「我們目前習慣使用蒸餾器和蛇形管，操作程序完美極了。這種操作程序可以代替精餾。」單純的水從蒸餾器裡流出；花朵或香料的香精，其中包括龍涎香的香精、麝香香精，以及麝貓香香精，還有從這些香精裡萃取出來的香味水也都從這蒸餾器裡流出來。在香料水中有科隆花露，他誇口說自己擁有最好的配方：香柑香精、枸櫞香精、檸檬香精、薰衣草香精、葡萄牙香精、百里香香精、苦橙香精、迷迭香香精，把這些全都摻在一起，再加入蜜蜂花花露（也稱之為carmes），很可能也加入橙子花花露，好讓它更加芳香。要是想讓它更完美，就必須多做一道精餾的手續，好讓它更細緻，更白皙。不過，這個過程很漫長，並不常用到這個方法[34]。

為了更貼近實際狀況，我們可以拿貝爾堂的說法來和一位調香師在死後的庫存清單做比較，而且這調香師並不是隨便哪一位，而是在一八〇七年過世的著名調香師尚－法蘭斯華．胡畢岡[35]。父親是一名僕役的胡畢岡在一七五二年出生於巴黎，他早年受教於一名調香師，隨後在一七七五年在當時的時尚大街聖奧諾雷市郊街上開設了一家香水鋪，招牌「花籃」。後來，宮廷人士、高階貴族家庭、資產階級都是他的客戶。他的兒子阿爾蒙－居斯塔夫在一八〇七年他十七歲時為約瑟芬皇后配製了一款新的香水。他的店鋪在十九世紀末時生意十分興隆，名聲遠揚，並藉著有機化學生產了許多特殊的香水。直到今日，胡畢岡這個牌子仍然存在於香水界。

在胡畢岡的店鋪和倉庫裡的庫存盤點（倉庫位於聖奧諾雷市郊街十九號一樓和二樓之間的夾層樓），證實了貝爾堂在《皇家調香師》裡所說的。在店鋪裡有略多於一百六十四升的雙重帶龍涎香以及帶香柑的薰衣草，一品脫約價值三法郎（一品脫等於零點四九三升），它的量比一般的薰衣草約多一倍，另外庫存清單上裡還有醋、淡香水、沒明確說明成分的香味水、香脂、吊襪帶、手鐲、梳子、刮舌板、牙籤、牙刷、鬍子刷、髮刷。還有一個價值約四十八法郎的碾磨機，這正說明了撲粉應該是當場配製的。粉撲有好幾打。在一八〇〇年在安德烈－米歇爾－羅克・布里亞的庫存清單中，也有一些粉撲是「天鵝毛的粉撲」。這似乎顯示了，風雅的女人不管是在家裡或是在別處都習於在鼻子上撲粉。而這到底是為了修補傳統美妝造成的損害，或是為了以一種沒那麼麻煩的美妝方式來取代傳統的美妝呢？無論如何，貝爾堂在一八〇九年提到的粉紅色撲粉是為了撲在臉上，從這個角度來看更有意義。

在有一扇窗對著馬路的夾層樓倉庫裡有幾十公斤的帶香味的白色撲粉、其他顏色撲粉、西普香粉、裝著胭脂的瓷缽、祕魯香膏、香氛處女乳、香脂（有些是呈小棍棒狀）、香辛草、珊瑚、紅醋、梳髮髻的梳子、梳眉毛的小梳子、扇子、別針，高級香皂。不過，最有價值的東西是香味水和香精。香味水中有好幾種是用在頭髮上，很多其他的則是用在這時又流行起來的鬍子上。有時候會明確說明香味。至於撲粉，晚香玉的量最多，有一百公斤，然後是橙子花、茉莉花和鳶尾花。有超過八十三升的花露，平均一品脫值兩法郎，這些花露包含有玫瑰花露、橙子花花露，或是蜜蜂花花露。科隆花露顯然非常受歡迎，因為總共有一百六十四箱等著販售，每一箱科隆花露值三點五法郎。最後，最昂貴的香精是香柑香精、丁香香精、薰衣草香精、苦橙香精和玫瑰香精。很可能是很特別的玫瑰香精在陪同公證人前來的專家眼中是所有香精中的最珍貴的，因為他們對玫瑰香精的估價是每盎司五十法郎（一盎司等於三十點五九公克），而苦橙香精是每盎司九法郎，薰衣草香精的價格也只有玫瑰香精的一半。不過，薰衣草香精使用的人特別多，因為它總共有十三公斤。在庫存中有十公斤的香草香精也很受歡迎，不過它價格比較低廉：一升十六法郎。在庫存中將近有四公斤的龍涎香和麝香也差不多是這個價位。百里香香精、歐百里香香精、迷迭香香精，或是沒藥香精的價格只有龍涎香、麝香的四分之一。另外還有一公斤的檸檬皮香精。相對重要的動物性香氛進一步肯定了貝爾堂的理論。尤其是在這倉庫裡還有六十一公克的天然龍涎香，價值約八十法郎，約等於每盎司四十法郎。

讓我們快速地看一下另一位香氛商的商品庫存。這次，這位香氛商是個大盤商，從他的庫存中可以看得出來十八世紀的氣味演變在第一帝國時期仍然持續。店鋪開設在巴黎大乞丐街上的尚－巴蒂斯特．亞歷山大．布里亞，他的貨品是以供應其他香氛商為主。於一八一〇年清點的庫存資料詳細豐富，其他人都可分析，從這份資料裡明顯可見這樣的趨勢，可見這一行開始與時俱進，漸漸地現代化[36]。庫存中有大量的澱粉，各種品質的都有，還包括最精緻的。這表示了撲粉在這時仍然流行。他靠著自有的碾磨機，自己製造撲粉，有些碾磨機則可以把杏仁磨成粉。他也擁有香皂（特別是那不勒斯香皂）、海綿、許多裝在方形瓶子裡的盥洗醋，以及同樣用途的花露；這已經是很古老的做法了，即使是這些瓶子等容器切合了當時流行的品味。他也可以提供給客戶適合他們需要的容器，像是裝著香脂的珊瑚小壺，或是其中裝著六個小壺的方形皮夾，不過並沒說明其用途；說不定這是給女士們在旅行時化妝打扮用的。流行的香氣自然是花香味，特別是橙子花、薰衣草，以及整株鳶尾花。他也擁有苦橙花、香柑、墨角蘭、歐百里香、百里香和香草。在他的庫存中還有花香味的香味水，玫瑰的、橙子花的、香柑的、香草的，還有香精油，主要是甜杏仁，或是乾杏仁、橙子花、一百零九號香草。他也有很多種的科隆花露，品質最好的是編號十、十二、十五和十八的科隆花露，不過並沒解釋這幾種有什麼差異。在庫存中還有其他香氛也採用了這種品名分類，這顯示了香氛製造業愈來愈專業化。在公證人在清點庫存的時候，給予他們建議的香氛商代表人在這裡使用的數字符碼是為了區別各種香氛之間不同的品質，而三年前在胡畢岡那裡做庫存盤點的時候，則只能以估價的金額來分辨不同的品質。

在一八一〇年，布里亞擁有一點點麝香，價值為十法郎。這少得讓人無法說動物性糞便的氣味又流行了起來，而在貝爾堂的書裡，或是在其他兩位香氛商的庫存盤點中（一八〇〇年和一八〇七年）所顯示的卻不是如此。不過，我們可以想像這些既稀有又昂貴，而且時常有人偽造的原料，是由非常專門的銷售管道所壟斷，而不是由大盤商來供貨。例如，我們可以從大量養殖麝貓的荷蘭取得麝貓香，貝爾堂在他的《皇家調香師》裡就提到了這件事[37]。

有若干不確定畢竟不完全是壞事，這樣的不確定可以刺激好奇心——對於在第一帝國時期重新流行的濃烈動物性香氛在後來哪個時期消失了或愈來愈式微了的好奇心。根據我們提到過的文獻資料，這動物性香氛儘管勢力薄弱，卻很能頂得住新潮流的浪潮。不過，這有待我們更明確地指出這動物性香氛頂得住這自十八世紀起流行到十九世紀初的花香和果香香氛的強度有多強，以及時間的進程如何。啟蒙的世紀透過假髮所代表的不平等的象徵而被厭棄，但啟蒙世紀流行的香氛卻矛盾地在拿破崙一世的時期存活下來，因為它將代表了幸福與進步的香氛帶給了新的菁英階級愉悅的感受，這幸福與進步的概念是啟蒙世紀的哲學家所創發的。

結語

氣味向來是帶有社會性的，在危險逼近時給大腦送出負面訊號、在安全時送出正面訊號，甚至是送出歡愉的訊息，這種嗅覺的雙向性很容易就可以結合到人類群體的生活基本考量。顯得非常有彈性、有適應力的嗅覺不僅可以感知危險，讓人避開有毒的物質，同時它也可以讓人感知性吸引力，這是延續物種所必需的。不管是過去或是當前的各個文明都知道怎麼運用它，運用的方式就是一邊將它和最厭惡的東西聯繫起來，另一邊和生活最完美舒暢的狀態聯繫起來。因為我們感知某種氣味的方式並不是天生固有的。嗅覺在最初聞到氣味時的迅即反應是要警告我們是否有潛在的危險，嗅覺系統必須很快地判斷散發出味道之物是好聞或是難聞，然後才將它記憶下來。學習分辨好聞、難聞的氣味需要很長的時間。在我們這個社會，孩子到了四五歲仍是喜歡他們排泄物的氣味，有時甚至到八歲，就算大人努力勸阻他們也是枉然。但是，有關這個問題，並沒有一個普世通用的標準。我們在前面已經看到文藝復興時期的法國人活在惡臭無比的環境中，而且一點也不厭惡糞便或尿液。文學作品和詩歌將排泄物看做是拉伯雷式「愉悅的物質」，可以娛樂上流社會人士。醫生大量地將排泄物用在藥方中，甚至是用在女性美容保養的祕方裡。當時根本沒有壓抑肛門這回事。大家一點也不覺得這氣味噁心，這樣的臭味反而使得那個時代的人非常習慣源自動物排泄物的香氛，並喜歡這種香氛。

在十六、十七世紀，當時的人在分辨嗅覺的學習過程中，往往帶有道德的詮釋[1]。特別是在一五六〇年到一六四八年間這種情況尤烈，在狂熱分子起猛烈衝突的宗教戰爭時期，西歐所發展出來的對世界的看法就是這世界是善惡對立的。尤其是反宗教改革人士抱持著對不悔改的罪人來說上帝是可怕的之想法，並且認為魔鬼是無處不在的，上帝允許魔鬼來誘惑人類，好讓人類為求得到救贖而做出努力。氣味就成了分辨善與惡的一個途徑：一邊是屬於恬美天堂的好氣味，向世人宣告上帝的存在，就像信仰虔誠、堅定的人的遺體會發出「聖人氣味」那樣；另一邊則是屬於地獄之主的魔鬼的惡臭味，罪人終將墮入惡臭的地獄。臭味始終會讓人焦慮，即使它是天然的臭味，因為空氣汙染的傳播理論認為惡臭的氣味傳播鼠疫。魔鬼在塵世間無所不在的隱喻，這個說法使得束手無策的醫生抱持著用同類的東西驅趕同類的東西之想法，而建議以更臭的東西來與鼠疫抗爭，驅趕危險。讓家裡充滿讓人厭惡的強烈氣息、在家裡放一隻公山羊、在出門前聞一聞便坑的味道……，這些都是預防鼠疫的辦法。從夏娃那個年代開始就被看做是魔鬼同路人的女人經歷了歷史上最厭女的時期。儘管七星詩社的詩人誇讚青春少女的優雅（他們顯然想從中沾得利益），女人還是受到男性強力的監管，藉口說她們讓她們的伴侶遭受危險，並危害到整個人類。醫生們表示，根據體液學說，女人是又冷又潮溼的，她們聞起來比又熱又乾的男人臭多了。她們有毒的月經會敗壞一切，在她們身邊散播死亡。即使在停經以後，大家還是不信任她們，因為老婦更是大家所痛恨的對象，這從當時的文學作品中就看得出來。她們被指控傳播瘟疫般的惡臭，這在男人之間引起極大的恐懼。她們因年老而散發出來的臭味應該說是讓男人想起自己總有一天是會死的，並讓他們想起在地獄裡有等著他們的可怕刑罰吧？魔鬼學（這門學問使得許多國家在同時興起獵殺所謂女巫的行動）將男人的恐懼聚焦在一個迷思上：老婦是魔鬼祕密邪教組織的成員，她們致力於讓魔鬼在塵世取得勝利。為翦除女巫而在各地架起了數千個火堆，證明了強大女巫迷思的存在。然而，加給女巫的罪名都是出自無稽的幻想：她們飛去參加巫魔夜會，烹煮臭得跟地獄一樣的可怕食物，使用未受洗的孩童的骨骸，參加魔鬼的祭典，毀壞她們周遭的人事物，對他人、牲畜、莊稼施魔法。我們也許可以從這裡見到當時的人重拾古代哈比的主題？哈比不僅散發惡臭，而且吞吃他所經之處的一切東西。

在殘殺和混亂當道的背景下，末世論的焦慮主宰了當時的基督教思想。這種焦慮透過教會人士駭人的言論暗暗地滲入了日常生活中，後來這樣的言論接續由好為人師的道德人士提出，這些在徹底受教於宗教教派的道德人士在這時在社會中漸有地位。至於個人，對世界末日的恐懼是以採取預防措施的行為表現出來；不只是希望能以此方式贏得靈魂的救贖，更希望能以此來保護身體不受外在不祥之物的侵犯。不過，當鼠疫愈是達到最高點，這不祥之物的侵犯也就愈存在世間。這也就是為什麼當時的人會架起外物不可入侵的屏障。根據醫生的說法，多孔隙的身體會因接觸水而染上鼠疫。因此，至少直到十七世紀中期，洗浴和淨身是被禁止的事。由於空氣是引發鼠疫的主要起源，所以認為有必要全身披上氣味甲冑以對抗無孔不入的空氣。氣味甲冑有如一層具有保護作用的泡泡將人籠罩起來。主要以龍涎香、麝香、麝貓香等動物沁人的香味為主的氣味甲冑主要的功用就是驅逐肉眼看不到的腐敗空氣。此外，它形成了一道不可跨越的藩籬，與受到感染的人遠遠隔開，在鼠疫特別猖獗的時期，避免讓健康的人在街上閒逛時接觸到他們。到一七二〇年以後，在法國本土再也沒有鼠疫大流行，這種裝備才漸漸消失不見。

在這個大轉折之前，每個人在鼠疫猖獗期間的表現簡直像是受到邪惡軍團圍攻的隸屬於上帝的小小城池一般。和緊緊包裹在襁褓裡的嬰兒一樣，成年人也都浸泡在自己的汗水、自己的臭味中。因為幾乎不洗澡，所以整個皮膚長時間包覆在一層又一層的衣服中，這些衣服難免散發著和不可或缺的手套一樣濃烈的氣味。一直使用被認為能夠抵抗傳染的濃烈香氣更加強了大家把自己完全封閉起來的願望，以便保護耳朵、鼻子和嘴巴。頭部長時間被遮蓋了起來，脖子的情形也一樣。如此一來，縐領、領飾、假髮這些東西成了日常用品，既扮演預防疾病的角色，同時也是上流社會人士的飾物。在去到感染地區時，儘管人們盡可能地遮掩臉部，無奈臉部依然是在氣味甲冑下唯一外露的部位。出身富貴家族的人一樣是以脂粉來保護自己的臉部，他們的頭髮也是以香精油、香脂，或是香精保護著。

在鼠疫遠離以後，同樣的這些香味裝備在社會上就成了炫耀品。這聞起來讓人頭昏的三大動物性香氛必定含有愛情征服的底調，在尚武的世界中特別喜好這種香氛。在好幾十年的時間裡，大量使用動物性香氛來對抗鼠疫的習慣，使得這些香氛在性吸引力上的評價不斷提高。因為它們的廣義性保護作用與道德人士不斷對那些為感官享樂目的而滿身香水味者發出威脅相抵觸。其實只要假借一點冠冕堂皇的理由就可以迴避這種禁制，只要謊稱這是基於醫療需要就行了。龍涎香、麝香和麝貓香就因此堂而皇之地成為當時文化所崇尚之物了。幾乎無處不在的這些動物性香氛廣泛使用在多種用途的各式皮革上，它們持久不散的氣味比花香味的心調更能持續；而且，花香味較不受歡迎，當時的人將它歸於次要地位。的確，精緻的香氛無法掩飾那個時代所特有的濃烈個人氣味印記。因為女士們也和男士們一樣不常洗澡，因此她們身上的氣味當然一點也不好聞，即使女士們大量使用撲粉（分別使用在重點部位）和香味袋囊（藏在她們芬芳的衣物底下）。從她們的男伴身上散發出來的氣味可能只有更難聞，因為社會文化的壓力並沒強制他們隱藏身上天然的體味——希波克拉底的門徒認為他們的體味天生芳香、宜人。我們對此倒是頗為置疑。大量使用麝香氣味的香氛並不能掩飾男人、女人身上公山羊的味道、狐臭、「羊肩味」、牙齒臭、口臭。醫生們只是懷著性別歧視的態度認為主要是女人才會發出這些臭味——這種性別歧視的態度自古希臘時期開始早就司空見慣。此外，我們前面已經說過，亨利四世和路易十四的腳臭不可聞。對男性的惡臭視而不見的根本原因可能在於男女在情愛誘惑方面的身分有別。在這方面，在兩性關係中扮演著追獵者的男人身上可能會有點臭，但這卻不會引起其他男人或女人的注意，而扮演獵物的女人要是身上有臭味立刻就會被人低貶，懷疑她是否有病，或是月經來潮。

氣味是極其「有性別之分」的。視覺能讓人遠距離挑選看來健康的性伴侶，這伴侶可以生育健康的寶寶，這對物種的生存來說是非常重要的。但若是近距離，那就是由鼻子來代替視覺，尤其是在十六、十七世紀的社會中，因為所有在宮廷裡的女性和資產階級的女性外貌都要符合一個既定的模樣。她們的身體通常是被包裹；遮掩起來的、不可見的，除了在路易十三主政時有短暫的一個時期在風雅的女人之間流行裸露胸部，在當時引發了不少抗議。至少這時年輕男子在視覺上能得到難得的歡愉，同時這也在無形中讓今日的生物學家感到高興，這些生物學家關注的是形成配偶的天生固有機制。在平常時候，只有臉和頭髮是外露的，有時候前臂也裸露出來，雙手則因為當時流行戴手套，所以外露的機會不太大。因此我們不難解釋為什麼當時的調香師特別注重女性的頭部：他們所提供的各式各樣的美妝保養品能讓他們致富。不過，使用美妝保養品的目的並不在於突顯每個愛美的女人不同的個體性，而相反地，其目的是在於讓她們像是從同一個模子裡造出來的一般。臉部必須白皙、潤澤、光滑，沒有瑕疵，並在適當的地方抹上紅暈。黧黑的臉色是受到摒棄的，皺紋也是。牙齒要像珊瑚，必須完美無缺。總之，必須永遠年輕、清新。化妝用的白粉往往含有危險成分，甚至是含有有毒物質，而天生不完美的女人則不得不以這些東西來遮醜。因此，所有的女人都變得像是雙頰微紅的搪瓷娃娃。此外，各種美容用品都散發出類似的味道，例如用在頭髮上的香精油、香脂、撲粉，其味道都差不多；或者像是在十七世紀流行假髮時，突顯金色、棕色、灰色假髮的有顏色的撲粉，所散發的味道也很相似。人們的樣子愈來愈像是由同一個模子造出來的。保持一張無瑕疵的臉需要付出相當努力，然而最後的結果卻是抹煞了個體性。在這種情況下，我們怎麼知道理想的伴侶就藏身在一堆外表相似的人群當中呢？波爾答，十六世紀一位學識淵博的人，即曾表示女人性器官的大小是和她們嘴巴和嘴脣的大小成正比，男人的鼻子也一樣提供了他性器官的資訊[2]。但話說回來，在這個敏感的議題上，最好是有更為明確的資訊才好。從近處，唯有嗅覺能夠靠著辨別難聞的氣味來判斷對方是不是理想伴侶，儘管時尚流行以大量的香氛遮蓋體味。追求女人的男性便從嗅覺來探知女性的健康狀況和年紀，因這些都隱藏在臉部的撲粉面具之下。男人以鼻子來辨別青春少女（象徵了生命與愛情），與散發惡臭的老婦（象徵了死亡與有如魔鬼般危險）。嗅覺在那個時期扮演的角色顯然比在今日來得重要多了，而我們卻誤以為嗅覺在現代比過去重要。

在十八世紀時，嗅覺起了大變革。這次變革的開端可追溯到十七世紀中期，當洗浴和身體保養開始漸漸成為大家的習慣，龍涎香、麝香、麝貓香也在這時日益受到摒棄。路易十四在年輕時非常熱愛香氛，但從一六八〇年開始他再也受不了香氛（除了橙子花香氛之外）；不過，這三種動物性香氛受到摒棄的原因主要並不在於路易十四的態度。尤其路易十四是因為聽從道德人士的訓誡——他們指出將香氛使用在社交上是危險的，以致害怕犯下罪孽，墮入地獄。這場大變革的起因必然是更為複雜的。由於無法進一步確定此一變革的時間順序（這需要有其他人的研究），因此我試著以某些界標來定位，並且提出解釋性的假設。花香味和果香味的革命來得比許多歷史學家所認為的還要早。這場革命似乎在十八世紀前幾十年就已經開始，到一七五〇年開始才大為興盛，一如德瓊在《論香味》中所指出的那樣。我認為，這場革命和法國整個社會的大變革有關。因為在這時，法國從征戰文化（以及讓人產生罪惡感的宗教）過渡到領導全歐的霸權文明。在哲學家質疑已經衰落的教會的當時，經濟的發展則提升了眾人對精緻廚藝的愛好，以及對來自帝國殖民地的異國香味的愛好，還有道德風俗也開放了許多，即使對一般平民大眾來說也是如此。情色之思滲入眾人的思維中，也滲入當時的時代氛圍裡。歡愉成了變革中的一環，它使得過去的宗教狂熱退了燒；這時，鼠疫絕跡，饑荒不再，戰爭也遠離邊境。這個平和、享樂，甚至追求享受的世界需要宜人、淡雅的新香味來陪伴它走向進步，走向由盧梭帶動起來的追求大自然之美的潮流。由於人口增加和剛開始興起的工廠化現象，不管是在宮廷或是在城市裡都愈來愈臭，這時摒棄了麝香類醉人的香氣，而開始採用花香味、果香味的香氛。醫學、化學和香氛業的進步只會更為加強這樣的趨勢，直到發生法國大革命為止。唯一不變的是上流社會女士的臉，一樣要藉由不可或缺的調香師之手永保青春，讓臉色白皙、紅潤。到了拿破崙一世的時代，這些調香師發明了新的美容保養品，有的則從古老的配方中調製保養品——例如蝸牛香脂，尚－法蘭斯華・胡畢岡就是以此配方而聲名遠播。在《皇家調香師》一書中較為現代化的配方中則是將蝸牛的內臟剔除了……，至少，這時候的人對讓人倒胃口的東西忍受度較低了。在專業的論述中再也不大提動物的排泄物，更不提人類的排泄物了。

花香、果香、香料的香氛從此占據優勢。然而，在第一帝國時期，動物性香氛——主要是龍涎香，重新在一小群人之間流行了起來；關於這一小群人，有待更進一步研究。在法國征服了大半個歐洲的時期，我從動物性香氛再次流行的現象上，隱約看到了軍事勢力的重現；這個領域仍有許多需要深入挖掘的地方。對那時期的絕大部分的人來說，世界的香味面貌從此徹底改變了，不過上流社會的女士仍然像在舊體制時期那樣讓自己的美合乎白皙、光滑的標準模樣。至於她的其他部位（包括撲了粉的頭髮）則從此散發著淡雅的香味。最主要的變化在於她擁有了個別性的氣味。因為洗香香的澡，加上使用美容保養品（她們還會以蠟除毛）讓她們身上難聞的氣味盡除，至少是受到了控制，不再惡化，這一點在一八〇九年就有所記載[3]。現在再也沒必要以手套、衣物、香味袋囊散發出來的濃烈動物性香味的底調來遮掩身上難聞的氣味。男女間的誘惑、調情從此和因體臭而加重的動物性分泌的香氛斷了聯結，轉而依附於更淡雅的心調香味，這心調香味傳遞並增強了在洗浴之後更有吸引力的親密味道。從動物性的底調香氛轉向花香、果香的心調香氛這種轉折是非常根本的，這使得嗅覺不再處於模稜兩可的境地。說它模稜兩可，是因為動物性的底調香氛在藥用上，作為對抗鼠疫的藥方是很令人排斥的，而在社會上，作為拉近兩性關係的配方，卻又深具吸引力。我們一點也不訝異，狄德羅自一七五一年開始就把嗅覺列為「最容易給人快感」的感官。從此，像泡泡一般圍繞在每個講究流行者四周的香味不再是為了對抗死亡的防衛裝備，而是對生命、歡愉，與愛情的召喚。

儘管往後歷經各種變遷（這不在我探討的主題之內），這種召喚生命、歡愉、愛情的訊息還是傳到了今日。資產階級因顧及禮儀，不准人裸露身體，即使在沙灘上也一樣，不過，女性的吸引力始終還是繫於她的美貌，與白皙的臉色，直到起了深刻變化的二十世紀。在很長一段時間裡，頭髮依然被遮掩起來，就連平民階層的女性也這麼做，我們不諱言地說，這是因為頭髮有強烈的性吸引力之故。因此，幾個世紀以來，女人身上的香水是傳達她魅力的使者，同時也產生了具有美感的歡愉。長期而言，香水和花香、果香香氛緊密相關，在這第三個千禧年之初仍具有主導地位。不過，從十九世紀末開始，自然的材料被合成分子所取代。此外，香氛成了普及於大眾的產品，男用的香氛更是蓬勃發展了起來，這樣的香氛傳達了雄性魅力的迷思，這樣的迷思既吸引男性，也吸引女性。

除了美國以外，現今的西方社會肯定不像一般認為的那樣了無氣味。在美國，大家普遍摒棄氣味，而且這似乎又因加利福尼亞式對永恆青春、美麗的身體之崇拜而更添助力——這種對身體的態度使得美國人不需要醜陋的體毛，也不需要化學性的香味，也能贏得讚賞。再者，因為畏懼微生物，再加上不喜與人肌膚接觸（即使是朋友之間的接觸），這使得視覺在情愛關係中扮演了關鍵的角色，尤其是大家會在海灘上、旅館游泳池邊袒露自己的身體外貌，讓人一覽無遺。當夏天接近時，那些得嚴格控制飲食的人可就苦惱了，而且媒體會反覆以各種讓人心生罪惡感的報導來宣傳人人有必要控制好自己的形象外貌，好能夠不感羞愧地展現自己的身體。在美國西海岸，大家有時候甚至不敢在公共場所或餐廳裡噴香水，因為就怕干擾了近旁的人。事實上，許多美國人都認為氣味是讓人不舒服的，不管它是好聞或難聞。他們的理想是沒有氣味，也沒有體毛，尤其是男性胸脯上的胸毛。甚至也不要頭髮，這從著名的時尚雜誌上就可以看得出來。至於青春少女，她們會以雷射永遠去除陰毛、腋毛、腿毛，有時甚至是去除下巴上的細毛。這種拒絕所有會讓人想起自己的動物天性的東西正符合了人類想讓時間不再往前推進的深沉慾望，好像這樣就可以阻擋衰老與死亡。個人主義引發出強大的自戀主義的文化表現，許多以販賣延遲衰老，和永保青春魅力這類夢想的商人利用了這種充滿焦慮的態度而大發利市。從這個角度來看，所有不管是臭還是香的氣味都會引發極度危險的訊號，因為氣味會引起大家對腐敗的恐懼，而沒有氣味則能抑制腐敗。

和美國比起來，相對顯得更愛享樂也比較不會心生罪惡感的今日歐洲則給了氣味表現的空間，包括在法國占有一席之地的氣味濃烈的乳酪，而其他國家的人卻對這樣的乳酪敬而遠之。不由分說地除去一切味道似乎不是歐洲人的理想選擇。在歐洲，香氛扮演了一個有意思的角色，尤其是在兩性的誘惑作用上，只是香氛得適應香味的流行隨時會改變。

我們可能認為香氛的發展到此已告終，不管是在美洲新大陸或是歐洲舊大陸；這樣想其實是忽略人類永恆的創造力了。最後，我在下結論時，很想以帶點嘲諷的口吻建議調香師稍微留意一下麝香味的動物性香氛（在過去這種香氛因男性征服者而取得了大勝利），以便在我們這個嗅覺表現千篇一律的標準化了的世界裡增添一點刺激，不排斥我們隸屬於動物的部分，不像大西洋彼岸的國家。而在最近，恰好在這一點上就有一件出人意表之事。在二〇一三年，有一家創設於加拿大多倫多的公司開始針對小眾開發獨特的香氛，這種新香氛和過去北美洲人所喜好的完全不同：這家「動物學家香氛公司」重新製造動物性香氛，希望在一九八〇年之後出生的新世代人類能夠喜歡[4]。一剛開始，這家公司的業務推行得並不順利，因為二〇一四年開始銷售的「海狸」配方被他們設定的客戶群認為太過濃烈。在二〇一六年，他們重新調整了海狸配方，讓它變得更加清爽，以增加吸引力：前調是以椴花、麝香、柑橘為主，心調是以海狸香、鳶尾花、香草為主，底調是以麝香、灰、雪松、龍涎香為主。這些被遺忘的氣味（從此是以化學合成品製成，並加入了花香、果香的傳統香味）的回歸，年輕的男女大眾會不會喜歡呢？不過，該公司後來迅速發展出更多樣配方的產品，正表示其產品的確引起了大眾的注意。在二〇一七年初，這家公司更推出了會讓人想起蝙蝠味的「蝙蝠」品牌香水，還有「麝貓」、「獼猴」、「熊貓」、「犀牛」、「蜂鳥」和「夜鶯」等多款香水。

在資本主義社會下動物性香氛日漸受到喜愛的跡象，使得美國人也嘗試投入這類香氛的開發行列。在紐約，有家香氛公司推出了「我的野獸」香水，另一家公司推出「瑞典人」香水，這兩款香水聞起來都有皮革味。此外，還有一款聞起來有麝貓香的香水，名為「精美的屍體」，一款聞起來有海狸香的香水，名為「莎樂美」。這兩款香水旨在喚醒我們心中最黑暗的慾望。有位女記者質疑道：被設定為客戶群的年輕新世代會不會因此在這科技當道、虛擬當道的世界中宣稱自己也具有動物性？針對這位女記者的提問，推出「瑞典人」香水的那家小型香氛公司的老闆直面而中肯地回應說，從這類香味中的確可以感受到其中帶有死亡的病態衝動。他又補充說，格拉斯城昔日是法國首要的香氛之城，同時也是首要的皮革之城，故而死亡的氣味和花朵的香味互相混同了起來[5]。

我們大可懷疑購買這類香水的北美洲人是否真的清楚意識到促使他們做出這種選擇的理由，不過他們倒是可能有意識地打破向來占有主流地位的無氣味傳統。總之，他們藉由對將性慾和某種動物性聯繫起來的氣味濃烈的香氛做出反應，而重新發現了一種徹底陌生的嗅覺感受。就像普魯斯特的瑪德蓮小蛋糕那樣，在嗅覺的記憶中自動編碼，這氣味濃烈的香氛會自動地召喚強烈的性慾，至少如同販售夢想的商家所播放的誘人廣告所呈現的那樣。在注意到美國的調香師和英語系的加拿大調香師之間有所差異時，我們應該抱怨還是高興呢？加拿大的調香師在調製香水時自然界是他們的直接參照系，至於美國的調香師則是為法國男性製造了刻板印象，認為他們充滿氣味，充滿愛情的慾望。「我的野獸」是直接從「動物」（Animalis）這個品牌獲得靈感，「動物」是自一九二〇年開始就在法國創設的一個香氛品牌，他們還製作了麝貓香、海狸香、麝香，和雲木香等香精。這種香精說來並不好聞，會讓人聯想到身體的氣味、流汗的氣味，和馬廄的氣味。必須將這種香精和其他香精混合使用，才能得到讓人不可抗拒的香水。「我的野獸」最新一款的香水也是一樣，也含有花香的香精，像是茉莉花、苦橙，以及廣藿香。這類香水可以說較為「文明」，讓人想起和誘惑相關之迷思，就像在美國走紅而極有魅力的法國演員莫里斯・謝瓦利埃所散發出來的誘惑力。調製這款香水的女調香師在一次訪問中談到這香水揭露了「我們的動物天性」，而且它在「美女與野獸」之間製造了張力。在她眼中，女性會認同自己是美女，使用這種香水的女性顧客（或者說深深被它吸引的受害人）一方面被它吸引，另一方面卻也排斥它。留給男人的就剩下「野獸」這個角色，當他噴灑香水時，他就化身為野獸，讓自己成為充滿費洛蒙的法國堂璜。亨利四世和拿破崙一世那句著名的叫喊，可以略微調整成「因為你不洗澡，我來了！」，而成為美國女性口中的叫喊。因為美國人根深柢固的成見就是認為法國男人是不大使用體香劑來消除異味的……

我們對資本主義超強的實力感到有些訝異，它可使原先讓人受不了的氣味轉而成為吸引人的氣味（一如臭鼬沛沛難聞的香味），至少對某些新世代的年輕人而言是如此。臭鼬沛沛是美國動畫中的一個角色，創始於一九四五年，並於一九四九年獲頒奧斯卡獎，長期受到觀眾的歡迎。臭鼬沛沛是美國人眼中滑稽化了的法國男人。臭鼬沛沛身上散發著難聞的氣味（臭鼬沛沛的英文是 Pepé le Pew，Pew 這個字可翻譯為「噁！」），在春天的巴黎街上，牠常騷擾自己有意追求的異性，試著以牠玩笑的態度，和難以模仿的腔調勾搭異性。在牠好幾次的求偶行動中明顯表現了美國人在氣味上的根深柢固的想法，譬如牠特意使用遮掩體味的體香劑來誘騙牠所追求的異性。動物性香氛的調香師在看到牠在自己身上噴滿科隆花露的那一集（一九五二年的《帥極了的小沛沛》）時，一定會認為自己有理由堅持調製動物性香氛。因為動物性香氛和牠身上天然的氣味一混合，會使得異性神魂顛倒。

但我們是否該因為這樣就認為，動物性香氛有一天會重新在這個快速面臨分裂的全球化的世界中成為主流？在這樣的世界裡，民族主義與民粹主義激發了到這時為止依然不尚氣味的年輕世代的戰士魂。但這還得在看得到豐厚利潤的情況下，才能促使香氛廠商將大量資本投資在動物性香氛上，以期這類受到抑制的香氛回到市場上。為此，他們必須說服許多潛在的客戶，讓他們相信這些產品能夠制止對文明衰頹的焦慮、對加速分解的社會聯繫的焦慮，以及對情愛關係深沉轉變的焦慮。也許在歐洲這種焦慮就沒那麼強？無論如何，在法國只有少少幾種香水重拾動物性香氛，像是在一九八〇年代盛極一時的「庫羅斯」（Kouros）和「膚之香」（Parfum de Peau），還有二〇一七年的「夫人」（Mad Madame）、「丹尼斯．杜蘭時裝」（Denis Durand Couture）、「處女」（Vierges）和「鬥牛士」（Toreros）。

★ ★ ★

具有雙向性的嗅覺是最簡單的感官警戒系統之一，也是最重要的感官警戒系統之一。因為從遠古時代開始，具有雙向性的嗅覺即在不斷地適應社會、文化的變遷下分辨生與死、危險與安全。只要人類沒變成機器人，嗅覺對他就是一種識別（或是適應）焦慮或歡愉情況的主要感官。為了在這個苦楚與歡樂交織的人生中前進，鼻子可不是不可或缺的嗎？

注釋

導論

1. Norbert Elias, *La Civilisation des mœurs*, Paris, Calmann-Lévy, 1973(1re éd. allemande, 1939).（譯按：諾爾博特・埃利亞斯，《風俗文明史》。）
2. 參見本書第一章。
3. Robert Muchembled, *L'Invention de l'homme moderne. Culture et sensibilité en France du XVe au XVIIIe siècle*, Paris, Hachette, «Pluriel», 1994, pp. 55-61, et ci-dessous, chapitre 3.（譯按：羅勃・穆尚布萊，《現代人的創發，法國十五到十八世紀的文化與感受性》，並參見本書第三章。）

第一章

1. Caroline Bushdid, Marcelo O. Magnasco, Leslie B. Vosshall, Andreas Keller, «Humans Can Discriminate More than 1 Trillion Olfactory Stimuli», *Science*, No 343, 2014, pp.1370-1372.（譯按：〈人類可以分辨超過一兆種氣味〉，《科學》期刊。）
2. Richard C. Gerkin, Jason B. Castro, «The Number of Olfactory Stimuli that Humans Can Discriminate is Stille

Unknown», eLife Research article, Neuroscience, 7 juillet 2015, http://dx.doi.org/10.7554/eLife.08127; Markus Meister, «On the Dimensionality of Odor Space», eLife Reseach article, Computational and systems biology, Neuroscience, 7 juillet 2015, http:// dx.doi.org/10.7554/eLife.07865.（譯按：此為兩篇評論文章的網路聯結。）

3. Anne-Sophie Barwich, «What is so Special about Smell? Olfaction as a Model Systeme in Neurobiology», *Postgraduate Medical Journal*, novembre 2015, http://dx.doi.org/10.1136/postgradmedj-2015-133249

4. Lavi Secundo, et al., «Individual Olfactory Perception Reveals Meaningful Non Olfactory Genetic Information», *Proceedings of the National Academy of Science of the United States of America*, vol. 112, no 28, 14 juillet 2015, pp.8750-8755.

5. Le début du mouvement est présenté par Alain Corbin, *Le Miasme et La Jonquille. L'odorat et l'imaginaire social. XVIIIe-XIXe siècles*, Paris, Aubier-Montaigne, 1986.

6. Sébastien Doucet, Robert Soussignan, Paul Sagot, Benoist Schaal, «The Secretion of Areolar (Montgomery's) Glands from Lactating Women Elicits Selective, Unconditional Responses in Neonates», 23 octobre 2009, http:// dx.doi.org/10.1371/journal.pone.007579.

7. Règlement (CE) no 1334/2008 du Parlement européen et du Conseil du 16 décembre 2008, relatif aux arômes et à certains ingrédients alimentaires possédant des propriétés aromatisantes, qui sont destinés à être utilisés dans et sur les denrées alimentaires.

8. Aurélie Biniek, *Odeurs et parfumes aux XVIe et XVIIe siècles*, mémoire de maîtrise inédit sous la direction de Robert Muchembled, université de Paris-Nord, 1998.

9. *Le Monde*, 17 septembre 2015.
10. Patrice Tran Ba Huy, «Odorat et histoire social», *Communications et langages*, vol.126, 2000, pp.84-107. Voir aussi A. Corbin, *op. cit.*, et Annick Le Guérer, *Les Pouvoirs de l'odeur*, Paris, François Bourin, 1998.
11. Robert Mandrou, *Introduction à la France moderne. Essai de psychologie historique*, 1500-1640, Paris, Albin Michel, rééd. 1998 (1re éd., 1961), pp. 76, 81.
12. Rachel Herz, *The Scent of Desire. Discovering our Enigmatic Sense of Smell*, New York, William Morrow (Harper Collins), 2007, pp.32-39, 183-186.
13. *Ibid.*, notamment pp. 53, 84 et Patrick Süskind, *Le Parfume*, Paris, Fayard, 1985.
14. R. Herz, *op. cit.*, p.33, 149-151; David Le Breton, *La Saveur du monde. Une anthropologie des sens*, Paris, Métailié, 2006, p.250 (bulle olfactive), 261 (excréments et urine).
15. Gesualdo M. Zucco, Benoist Schaal, Mats Olsson, Ilona Croy, Foreword by Richard J. Stevenson, *Applied Olfactory Cognition*, Frontiers Media S. A., Frontiers in Psychology, 2014, p. 15 (Ebook, site visité le 31 janvier 2017).
16. Voir l'article de Danielle Malmberg, dans Pascal Lardellier (dir.), *A fleur de peau. Corps, odeurs et parfums,* Paris, Berlin, 2003.
17. Joël Candau, *Mémoires et expériences olfactives. Anthropologie d'un savoir-faire sensoriel*, Paris, PUF, 2000,p.85.
18. Richard L. Doty, E. Leslie Cameron, «Sex Differences and Reproductive Hormone Influences on Human Odor Perception», *Physiology and Behavior*, vol. 97, 25 mai 2009, pp. 213-228.

19. 參見第四章。
20. R. Herz, *op. cit.*, pp. 149-151.
21. A. Le Guérer, *op. cit.*, pp. 254-260.
22. A. Corbin, *op. cit.*, pp. 249-250, citant les travaux de l'ethnologue Yvonne Verdier sur les froestiers du Châtillonnais au XXe siècle. On tenterait sûrement aujourd'hui d'étendre la proposition freudienne à la sexualité féminine. La théorie de Mauss est rapportée par Lucienne A. Roubin, *Le Monde des odeurs. Dynamique et fonctions du champ odorant*, Paris Méridiens Klincksieck et Cie, 1989, p. 237.
23. R. Herz, *op. cit.*, pp. 135-136.
24. Antonio R. Damasio, *Le Sentiment même de soi. Corps, émotion, conscience*. Paris, Odile Jacob, 1999 (coll. «Poches», 2002, p. 71).
25. I. Roubin, *op. cit.*, pp. 186, 206, 210-211, 241, 257, 262, 269.
26. Lydie Bodiou, Véronique Mehl (éd.) *Odeurs antiques*, Paris, Les Belles Lettres, 2011, pp. 80, 173, 228-229, 232-233.
27. P. Lardellier (dir.), *op. cit.*, pp. 99, 137.
28. Jean de Renou, *Le Grand dispensaire médicinal. Contenant cinq livres des institutions pharmaceutiques. Ensemble trois livres de la Matière Médicinale. Avec une pharmacopée, ou Antidotaire fort accompli*, traduit par Louys de Serres, Lyon, Pierre Rigaud, 1624, pp. 32-33.
29. Jason B. Castro, Arvind Ramanathan, Chakra S. Chennubhotla, «Categorical Dimensions of Human Odor Descriptor Space Revealed by Non-Negative Matrix Factorization», 18 septembre 2013, http://dx.doi.

org/10.1371/journal.pone.0073298.

30. «Les 10 catégories d'odeurs les plus répandues», *Le Huffington Post*, 20 septembre 2013: http://www.huffingtonpost.fr/2013/09/20/dix-categories-odeur-les-plus-rependues_n_3960728.html (site visité le 30 janvier 2017).

第11章

1. Dominique Laporte, Histoire de la merde, Paris, Christian Bourgeois, 1978, p. 74.
2. «Hommes, parfums et dieux», Le Courrier du musée de l'Homme, No 6, novembre 1980 (journal d'exposition).
3. Cité par Augustin Galopin, Le Parfum de la femme et le sens olfactif dans l'amour. Étude psycho-physiologique, Paris, Dentu, 1886, pp. 19-20.
4. D. Laporte, *op. cit.*, pp. 12-15, 40, s'illusionne en le fixant à 1539, date d'un édit royal français consacré au problème.
5. Jean-Pierre Leguay, «La laideur de la rue polluée à la fin du Moyen Âge: "*Immondicités, fiens et bouillons*" accumulés sur les chaussées des villes du royaume de France et des grands fiefs au XVe siècle», *Le Beau et le Laid au Moyen Âge*, Aix-en-Provence, Presses universitaires de Provence, 2000, pp. 301-317. Voir aussi, du même, *La Rue au Moyen Âge*, Rennes, Ouest-France, 1984, et *La Pollution au Moyen Âge dans le royaume de France et dans les grands fiefs*, Paris, Gisserot, 1999.
6. Nathalie Poiret, «Odeurs impures. Du corps humain à la Cité (Grenoble, XVIIIe-XIXe siècle)», *Terrain*, no 31, septembre 1998, pp. 89-102.

7. Jean Liébault, *Trois livres de l'embellissement et ornement du corps humain*, Paris, Jacques du Puys, 1582, p. 507.
8. Alfred Franklin, *La Vie privée d'autrefois. L'hygiène*, Paris, Plon, 1890, édite entièrement le texte, pp. 232-241.
9. Ouarda Aït Medjane, *Des maisons parisiennes: le Marais de 1502 à 1552. L'apport des inventaires après décès*, mémoire de maîtrise inédit, sous la direction de Robert Muchembled, université de Paris-Nord, 2007, pp. 139-141.
10. Alain Croix, *L'Âge d'or de la Bretagne, 1532-1675*, Rennes, Ouest-France, 1993, p. 306.
11. Cité par A. Biniek, *op. cit.*, pp. 45-46.
12. A. Franklin, *op. cit.*, pp. 71-72.
13. *Ibid.*, pp. 132-133.
14. Archives nationales (ci-après AN), Y 12 830, ordonnance de police du 26 juillet 1777.
15. Roger-Louis Guerrand, *Les Lieux, Histoire des commodités*, Paris, La Découverte, 1997, pp. 57-59; A. Franklin, *op. cit.*, appendice, pp. 34-35.
16. Gustave Brunet, *Correspondance complète de Madame, duchesse d'Orléans, née Princesse Palatine, mère du régent...*, Paris, Charpentier, 1857, t. 2, pp. 385-386.
17. J. de Renou, *Le Grand Dispensaire médicinal, op. cit.*, p.572.
18. Nicolas de Blégny, *Secrets concernant la beauté et la santé, pour la guérison de toutes les maladies et l'embellissement du corps humain*, Paris, Laurent d'Houry et veuve Denis Nion, t. 2, 1689.
19. Marie Meurdrac, *La Chymie charitable et facile en faveur des dames*, 3e édition, Paris, Laurent d'Houry, 1687, p.

309 (1re éd., 1666).

20. L. Kauffeisen, «Au temps de la Marquise de Sévigné. L'eau d'émeraude, l'essence d'urine et l'eau de millefleurs», *Bulletin de la Société d'histoire de la pharmacie*, vol. 16, 1928, pp. 162-165.

21. Polycarpe Poncelet, *Chimie du goût et de l'odorat*, Paris, Le Mercier, 1755, p. 295 (p. XIX-XXI, à propos de la théorie musicale).

22. Pierre-Denis Boudriot, «Essai sur l'ordure en milieu urbain à l'époque préindustrielle. Boues, immondices et gadoue à Paris au XVIIIe siècle», *Histoire, économies et sociétés*, t. 5, 1985, p. 524.

23. *Ibid.*, pp. 515-528; A. Franklin, *op. cit.*, pp. 156-157 et appendice, pp. 34-39.

24. Bernardino Ramazzini, *Essai sur les maladies des artisans*, traduit du latin [1700], avec des notes et additions, par Antoine-François de Fourcroy, Paris, Moutard, 1777, pp. 84, 113, 122, 133, 144-150, 161, 167, 171, 175, 182, 202, 270, 308-309, 448.

25. *Ibid.*, note 1, pp. 144-146.

26. Paul Brouardel, *La Mort et la mort subite*, Paris, J.-B. Baillière et fils, 1895, cite deux exemples, pp. 182-183.

27. La citation s'applique au XVIIIe siècle, dans N. Poiret, *art. cit.*, «S'enfuir à la campagne». Les clichés ruraux (la pièce unique était en effet rare, les immondices plutôt jetés sur le fumier) contrastent avec la grande qualité de l'étude urbaine.

28. Archives départementales du Nord (ci-après ADN), B 1820, fo 208 vo, 17 décembre 1651, Flers.

29. Voir l'enquête de L. Roubin sur le Haut-Verdon, signalée ci-dessus, chapitre premier.

30. A. Franklin, *op. cit.*, appendice, pp. 18-19.

31. ADN, B 1794, fo 245 vo-246 vo, 8 avril 1602, au cabaret à La Gorgue; B 1771, fo 13 vo-14 ro, vers 1550-1551, Éperlecques; B 1818, fo 31 ro-vo, 25 juin 1638, lieu indéterminé.
32. *Ibid.*, B 1800, fo 71 vo-72 ro, vers 1594, Montigny-en-Ostrevent; B 1799, fo 71 vo-72 ro, 1er septembre 1612, Gonnehem; B 1820, fo 94vo-95ro, 6 mai 1644, Annoeullin.
33. *Ibid.*, B 1741, fo 184 vo-185 vo, 1529, lieu indéterminé, près de la frontière entre l'Artois et la France.
34. Précisions et références dans Robert Muchembled, Hervé Bennezon, Marie-José Michel, *Histoire du grand Paris, de la Renaissance à la Révolution*, Paris, Perrin, 2009.

第三章

1. Erik Erikson, *Enfance et société*, Neuchâtel, Delachaux et Niestlé, 1959 (1re éd. américaine, 1950), p. 271.
2. Georges Vigarello, *Le Propre et le Sale. L'hygiène du corps depuis le Moyen Âge*, Paris, Seuil, 1985.
3. Robert Soussignan, Fayez Kontar, Richard-E. Themblay, «Variabilité et universaux au sein de l'espace perçu des odeurs: approches interculturelles de l'hédonisme affectif», dans Robert Dulau, Jean-Robert Pitte (dir.), *Géographie des odeurs*, Paris, L'Harmattan, 1998, p. 43.
4. H. Arthur Klein, *Graphic Worlds of Peter Bruegel the Elder*, New York, Dover Publications, 1963, pp. 103-105.
5. Mikhaïl Bakhtine, *L'OEuvre de François Rabelais et la culture populaire au Moyen Âge et sous la Renaissance*, Paris, Gallimard, 1970, pp. 178, 191, 354.
6. 讀者的人數雖然不明，但根據艾倫・維亞拉（Alain Viala）的估計，在一六六〇年時約有略少於八千到一萬名的法文讀者。Alain Viala, *Naissance de l'écrivain. Sociologie de la littérature à l'âge classique*, Paris,

Éditions de Minuit, 1985, pp. 132-133.

7. H. A. Klein, *op. cit.*, pp. 84-85, *Le Mercier pillé par les singes*. À propos de l'odeur plus forte des excréments humains, voir ci-dessus, chapitre 2, note 1, p. 46, et le conteur bourgeois Guillaume Bouchet, Les Serées, éd. par C. E. Roybet, Paris, A. Lemerre, 1873-1882, t. 3, p. 162.

8. Ambroise Paré, *Traicté de la peste, de la petite verolle et rougeole*, Paris, Gabriel Buon, 1580, pp. 30-31 (1re éd., 1568).

9. L. Roubin, *op. cit.*, p. 205 (enquête ethnographique dans le Haut-Verdon).

10. Pierre de Ronsard, *Les Amours*, éd. par Albert-Marie Schmidt, Paris, Le Livre de Poche, 1964, pp. 8, 48, 98, 154, 165, 181, 395.

11. Pierre de Ronsard, *Le Livret de folastries à Janot parisien*, Paris, veuve Maurice de la Porte, 1553, p. 15 (réimpression augmentée de pièces de l'édition de 1584, Paris, Jules Gay, 1862). 我就一些字的拼法做了調整，以利讀者閱讀。在這本書的多處地方都是如此處理。

12. Clément Marot, *Les Blasons anatomiques du corps féminin*, Paris, Charles l'Angelier, 1543. Disponible en ligne Les Bibliothèques Virtuelles Humanistes, www.bvh.univ-tours.fr/ Dans l'édition numérique, les citations qui suivent figurent pp. 66-67 (tétin), B 7 vo-B 8 vo (nez), 27 vo-28 vo (con), 28 vo-33 vo (cul), 37 ro-38 ro (pet).

13. M. Bakhtine, *op. cit.*, p. 34; Jean-Baptiste Porta, *La Physionomie humaine*, Rouen, Jean et David Berthelin, 1655 (éd. originale latine, 1586), pp. 154, 334.

14. Les deux restaurations sont signalées par Jori Finkel, «An Artist's Intentions (and Subjects) Exposed», *The New York Times*, 23 décembre 2015, p. C2.

15. ADN, B 1813, fo 114 vo, janvier 1635, lieu indéterminé des Pays-Bas espagnols.
16. Lucien Febvre, *Autour de L'*Heptaméron, *Amour sacré, amour profane*, Paris, Gallimard, 1944.
17. Marguerite de Navarre, *L'Heptaméron*, texte établi par Michel François (sur l'éd. de 1560), Paris, Garnier, 1996, pp. 334-336 et appendice p. 443.
18. Gabriel A. Pérouse, *Nouvelles françaises du XVIe siècle. Images de la vie du temps*, Genève, Droz, 1977, pp. 163-168.
19. *Ibid.*, pp. 29, 44-47, 63; Philippe de Vigneulles, *Les Cent Nouvelles nouvelles*, éd. par Charles H. Livingston, Genève, Droz, 1972, pp. 91-95 (no 15), 124-125 (no 23), 308-310 (no 80).
20. Erving Goffman, *La Mise en scène de la vie quotidienne*, t. 2, *Les Relations en public*, Paris, Édition de Minuit, 1973, pp. 58-65.
21. Bonaventure Des Périers, *Les Nouvelles Récréations et joyeux devis de feu Bonaventure Des Périers, valet de chambre de la royne de Navarre*, Lyon, R. Granjon, 1558.
22. G. A. Pérouse, *op. cit.*, pp. 146, 161, 176; *Les Comptes du monde aventureux*, éd. par Félix Frank, Genève, Slatkine, 1969, t. 2, pp. 30-36.
23. G. A. Pérouse, *op. cit.*, pp. 324, 413-414, 443.
24. [Étienne Tabourot, sieur des Accords], *Les Escraignes dijonnoises, composées par le feu sieur du Buisson*, 2e éd., Lyon, Thomas Soubron, 1592, pp. 87-91.
25. Noël du Fail, *Contes et discours d'Eutrapel*, réimpr. Par D. Jouaust, notice, notes et glossaire par C. Hippeau, Paris, Librairie des Bibliophiles, 1875, t. 1, pp. 135-136, 145; t. 2, pp. 14-16, 35-36, 240.

26. G. A. Pérouse, *op. cit.*, pp. 284-286.

27. *Ibid.*, pp. 381-385; R. Muchembled, *L'Invention de l'homme moderne*, op. cit., pp. 112-134.

28. 參見第七章，我會試著將這個奇怪的論點運用在法蘭西帝國於十八世紀因嗅覺革命而落入衰頹。而對了解我們這個時代政治上的災難，這個論點到底有沒有用處呢？

29. Verdun L. Saulnier «Étude sur Béroalde de Verville. Introduction à la lecture du *Moyen de Parvenir*», *Bibliothèque d'Humanisme et Renaissance*, t. 5, 1944, pp. 209-326.

30. François Béroalde de Verville, *Le Moyen de parvenir*, Paris, Anne Sauvage, 1616. Corrigé par Les Bibliothèques Virtuelles Humanistes, www.bvh.univ-tours.fr/, pp. 83, 196-197, 430-431, 492. Le nombre des mentions de mots dans l'ouvrage est calculé d'après cette édition numérique.

31. *Ibid.*, pp. 134, 180, 188, 357, 433.

32. Barbara C. Bowen, *Humour and Humanisme in the Renaissance*, Farnham, Ashgate, 2004, article XXI, «Il faut donner dedans...», pp. 107-115. Elle estime à environ 20% le nombre de pages sans mot «scandalisant».

33. F. Béroalde de Verville, op. cit., p.317. Protype de l'engeance anagogique 是否意味著「神聖物種（人）的原型」？décoché 是說失去了陰莖（公雞入了母雞）。在使用最後兩個互補的說法時，貝侯亞勒德也許是在嘲諷人文主義者雌雄同體的概念：分割為兩半，成了男人和女人。每個人都尋找著原來的男女合體，但這種融合只有在另一世才有可能。

34. *Ibid.*, p. 420: «petite éminence de clitoris».

35. *Ibid.*, pp. 164-165, 367, 541.

36. *Ibid.*, pp. 343, 405-406, 501. Seul le nom *faguenas* est attesté dans la 1re édition du dictionnaire de l'Académie

française (1694), au sens d'odeur fade et mauvaise sortant d'un corps malpropre et mal disposé.

37. *Ibid.*, pp. 22-24, 198-199. Une variante du XVIIIe siècle du conte des deux pets figure plus loin, note 1, p. 123.
38. *Ibid.*, pp. 83, 414, 445, 591.
39. G. Brunet, *op. cit.*, t. 2, pp. 385-386, donne le texte des deux missives (le début de la première est cité ci-dessus, chapitre 2, note 2, p. 53).
40. 參見第六章〈青春之泉〉提到的幾個例子。
41. Roger-Louis Guerrand, «Prolégomènes à une géographie des flatulences», dans R. Dulau, J.-R. Pitte (dir.), *op. cit.*, pp. 73-77.
42. *Contes immoraux de XVIIe siècle*, éd. Etablie par Nicolas Veysman, préface de Michel Delon, Paris, Robert Laffont, 2010, pp. 153-157, 1253-1254.
43. John G. Bourke, *Scatologic Rites of All Nations*, Washington (D. C.), W.H. Lowdermilk and Co, 1891.
44. Pierre-Thomas Hurtault, *L'Art de péter*, en Westphalie (Paris), chez Florent-Q. rue Pet-en-Gueule, au Soufflet, 1775, pp. 81-82, 100, 111-120.
45. *Contes immoraux*, *op. cit.*, p.1254.
46. Marc-André Bigard (professeur), Interview du 18 août 2011, reproduite dans «La chasse aux pets? Mission impossible...», *L'Information santé au quotidien*, destinqtionsante.com(site visité le 30 janvier 2017).

第四章

1. Pline l'Ancien, *Histoire naturelle*, livre VII, chap. 28, 23.

2. Cité par Diane Acherman, *A Natural Histoire of the Senses*, New York, Random House, 1990, p.21 (Sandor Ferenczi, Thalassa. Psychanalyse des origines de la vie sexuelle, Paris, Payot, 2002).
3. Levinus Lemnius, *Les Occultes Merveilles et secretz de nature*, Paris, Galiot du Pré, 1574, fo 155rO, 166vo.
4. *Ibid.*, fo 33 ro.
5. Sara Matthews-Grieco, *Ange ou diablesse. La représentation de la femme au XVIe siècle*, Paris, Flammarion, 1991.
6. Cholières, *Les Neuf Matinées du seigneur de Cholières*, Paris, Jean Richer, 1585, pp. 118-119, 168, 180, 195, 240, 242, 245.
7. Cholières, *Les Après Disnées du seigneur de Cholières*, Paris, Jean Richer, 1587, p.203.
8. Jean Liébault, *Thrésor des remèdes secrets pour les maladies des femmes*, Paris, Jacques du Puys, 1585, p. 548.
9. J. de Renou, *Les Œuvre pharmaceutiques du sr Jean de Renou... augmentées d'un tiers en cette seconde édition par l'auteur; puis traduites, embellies de plusieurs figures nécessaires à la cognoissance de la médecine et pharmacie, et mises en lumière par M. Louys de Serres*, Lyon, N. Gay, 1637, pp. 113, 191.
10. Louis Guyon, *Le Miroir de la beauté et santé corporelle*, Lyon, Claude Prost, 1643, t. I, pp. 725-726.
11. BNF, Estampes, OA 22, bobine Mœurs, M.142 280, «Les plaisirs de la vie».
12. BnF, Estampes, gravure par Jérémias Falk, «L'odorat», XVIIe siècle, Réserve QB-201(46)-Fol. Voir aussi les œuvres de Jan Pieterszoon Saenredam, Crispin Van Passe (il s'agit d'une version différente de celle commentée ci-dessus) et d'un anonyme au début du XVIe siècle, signalées par A. Biniek, op. cit., pp. 194-198.
13. Sylvia Ferino-Pagden (éd.), *I cinque sensi nell'arte. Immagini del sentire*, Centro culturale «Città di Cremona»

in San Maria della Pietà, Leonardo Arte, 1996, pp. 220-221. D'autres représentations de l'odorat, dont celle de Ripa, figurent dans l'ouvrage. De Hollande vient celle de l'homme à la pipe.

14. Sébastien Locatelli, *Voyage de France. Mœurs et coutumes françaises (1664-1665)*, trad. Par Adolphe Vautier, Paris, Alphonse Picard et fils, 1905, pp. 19, 240.

15. R. Muchembled, *L'Invention de l'homme moderne*, *op. cit.*, pp. 242-248.

16. Patricia Nagnan-Le Meillour, «Les phéromones: vertébrés et invertébrés», dans Roland Salesse, Rémi Gervais (dir.), *Odorat et goût. De la neurobiologie des sens chimiques aux applications*, Versailles, Editions Quae, 2012, p. 39.

17. Cholières, *Les Après Disnées*, *op. cit.*, p. 73.

18. Cité dans Fernand Fleuret et Louis Perceau, *Les Satires françaises du XVIe siècle*, Paris, Garnier frères, 1922, t. 1, p. 246 *sq*.

19. Montaigne, *Essai*, livre I, chap. 55, «Des senteurs».

20. Robert Muchembled, «Fils de Caïn, enfants de Médée: homicide et infanticide devant le parlement de Paris, 1575-1604», *Annales Histoire, Sciences sociales*, t. 62, 2007, pp. 1063-1094.

21. Robert Muchembled, *Passions de femmes au temps de la reine Margot, 1553-1615*, Paris, Seuil, 2003, pp. 221-234.

22. F.A.E. [Frère Antoine Estienne], *Remonstance charitable aux dames et damoyselles de France sur leurs ornemens dissolus*, Paris, Sébastien Nivelle, 4e éd. 1585, pp. 5, 8, 11, 14, 20-21 (le privilège d'imprimer date de 1570).

23. Philippe Bosquier, *Tragoedie nouvelle dicte Le Petit Razoir des ornemens mondains, en laquelle toutes les misères de nostre temps sont attribuées tant aux hérésies qu'aux ornemens superflus du corps*, Mons, Charles Michel, 1589 (Genève, Slatkine Reprints, 1970, pp. 50-52).
24. [Lambert Daneau], *Traité des danses* [Genève, François Estienne], 1579.
25. A. Paré, *op. cit.*, p. 48.
26. Loys Guyon, *Les Diverses Leçons*, Lyon, Claude Morillon, 1604, p. 138.
27. Jean Polman, *Le Chancre, ou couvre-sein féminin, ensemble le voile ou couvre-chef féminin*, Douai, Gérard Patté, 1635.
28. Pierre Juvernay, *Discours particulier contre la vanité des femmes de ce temps*, Paris, J. Mestais, 1635; réédité une troisième fois sous le titre *Discours particulier contre les femmes débraillées de ce temps*, Paris, Pierre Le Mur, 1637, pp. 56-57, 65-66, 86-87; puis comme *Discours particulier contre les filles et femmes mondaines découvrans leur sein et portant des moustaches* [longues mèches de cheveux pendant le long des joues], Paris, Jérémie Bouillerot, 1640, p. 87.
29. Claude Fleury, *Mœurs des chrétiens*, Paris, Veuve Gervais CLouzier, 1682.
30. Odet de Turnèbe, *Les Contents*, éd. par Norman B. Spector, Paris, Nizet, 1984, pp. 33-35.
31. 參看第六章。
32. J. de Renou, *Les Œuvre pharmaceutiques*, *op. cit.*, p. 190.
33. J. Liébault, *Trois Livres*, *op. cit.*, pp. 409, 516.
34. Pierre de Bourdeilles, seigneur de Brantôme, *Vie des dames galantes*, d'après l'édition de 1740, Paris, Garnier

frères, 1864. Ed. numérique, Projet Gutenberg non paginé.

35. Louis Gaufridy, *Confession faicte par messire Louys Gaufridi, prestre en l'église des Accoules à Marseille... à deux Pères capucins du couvent d'Aix, la veille de Pâques, le onziesme avril mil six cens onze*, Aix, Jean Tholozan, 1611.

36. Nicolas Barbelane, *Les Canards surnaturels, 1598-1630*, mémoire de maîtrise inédit, sous la direction de Robert Muchembled, université de Paris-Nord, 2000, p. 64 (documents originaux conservés à la BNF).

37. *Ibid.*, pp. 60-62, *Histoire prodigieuse d'un gentilhomme auquel le Diable s'est apparu, et avec lequel il a conversé sous le corps d'une femme morte*, BNF, Y2 42 478 (1613).

38. François de Rosset, *Les Histoires mémorables et tragiques de ce temps*, éd. [d'après celle de 1619] par Anne de Vaucher Gravili, Paris, Le Livre de Poche, 1994.

39. Jean-Pierre Camus, *L'Amphithéâtre sanglant*, éd. par Stéphan Ferrari, Paris, Honoré Champion, 2001, pp. 237-238.

40. 參見第五章提到鼠疫的部分。

41. P. de Bourdeilles, seigneur de Brantôme, *op. cit.*

42. Jacques Bailbé, «Le thème de la vieille femme dans la poésie satirique du XVIe et du début du XVIIe siècle», *Bibliothèque d'Humanisme et Renaissance*, t. 26, 1964, pp. 98-119. Les citations suivantes en sont extraites.

43. Robert Muchembled, *Une histoire du Diable, XIIe-XXe siècle*, Paris, Points Seuil, 2002, pp. 70-71. La gravure de Deutsch est conservée au Kupferstichkabinett de Berlin.

44. Agrippa d'Aubigné, *Œuvres*, éd. par Henri Weber, Paris, Gallimard, 1969, Ode XXIII du *Printemps*, pp. 311-

315.

45. Marianne Closson, *L'Imaginaire démoniaque en France (1550-1650). Genèse de la littérature fantastique*, Genève, Droz, 2000, pp. 126-127, 338-341, 344, pour les citations. De nombreux autres textes, notamment de Régnier et de Saint-Amant, développent des notions identiques.
46. Molière, *L'Etourdi*, acte V, scène 9.

第五章

1. A. Paré, *op. cit.*, pp. 3-9, 14, 21.
2. Antoine Mizauld, *Singuliers secrets et secours contre la peste*, Paris, Mathurin Breuille, 1562, pp. 6-14.
3. Bibliothèque municipale d'Arras (Pas-de-Calais), Ordonnances de police, BB 38, fo 126 ro-vo, 130 vo, 146 ro; BB 39, fo 48 vo; BB 40, fo 5ro-vo, 94 vo, 105 ro-106ro, 113 vo-114 ro, 119 ro, 150 ro-153 vo, 206 ro, 359 vo-360 ro, 380 vO.
4. A. Paré, *op. cit.*, pp. 51-54, 60.
5. Jean de Lampérière, *Traité de la peste, de ses causes et de la cure...*, Rouen, David du Petit Val, 1620, pp. 57, 127-129, 132-133.
6. Arnaud Baric, *Les Rares Secrets, ou remèdes incomparables, universels et particuliers, préservatifs et curatifs contre la peste...*, Toulouse, F. Boude, 1646, pp. 15-17.
7. 參見本書第六章。
8. Angélus Sala, *Traicté de la peste*, Leyde, G. Basson, 1617, pp. 32-33.

9. A. Mizauld, *op. cit.*, pp. 27-32.
10. Pierre Rainssant, *Advis pour se préserver et pour se guérir de la peste de cette année 1668*, Reims, Jean Multeau, 1668, pp. 30-31.
11. J. de Renou, *Les Œuvres pharmaceutiques*, *op. cit.*, pp. 362, 764 (1re éd. latine 1609).
12. O. de Turnèbe, *op. cit.*, p. 12.
13. J. de Renou, *Les Œuvres pharmaceutiques*, *op. cit.*, p. 266.
14. A. Mizauld, *op. cit.*, pp.16-57. La suite est consacrée aux soins aux malades. Voir p. 139, à propos de l'usage de l'urine par les Auvergnats.
15. L. Guyon, *Les Diverses Leçons*, *op. cit.*, p. 704.
16. Constance Classen, David Howes, Anthony synnott, *Aroma. The Cultural History of Smell*, Londres, Routledge, 1994, pp. 59, 71-72.
17. Oger Ferrier, *Remèdes préservatifs et curatifs de peste*, Lyon, Jean de Tournes, 1548, pp. 49-52.
18. J. de Lampérière, *op. cit.*, p. 152.
19. 參見前面第三章，注8、9，關於公山羊是屬於撒旦的動物的部分。
20. «Charles Delorme», dans la *Biographie universelle, ancienne et moderne (Michaud)*, nouvelle éd., Paris, A. Thoisnier Desplaces, t. 10, 1852, p. 345 et Salzmann, «Masque portés par les médecins en temps de peste», *Aesculape*, no 1, janvier 1932, pp. 5-14.
21. J. de Lampérière, *op. cit.*, pp. 409-411.
22. C. Classen, et al., *op. cit.*, p. 61.

23. J. Liébault, *Trois livres*, *op. cit.*, pp. 506, 513, 551.
24. M. Closson, *op. cit.*, p. 111.
25. M. Meurdrac, *op. cit.*, pp. 75, 261.
26. 參見第七章，注30。
27. Louyse Bourgeois, dite Boursier, *Recueil des secrets de*, Paris, Jean Dehoury, 1653, pp. 32-37 sur la peste.
28. A. Paré, *op. cit.*, pp. 44-47.
29. C. Fr. Bertrand, *Le Parfumeur impérial*, Paris, Brunot-Labbé, 1809, pp. 266, 275-276.
30. Kenelm Digby, *Remèdes souverains et secrets expérimentés de monsieur de chevalier Digby, chancelier de la reine d'Angleterre, avec plusieurs autres secrets et parfums curieux pour la conservation de la beauté des dames*, Paris, Cavelier, 1684, pp. 275-276; Barbe (le sieur), *Le Parfumeur françois*, Lyon, Thomas Amaulry, 1693, pp. 117, 124, 128, 130-131.
31. J. de Renou, *Le Grand Dispensaire médicinal*, *op. cit.*, pp. 16, 22, 147, 358, 365, 495-496, 555, 581, 894.
32. Victor Gay, Henri Stein, *Glossaire archéologique du Moyen Âge et de la Renaissance*, Paris, Société bibliotraphique, t. 2, 1928, pp. 155, 205-206, 254.
33. Reindert L. Falkenburg, «De duiven buiten beeld. Over duivelafwerende krachten en motieven in de beeldende kunst rond 1500», dans Gerard Rooijakkers, Lène Dresen-Coenders, Margreet Geerdes (éd.), *Duivelsbeelden: een ciltuurhistorische speurtocht door de Lage Landen*, Barn, Ambo, 1994, pp. 107-122.
34. André Chauvière, *Parfums et senteurs du Grand Siècle*, Lausanne, Favre, 1999, p. 21.
35. François-L. Bruel, «Deux inventaires de bagues, joyaux, pierreries et dorures de la reine Marie de Médicis (1609

ou 1610), *Archives de l'art français, nouvelle période*, t. II, 1908, pp. 204, 214.

36. Madeleine Jurgens (éd.), *Ronsard et ses amis. Documents du Minutier central des notaires de Paris*, Paris, Archives nationales, 1985, p. 234.
37. AN, ET VIII, 530, 27 avril 1557, inventaire après décès de Jean Binet, marchand gantier au Palais. Voir aussi Micheline Baulant, «Prix et salaires à Paris au xvie siècle. Sources et résultats», *Annales ESC*, t. 31, 1976, pp. 954-995.
38. L. Guyon, *Le Miroir*, *op. cit.*, t. 2, pp. 63-64.
39. N. de Blégny, *op. cit.*, t. 1, pp. 100-101, 110, 112-116 et t. 2, p. 16.

第六章

1. Annick Le Guérer, *Le Parfum, des origines à nos jours*, Paris, Odile Jacob, 2005, p. 133.
2. Barbe (le sieur), *op. cit.*, «au lecteur», non paginé.
3. Louis Lémery, *Traité des aliments*, 3e éd., Paris, Durand, 1755, notamment t. 1, d'où proviennent ces notations; p. 481 au sujet de l'ail et pp. 500-501 à propos de l'angélique.
4. Cité par A. Biniek, *op. cit.*, pp. 161-162.
5. A. Chauvière, *op. cit.*, p. 81 et N. de Blégny, *op. cit.*, t. 2, pp. 404, 408.
6. A. Biniek, *op. cit.*, pp. 97-109 (ouvrages de Pierre Erresalde, Nicolas Lémery, Nicolas de Blégny et anonyme de 1698).
7. L. Guyon, *Le Miroir*, *op. cit.*, t. 1, pp. 331-332.

8. Musée des Beaux-Arts de Lille.

9. Cité par A. Biniek, *op. cit.*, pp. 105-107, 110.

10. Paul Scarron, *L'Histoire ridicule ou la dame intéressée*, Paris, Toussant Quinet, 1650, acte V, scène 1.

11. N. de Blégny, *op. cit.*, t. 2, pp. 13, 386, 335-443, 470, 525, 531-534, 585, 621, 643.

12. A. Galopin, *op. cit.*, pp. 208-209. Née en 1579, Catherine-Henriette de Balzac d'Entragues était devenue favorite d'Henri IV en 1599. Il lui donna deux enfants légitimés et le rang de marquise de Verneuil.

13. Sylvie Clouzeau, *L'Art de paraître féminin au XVIIe siècle*, mémoire de DEA sous la direction de Robert Muchembled, Université de Paris-Nord, 2002, pp. 67, 73-74 et documents 7, 11 (costumes féminins).

14. [Marie de Romieu], *Instructions pour les jeunes dames*, Lyon, Jean Dieppi, éd. de 1573, pp. 28-29.

15. Barbe (le sieur), *op. cit.*, «au lecteur», «remarques» initiales et «avertissement» sur les compositions évoquées.

16. J. Liébault, *Thrésor des remèdes*, *op. cit.*, pp. 577-578.

17. L. Guyon, Le Miroir, *op. cit.*, t. 1, p. 60. Il en dit aussi de l'encens, du myrrhe, de la menthe, de la sauge, du safran et du storax.

18. D. Ackerman, *op. cit.*, pp. 12-14.

19. A. Biniek, *op. cit.*, pp. 133-147, propose une excellente synthèse du sujet et commenté finement les statuts de 1656.

20. AN, ET XIII, 15, 19 avril 1632, cite Annibal Basgapé. AN, O1 31, fo 9 vo, 1686, Pierre Le Lièvre; O1 84, fo 172 ro, 1740, Claude Le Lièvre; O1 94, fo 22 ro, 1er février 1750, Élie-Louis Le Lièvre.

21. *Habit de parfumeur*, Paris, musée Carnavalet. Il existe aussi une estampe coloriée de l'œuvre, datée de 1700

environ（圖23）, peut-être due à Nicolas Bonnart (1637 ?-1718).

22. Barbe (le sieur), *op. cit.*, pp. 76-87.

23. A. Biniek, *op. cit.*, pp. 149-161.

24. G. Vigarello, *op. cit.*

25. AN ET CXXII, 3, 7 mars 1514 (n. st.), inventaire après décès (désormais: IAD) de Jean Eschars, marchand épicier et apothicaire; ET XXXIII, 6, 5 mai 1522, IAD Robert Calier, marchand apothicaire.

26. Une alcoolat de mélisse et de lavande venait de Narbonne au milieu du XVIe siècle. Il est appelé eau de carmes au début du XVIIe siècle, ou encore eau de citronnelle. Dejean, *Traité de la distillation*, Paris, Guillyn, 3e éd., 1769, p. 143.

27. AN, ET VIII, 530, 27 avril 1557, IAD Jean Binet, marchand gantier. Le livre vaut 20 sous, le sou 12 deniers. On se souvient que le manœuvre du bâtiment gagne environ 6 sous par jour: voir ci-dessus, chapitre 5, note 1, p. 208, ainsi qu'au sujet des pommes de senteur.（一法鎊等於二十蘇，一蘇等於十二德尼耶。我們前面提過一個建築工人一天賺六蘇。參見第五章注37，並見談論小香盒的部分）。

28. AN, ET C, 105, 10 avril 1549 (n. st.), IAD Guillaume Degrain. Une fontaine miraculeuse dédiée à Notre-Dame existe toujours à Moliets, dans les Landes. S'agit-il de son eau sulfureuse, censée guérir les maladies de peau?（在法國朗德省莫里耶〔moliets〕向來有奉獻給聖母的奇蹟之泉。文中所稱的莫里耶花露是否即這種被認為是可以治癒皮膚病的硫磺水？）

29. AN, ET XXV, 148, 5 novembre 1613, IAD Dominique Prévost, marchand parfumeur.

30. Robert Muchembled, *La Société policée. Politique et politesse en France du XVIe au XXe siècle*, Paris, Seuil,

1998, pp. 110-120.

31. AN, ET XXXV, 240, 20 juin 1631, IAD de l'épouse de Pierre Francoeur, parfumeur et valet de chambre du roi.
32. AN, ET VII, 25, 15 juillet 1636, IAD Antoine Godard, marchand gantier parfumeur.
33. Barbe (le sieur), *op. cit.*, pp. 93-113.
34. Massinger, traduit par Ernest Lafond, Paris, J. Hetzel, 1864, p. 172.
35. AN, ET CXIII, 13, 4 juin 1641, IAD Nicolas Rousselet, gantier parfumeur; ET XXVI, 85, 5 septembre 1642, IAD Charles Mersenne, marchand parfumeur; ET XXIV, 431, 14 avril 1649, IAD Pierre Courtan, marchand.
36. Charles Sorel, sieur de Souvigny, *Les Loix de la galanterie*, dans *le Recueil des pièces les plus agréables de ce temps*, Paris, Nicolas de Sercy, 1644.
37. P. S. Girard, «Recherches sur les établissments de bains publics à Paris depuis le IVe siècle jusqu'à présent», *Annales d'hygiène publique et de médecine légale*, t. 7, 1re partie, 1832, p. 34.
38. AN, LIV, 794, 21 juin 1735, IAD Jean-Baptiste Douaire, marchand gantier parfumeur.
39. Stanis Pérez, «L'eau de fleur d'oranger à la cour de Louis XIV», *Corps parés, corps parfumés, dans Artefact. Techniques, histoire et sciences humaines*, no 1, Paris, CNRS, 2013, pp. 107-125.
40. A. Chauvière, *op. cit.*, pp. 80, 96, 140, 148-150.
41. J. de Renou, *Les Œuvres pharmaceutiques*, *op. cit.*
42. M. Meurdrac, *op. cit.*, pp. 327-328 pour l'eau de talc et p. 366 pour l'eau de fleur d'oranger dans la pommade pour les mains.
43. Nicolas Lémery, *Recueil de curiositez rares et nouvelles*, Lausanne, David Gentil, t. 1, 1681; de même, *Recueil*

de curiositez rares et nouvelles... avec de beaux secrets gallans, Paris, Pierre Trabouillet, 1686, pp. 156-159.

44. Barbe (le sieur), *op. cit.*, pp. 99-108.
45. J. D. B. [Jean de Bussières], *Les Descriptions poétiques*, Lyon, Jean Baptiste Devenet, 1649, pp. 11-18.
46. 參見注27。

第七章

1. Wolfgang Schivelbusch, *Histoire des stimulants*, Paris, Le Promeneur, 1991.
2. A. Corbinm, *op. cit.*, pp. 65-70.
3. J. G. Bourke, *op. cit.*, p. 341.
4. Dejean [Antoine Hornot, dit] *Traité des odeurs*, Paris, Nyon, 1764, pp. 4-5, 26-28, 82-83, 91-92, 105, 108, 120-122, 424. Lorsque des références plus précises ne sont pas fournies, se reporter à la table finale très détaillée de ce traité.
5. C. Classen, D. Howes, A. Synnott, *op. cit.*, p. 73, choisissent la fin du XVIIIe siècle comme origine de cette révolution des odeurs.
6. Eugénie Briot, «Jean-Louis Fargeon, fournisseur de la cour de France: art et techniques d'un parfumeur du XVIIIe siècle», *Corps parés, corps parfumés, dans Artefact. Techniques, histoire et sciences humaines*, no 1, Paris, CNRS, 2013, pp. 167-177.
7. 參見隨後「動人的臉龐」的章節。
8. Barbe (le sieur), *op. cit.*, pp. 87-89.

9. Dejean, *op. cit.*, pp. 475, 485-505.
10. Louis Courajod (éd.), *Livre-journal de Lazare Duvaux, marchand bijoutier ordinaire du roi*, 1748-1758, Paris, Société des bibliophiles français, 1873, t. 2, p. 120.
11. Dejean, *op. cit.*, p. 16.
12. *Ibid*, pp. 138, 184, 190.
13. *Ibid.*, pp. 246-255, 294-303.
14. *Vigée Le Brun*, catalogue d'exposition, éd. par Joseph Baillio, Katharine Baetjer, Paul Lang, New York, The Metropolitan Museum of Art, 2016, p. 120. «Madame Royale et le dauphin assis dans un jardin», en 1784, sont maquillés de la même manière, p. 100. Au sujet des hommes, voir p. 59 (le frère de l'artiste en 1773), p. 104 (Calonne en 1784，圖21).
15. Dejean, *op. cit.*, pp. 220-246, 445-446, 468-475.
16. *Ibid.*, pp. 256-264, 336-423.
17. Barbe (le sieur), *op. cit.*, avertissement non paginé, «sur les pommades parfumées aux fleurs», et pp. 39-41.
18. Dejean, *op. cit.*, pp. 423-444.
19. Cité par Alfred Franklin, *La Vie privée d'autrefois. Les magasins de nouveautés*, Paris, Plon, 1895, pp. 96-99.
20. Dejean, *op. cit.*, pp. 457-458.
21. Denis Diderot, *Œuvres complètes*, éd. Jules Assézat, Paris, Garnier, t. 1, 1875, *Lettre sur les sourds et muets*, p. 422.
22. S. Ferino-Pagden, *op. cit.*, pp. 258-259.

23. *Corps parés, corps parfumés*, *op. cit.*, pp. 225-226, avec reproductions des objets.
24. *Le jeune homme instruit en amour*, Paphos [Paris], 1764.
25. *Vigée Le Brun*, *op. cit.*, p. 89.
26. Dejean, *op. cit.*, pp. 303-331.
27. P. Süskind, *op. cit.*
28. AN, ET XXVIII, 594, 25 Pluviôse an VIII, IAD André-Michel-Roch Briard, marchand parfumeur.
29. *Vigée Le Brun*, *op. cit.*, p. 236-237.
30. C. Fr. Bertrand, *Le Parfumeur impérial, ou l'art de préparer les odeurs*..., Paris, Brunot-Labbé, 1809. Table détaillée et utile liste alphabétique des substances. Sur les vinaigres de toilette, pp. 266, 275-276.
31. *Ibid.*, pp. 46-49.
32. *Ibid.*, pp. 137, 190, 198, 202-204, 230-232.
33. *Ibid.*, p. 319 et index, à «civette».
34. *Ibid.*, pp. 119-120 sur l'eau de Cologne.
35. AN, ET XLI, 795, 23 novembre 1807, IAD 尚－法蘭斯華．胡畢岡，香水商。據我所知，這庫存的資料並沒有做得很詳盡，所以我在這裡只提到大要。
36. AN, ET XXVIII, 656, 5 mai 1810, IAD Jean-Baptiste-Alexandre Briard, marchand parfumeur en gros.
37. C. Fr. Bertrand, *op. cit.*, liste des substances, à «civette».

結語

1. 在我們這個年代並不是如此，這似乎和巴斯卡・拉德里耶的說法不同。他的說法參見 P. Lardellier (dir.), *op. cit.*, p. 12.
2. 參見第三章注13。
3. C. Fr. Bertrand, *op. cit.*, pp. 279-280, sur l’épilation à la cire.
4. http://www.zoologistperfumes.com.
5. Rachel Syme, «Do I smell a bat ? Oh, it’s you», *The New York Times*, 27 octobre 2016, p. D5.

資料來源與參考書目

手抄本的主要資料來源

國家檔案博物館

Inventaires après décès (IAD), extraits du Minutier central des notaires de Paris

(Un chiffre romain après ET indique le numéro de l’étude; vient ensuite celui du dossier)

- ET CXXII, 3, 7 mars 1514 (n. st.), Jean Eschars, marchand épicier et apothicaire.
- ET XXXIII, 6, 5 mai 1522, Robert Calier, marchand apothicaire.
- ET XXXIII, 2, 10 juillet 1528, Geoffroy Cocheu, apothicaire.
- ET VIII, 530, 27 avril 1557, Jean Binet, marchand gantier.
- ET C, 105, 10 avril 1549 (n. st.), Guillaume Degrain, gantier parfumeur.
- ET VIII, 426, 18 septembre 1581, Nicolas Lefebvre, gantier.
- ET XXIV, 148, 5 novembre 1613, Dominique Prévost, marchand parfumeur.
- ET XXXV, 240, 20 juin 1631, épouse de Pierre Francoeur, parfumeur et valet de chambre du roi.
- ET VII, 25, 15 juillet 1636, Antoine Godard, marchand gantier parfumeur.

- ET XLIX, 304, 12 février 1637, David Nerbert, parfumeur gantier.
- ET CXIII, 13, 4 juin 1641, Nicolas Rousselet, gantier parfumeur.
- ET XXVI, 85, 5 septembre 1642, Charles Mersenne, marchand parfumeur.
- ET XXVI, 85, 19 février 1644, Pierre Berger, maître apothicaire.
- ET XXIV, 431, 14 avril 1649, Pierre Courtan, marchand «à la Croix de Lorraine».
- ET I, 133, 14 juin 1659, Louis Le Clerc.
- ET XV, 383, 3 avril 1702, Nicolas Delaporte, marchand gantier parfumeur.
- ET LIV, 794, 21 juin 1735, Jean-Baptiste Douaire, marchand gantier parfumeur.
- ET XXXVIII, 317, 6 juillet 1750, épouse de Jean Poittevin, gantier.
- ET XXVIII, 594, 25 Pluviôse an VIII (14 février 1800), André- Michel-Roch Briard, marchand parfumeur.
- ET XLI, 795, 23 novembre 1807, Jean-François Houbigant, marchand parfumeur.
- ET XXVIII, 656, 5 mai 1810, Jean-Baptiste-Alexandre Briard, marchand parfumeur en gros.

加萊海峽省，亞哈斯市立圖書館

Registres des ordonnances de police de la ville d'Arras

- BB 38 et 39 (fin du xive siècle et xve siècle).
- BB 40 (xvie et xviie siècles).

印刷品資料來源

- Aubigné, Agrippa d', *OEuvres,* éd. par Henri Weber, Paris, Gallimard, 1969.
- Barbe (le sieur), *Le Parfumeur françois,* Lyon, Thomas Amaulry, 1693.
- Baric, Arnaud, *Les Rares secrets, ou remèdes incomparables, universels et particuliers, préservatifs et curatifs contre la peste...,* Toulouse, F. Boude, 1646.
- *Bastiment des receptes, contenant trois petites parties de receptaires. La première traicte de diverses vertus et proprietez des choses. La seconde de diverses sortes d'odeurs et composition d'icelles. La tierce comprend aucuns secrets médicinaux propres à conserver la santé...,* Poitiers, Jacques Bouchet, 1544.
- Béroalde de Verville, François, *Le Moyen de parvenir*, Paris, Anne Sauvage, 1616. Corrigé par Les Bibliothèques Virtuelles Humanistes, www.bvh.univ-tours.fr/
- Béroalde de Verville, François, *Le Moyen de parvenir (1616)*, éd. par Michel Jeanneret et Michel Renaud, Paris, Gallimard, 2006.
- Bertrand, C. Fr., *Le Parfumeur impérial, ou l'art de préparer les odeurs...,* Paris, Brunot-Labbé, 1809.
- Blégny, Nicolas de, *Secrets concernant la beauté et la santé, pour la guérison de toutes les maladies et l'embellissement du corps humain,* Paris, Laurent d'Houry et veuve Denis Nion, 1688-1689, 2 vol.
- Bonnaffé, Edmond, *Inventaire des meubles de Catherine de Médicis en 1589,* Paris, Auguste Aubry, 1874.
- Bosquier, Philippe, *Tragoedie nouvelle dicte Le Petit Razoir des ornemens mondains, en laquelle toutes les misères de nostre temps sont attribuées tant aux hérésies qu'aux ornemens superflus du corps,* Mons, Charles Michel, 1589 (Genève, Slatkine Reprints, 1970).

- Bourgeois, Louyse, dite Boursier, *Recueil des secrets de*, Paris, Jean Dehoury, 1653.
- Brantôme, Pierre de Bourdeilles, seigneur de, *Vie des dames galantes*, d'après l'édition de 1740, Paris, Garnier frères, 1864. Éd. numérique, Project Gutenberg, non paginé.
- Bruel, François-L., «Deux inventaires de bagues, joyaux, pierreries et dorures de la reine Marie de Médicis (1609 ou 1610)», *Archives de l'art français, nouvelle période,* t. II, 1908, p. 186-215.
- Brunet, Gustave, *Correspondance complète de Madame, duchesse d'Orléans, née Princesse Palatine, mère du régent...,* Paris, Charpentier, 1857, 2 vol.
- Camus, Jean-Pierre, *L'Amphithéâtre sanglant,* éd. par Stéphan Ferrari, Paris, Honoré Champion, 2001.
- Cholières, *Les Neuf matinées du seigneur de Cholières*, Paris, Jean Richer, 1585.
- Cholières, *Les Après Disnées du seigneur de Cholières*, Paris, Jean Richer, 1587.
- *Comptes du monde aventureux* (*Les*), éd. par Félix Frank, Genève, Slatkine, 1969, 2 vol.
- *Contes immoraux du xviiie siècle,* éd. établie par Nicolas Veysman, préface de Michel Delon, Paris, Robert Laffont, 2010.
- Courajod, Louis (éd.), *Livre-journal de Lazare Duvaux, marchand bijoutier ordinaire du roi, 1748-1758*, Paris, Société des bibliophiles français, 1873.
- Courtin, Antoine de, *Nouveau traité de la civilité qui se pratique en France parmi les honnestes gens,* Paris, H. Josset, 1671.
- [Daneau, Lambert], *Traité des danses*, [Genève, François Estienne], 1579.
- Dejean [Hornot, Antoine, dit], *Traité raisonné de la distillation,* Paris, Guillyn, 3e éd., 1769 (1re éd., 1753).

- Dejean [Hornot, Antoine, dit], *Traité des odeurs*, Paris, Nyon, 1764.
- Diderot, Denis, *OEuvres complètes,* éd. Jules Assézat, Paris, Garnier, 1875, t. 1.
- Digby, Kenelm, *Remèdes souverains et secrets expérimentés de monsieur le chevalier Digby, chancelier de la reine d'Angleterre, avec plusieurs autres secrets et parfums curieux pour la conservation de la beauté des dames,* Paris, Cavelier, 1684.
- Du Fail, Noël, *Contes et discours d'Eutrapel,* réimpr. par D. Jouaust, notice, notes et glossaire par C. Hippeau, Paris, Librairie des Bibliophiles, 1875, 2 vol.
- Duret, Jean, *Advis sur la maladie*, Paris, Claude Morel, 1619.
- Erresalde, Pierre, *Nouveaux remèdes éprouvés, utiles et profitables pour toutes sortes de maladies; comme aussi pour se garantir de la peste*, Paris, Jean-Baptiste Loyson, 1660.
- F. A. E. [Frère Antoine Estienne], *Remonstance charitable aux dames et damoyselles de France sur leurs ornemens dissolus*, Paris, Sébastien Nivelle, 4e éd., 1585 (le privilège d'imprimer date de 1570).
- Faret, Nicolas, *L'Honnête homme ou l'art de plaire à la Cour*, Paris, T. du Bray, 1630.
- Ferrier, Oger, *Remèdes préservatifs et curatifs de peste*, Lyon, Jean de Tournes, 1548.
- Firenzuola, Agnolo, *Discours sur la beauté des dames,* Paris, Abel L'Angelier, 1578 (éd. italienne, 1548).
- Fitelieu, Antoine de, *La Contre-Mode,* Paris, Louis de Heuqueville, 1642.
- Fleuret, Fernand, Louis Perceau, *Les Satires françaises du xvie siècle,* Paris, Garnier frères, 1922, 2 vol.
- Fleury, Claude, *Moeurs des chrétiens,* Paris, veuve Gervais Clouzier, 1682.
- Franklin, Alfred, *La Vie privée d'autrefois. L'hygiène*, Paris, Plon, 1890.

- Franklin, Alfred, *La Vie privée d'autrefois. Les magasins de nouveautés*, Paris, Plon, 1895.
- Gaufridy, Louis, *Confession faicte par messire Louys Gaufridi, prestre en l'église des Accoules à Marseille... à deux Pères capucins du couvent d'Aix, la veille de Pâques, le onziesme avril mil six cens onze*, Aix, Jean Tholozan, 1611.
- Guyon, Loys, *Les Diverses leçons*, Lyon, Claude Morillon, 1604.
- Guyon, Loys, *Le Miroir de la beauté et santé corporelle*, Lyon, Claude Prost, 1643, 2 vol.
- Hurtault, Pierre-Thomas, *L'Art de péter*, En Westphalie [Paris], Chez Florent-Q, rue Pet-en-Gueule, au Soufflet, 1775 [1re éd. sans nom d'auteur, 1751].
- J. D. B. [Jean de Bussières], *Les Descriptions poétiques*, Lyon, Jean-Baptiste Devenet, 1649.
- *Jeune homme instruit en amour (Le)*, Paphos [Paris], 1764.
- Jurgens, Madeleine (éd.), *Ronsard et ses amis. Documents du Minutier central des notaires de Paris*, Paris, Archives nationales, 1985.
- Juvernay, Pierre, *Discours particulier contre la vanité des femmes de ce temps*, Paris, J. Mestais, 1635; 3e édition, sous le titre *Discours particulier contre les femmes débraillées de ce temps*, Paris, Pierre Le Mur, 1637; republié comme *Discours particulier contre les filles et femmes mondaines découvrans leur sein et portant des moustaches* [longues mèche de cheveux pendant le long des joues], Paris, Jérémie Bouillerot, 1640 (réimpr. Genève, Gay et fils, 1867).
- Lampérière, Jean de, *Traité de la peste, de ses causes et de la cure...*, Rouen, David du Petit Val, 1620.
- Lémery, Louis, *Traité des aliments*, 3e éd., Paris, Durand, 1755, 2 vol.

- Lémery, Nicolas, *Recueil de curiositez rares et nouvelles*, Lausanne, David Gentil, 1681, t. 1.
- Lémery, Nicolas, *Recueil de curiositez rares et nouvelles... avec de beaux secrets gallans*, Paris, Pierre Trabouillet, 1686.
- Lemnius, Levinus (Levin Lemne), *Les Occultes Merveilles et secretz de nature*, Paris, Galiot du Pré, 1574 (1re éd. latine, 1559; 1re éd. française, 1566).
- Liébault, Jean, *Trois livres de l'embellissement et ornement du corps humain,* Paris, Jacques du Puys, 1582.
- Liébault, Jean, *Thrésor des remèdes secrets pour les maladies des femmes*, Paris, Jacques du Puys, 1585.
- Locatelli, Sébastien, *Voyage de France. Moeurs et coutumes fran*çaises (1664-1665), trad. par Adolphe Vautier, Paris, Alphonse Picard et fils, 1905.
- Marot, Clément, *Les Blasons anatomiques du corps féminin*, Paris, Charles L'Angelier, 1543.
- Massinger, traduit par Ernest Lafond, Paris, J. Hetzel, 1864.
- Meurdrac, Marie, *La Chymie charitable et facile en faveur des dames,* Paris, Laurent d'Houry, 1687 (1re éd., 1666; réimpr. Paris, CNRS, 1999).
- Mizauld, Antoine, *Singuliers secrets et secours contre la peste*, Paris, Mathurin Breuille, 1562.
- Navarre, Marguerite de, *L'Heptaméron*, texte établi par Michel François (sur l'éd. de 1560), Paris, Garnier, 1996.
- Nostredame, Michel de, *Excellent et moult utile opuscule à touts nécessaire qui désirent avoir cognoissance de plusieurs exquises receptes, divisé en deux parties. La première traicte de diverses façons de fardemens et senteurs pour illustrer et embellir la face...,* Lyon, Antoine Volant, 1555.
- Paré, Ambroise, *Traicté de la peste, de la petite verolle et rougeole*, Paris, Gabriel Buon, 1580 (1re éd., 1568).

- Périers, Bonaventure Des, *Les Nouvelles récréations et joyeux devis de feu Bonaventure Des Périers, valet de chambre de la royne de Navarre*, Lyon, R. Granjon, 1558.
- Polman, Jean, *Le Chancre, ou couvre-sein féminin, ensemble le voile, ou couvre-chef féminin*, Douai, Gérard Patté, 1635.
- Poncelet, Polycarpe, *Chimie du goût et de l'odorat*, Paris, Le Mercier, 1755.
- Porta, Jean-Baptiste, *La Physionomie humaine*, Rouen, Jean et David Berthelin, 1655 (éd. originale, 1586).
- Quignard, Pierre, *Blasons anatomiques du corps féminin,* Paris, Gallimard, 1982.
- Rainssant, Pierre, *Advis pour se préserver et pour se guérir de la peste de cette année 1668,* Reims, Jean Multeau, 1668.
- Ramazzini, Bernardino, *Essai sur les maladies des artisans*, traduit du latin [1700], avec des notes et des additions, par Antoine- François de Fourcroy, Paris, Moutard, 1777.
- Règlement (CE) n° 1334/2008 du Parlement européen et du Conseil du 16 décembre 2008, relatif aux arômes et à certains ingrédients alimentaires possédant des propriétés aromatisantes, qui sont destinés à être utilisés dans et sur les denrées alimentaires.
- René, François [Étienne Binet, prédicateur], *Essai des merveilles de la nature*, Paris, 1621.
- Renou, Jean de, *Le Grand dispensaire médicinal. Contenant cinq livres des institutions pharmaceutiques. Ensemble trois livres de la matière médicinale. Avec une pharmacopée, ou antidotaire fort accompli,* traduit par Louys de Serres, Lyon, Pierre Rigaud, 1624.
- Renou, Jean de, *Les OEuvres pharmaceutiques du sr Jean de Renou... augmentées d'un tiers en cette seconde*

édition par l'auteur; puis traduites, embellies de plusieurs figures nécessaires à la cognoissance de la médecine et pharmacie, et mises en lumière par M. Louys de Serres, Lyon, N. Gay, 1637 (1re éd. latine, 1609).
- Rivault, David, *L'Art d'embellir,* Paris, Julien Bertault, 1608.
- [Romieu, Marie de, attribué à], *Instructions pour les jeunes dames*, Lyon, Jean Dieppi, 1573.
- Ronsard, Pierre de, *Le Livret de folastries à Janot parisien,* Paris, veuve Maurice de la Porte, 1553 (réimpression, augmentée de pièces de l'édition de 1584, Paris, Jules Gay, 1862).
- Ronsard, Pierre de, *Les Amours*, éd. par Albert-Marie Schmidt, Paris, Le Livre de Poche, 1964.
- Rosset, François de, *Les Histoires mémorables et tragiques de ce temps*, éd. [d'après celle de 1619] par Anne de Vaucher Gravili, Paris, Le Livre de Poche, 1994.
- Sala, Angélus, *Traicté de la peste, concernant en bref les causes et accidents d'icelle, la description de plusieurs excellents remèdes, tant pour se préserver de son infection, que pour guérir les pestiferez,* Leyde, G. Basson, 1617.
- Scarron, Paul, *L'Héritier ridicule ou la dame intéressée,* Paris, Toussaint Quinet, 1650.
- Sorel, Charles, sieur de Souvigny, *Les Loix de la galanterie*, dans le *Recueil des pièces les plus agréables de ce temps*, Paris, Nicolas de Sercy, 1644.
- [Tabourot, Étienne, sieur des Accords], *Les Escraignes dijonnoises, composées par le feu sieur du Buisson*, 2e éd., Lyon, Thomas Soubron, 1592.
- Turnèbe, Odet de, *Les Contents,* éd. par Norman B. Spector, Paris, Nizet, 1984.
- Vigneulles, Philippe de, *Les Cent Nouvelles nouvelles*, éd. avec une introd. et des notes par Charles H.

Livingston, avec le concours de Françoise R. Livingston et Robert H. Ivy Jr., Genève, Droz, 1972.

精選參考書目

- Ackerman, Diane, *A Natural History of the Senses*, New York, Random House, 1990 (trad. française, *Le Livre des sens*, Paris, Grasset, 1990).
- Aït Medjane, Ouarda, *Des maisons parisiennes : le Marais de 1502 à 1552. L'apport des inventaires après décès*, mémoire de maîtrise inédit, sous la direction de Robert Muchembled, université de Paris-Nord, 2007.
- Albert, Jean-Pierre, *Odeurs de sainteté. La mythologie chrétienne des aromates*, Paris, Éditions de l'EHESS, 1990.
- Bailbé, Jacques, «Le thème de la vieille femme dans la poésie satirique du xvie et du début du xviie siècle», *Bibliothèque d'Humanisme et Renaissance*, t. 26, 1964, p. 98-119.
- Bakhtine, Mikhaïl, *L'OEuvre de François Rabelais et la culture populaire au Moyen Âge et sous la Renaissance,* Paris, Gallimard, 1970.
- Barbelane, Nicolas, *Les Canards surnaturels, 1598-1630*, mémoire de maîtrise inédit, sous la direction de Robert Muchembled, université de Paris-Nord, 2000.
- Barthes, Roland, *Système de la mode,* Paris, Seuil, 1967.
- Barwich, Anne-Sophie, «What Is So Special about Smell ? Olfaction as a Model System in Neurobiology», *Postgraduate Medical Journal*, novembre 2015, http://dx.doi.org/10.1136/ postgradmedj-2015-133249
- Baulant, Micheline, «Prix et salaires à Paris au xvie siècle. Sources et résultats», *Annales ESC,* t. 31, 1976, p.

954-995.

- Berriot-Salvadore, Évelyne, *Un corps, un destin. La femme dans la médecine de la Renaissance*, Paris, Champion, 1993.
- Bigard, Marc-André (professeur), Interview du 18 août 2011, reproduite dans «La chasse aux pets ? Mission impossible...», *L'Information santé au quotidien*, destinationsante.com (site visité le 30 janvier 2017).
- Biniek, Aurélie, *Odeurs et parfums aux xvie et xviie siècles*, mémoire de maîtrise inédit sous la direction de Robert Muchembled, université de Paris-Nord, 1998.
- Blanc-Mouchet, Jacqueline, avec la collab. de Martyne Perrot, *Odeurs, l'essence d'un sens*, Paris, Autrement, 1987.
- Bodiou, Lydie, Véronique Mehl (éd.), *Odeurs antiques*, Paris, Les Belles Lettres, 2011.
- Boillot, Francine, Marie-Christine Grasse, André Holley, *Olfaction et patrimoine : quelle transmission ?,* Aix-en-Provence, Édisud, 2004.
- Bologne, Jean-Claude, *Histoire de la pudeur*, Paris, Olivier Orban, 1986.
- Boudriot, Pierre-Denis, «Essai sur l'ordure en milieu urbain à l'époque préindustrielle. Boues, immondices et gadoue à Paris au xviiie siècle», *Histoire, économies et sociétés,* t. 5, 1985, p. 515-528.
- Bourke, John G., *Scatologic Rites of All Nations,* Washington (D.C.), W. H. Lowdermilk and C°, 1891.
- Bowen, Barbara C., *Humour and Humanism in the Renaissance*, Farnham, Ashgate, 2004.
- Briot, Eugénie, «Jean-Louis Fargeon, fournisseur de la cour de France : art et techniques d'un parfumeur du xviiie siècle», *Corps parés, corps parfumés*, dans *Artefact. Techniques, histoire et sciences humaines,* n° 1, Paris,

CNRS, 2013, p. 167-177.

- Brouardel, Paul, *La Mort et la mort subite*, Paris, J.-B. Baillière et fils, 1895.
- Bushdid, Caroline, Marcelo O. Magnasco, Leslie B. Vosshall, Andreas Keller, «Humans Can Discriminate More than 1 Trillion Olfactory Stimuli», *Science*, n° 343, 2014, p. 1370-1372.
- Cabré, Monique, Marina Sebbag, Vincent Vidal, *Femmes de papier. Une histoire du geste parfumé*, Toulouse, Milan, 1998.
- Camporesi, Piero, *Les Effluves du temps jadis*, Paris, Plon, 1995.
- Candau, Joël, *Mémoires et expériences olfactives. Anthropologie d'un savoir-faire sensoriel,* Paris, PUF, 2000.
- Castro Jason B., Arvind Ramanathan, Chakra S. Chennubhotla, «Categorical Dimensions of Human Odor Descriptor Space Revealed by Non-Negative Matrix Factorization», 18 septembre 2013, http://dx.doi.org/10.1371/journal.pone.0073289
- Classen, Constance, David Howes, Anthony Synnott, *Aroma. The Cultural History of Smell,* Londres, Routledge, 1994.
- Closson, Marianne, *L'Imaginaire démoniaque en France (15501650). Genèse de la littérature fantastique,* Genève, Droz, 2000.
- Clouzeau, Sylvie, *L'Art de paraître féminin au xviie siècle,* mémoire de DEA sous la direction de Robert Muchembled, université de Paris-Nord, 2002.
- Corbin, Alain, *Le Miasme et la Jonquille. L'odorat et l'imaginaire social, xviiie-xixe siècles,* Paris, Aubier-Montaigne, 1986.

- *Corps parés, corps parfumés*, dans *Artefact. Techniques, histoire et sciences humaines,* n° 1, Paris, CNRS, 2013.
- Coulmas, Corinna, *Métaphores des cinq sens dans l'imaginaire occidental,* vol. 3, *L'odorat*, Paris, Les Éditions La Métamorphose, s.d.
- Croix, Alain, *L'Âge d'or de la Bretagne, 1532-1675,* Rennes, Ouest France, 1993.
- Damasio, Antonio R., *Le Sentiment même de soi. Corps, émotion, conscience*, Paris, Odile Jacob, 1999 (éd. Poche, 2002).
- Dauphin, Cécile, Arlette Farge (dir.), *Séduction et sociétés. Approches historiques,* Paris, Seuil, 2001.
- Delaveau, Pierre, *Histoire et renouveau des plantes médicinales,* Paris, Albin Michel, 1982.
- «Les 10 catégories d'odeurs les plus répandues», *Le Huffington Post*, 20 septembre 2013, http://www.huffingtonpost.fr/2013/09/20/dix-categories-odeur-les-plus-repandues_n_3960728.html (site visité le 30 janvier 2017).
- Dobson, Mary, *Smelly Old History. Tudor Odours*, Oxford, Oxford UP, 1997 (destiné aux enfants).
- Donzel, Catherine, *Le Parfum*, Paris, Éditions du Chêne, 2000.
- Doty, Richard L., E. Leslie Cameron, «Sex Differences and Reproductive Hormone Influences on Human Odor Perception», *Physiology and Behavior*, vol. 97, 25 mai 2009, p. 213-228.
- Doucet, Sébastien, Robert Soussignan, Paul Sagot, Benoist Schaal, «The Secretion of Areolar (Montgomery's) Glands from Lactating Women Elicits Selective, Unconditional Responses in Neonates», 23 octobre 2009, http://dx.doi.org/10.1371/journal. pone.0007579
- Dulau, Robert, Jean-Robert Pitte (dir.), *Géographie des odeurs*, Paris, L'Harmattan, 1998.

- Duperey, Anny, *Essences et parfums* (textes choisis), Paris, Ramsay, 2004.
- Elias, Norbert, *La Civilisation des moeurs,* Paris, Calmann-Lévy, 1973 (1re éd. allemande, 1939).
- Erikson, Erik, *Enfance et société*, Neuchâtel, Delachaux et Niestlé, 1959 (1re éd. américaine, 1950).
- Falkenburg, Reindert L., «De duiven buiten beeld. Over duivelafwerende krachten en motieven in de beeldende kunst rond 1500», dans Gerard Rooijakkers, Lène Dresen-Coenders, Margreet Geerdes (éd.), *Duivelsbeelden : een cultuurhistorische speurtocht door de Lage Landen*, Barn, Ambo, 1994, p. 107-122.
- Faure, Paul, *Parfums et aromates de l'Antiquité,* Paris, Fayard, 1987.
- Febvre, Lucien, *Autour de l'*Heptaméron. *Amour sacré, amour profane*, Paris, Gallimard, 1944.
- Ferenczi, Sándor, *Thalassa. Psychanalyse des origines de la vie sexuelle*, Paris, Payot, 2002.
- Ferino-Pagden, Sylvia (éd.), *I cinque sensi nell'arte. Immagini del sentire*, Centro culturale «Città di Cremona» in San Maria della Pietà, Leonardo Arte, 1996.
- Finkel, Jori, «An Artist's Intentions (and Subjects) Exposed» [Isaac van Ostade], *The New York Times*, 23 décembre 2015, p. C2.
- Galopin, Augustin, *Le Parfum de la femme et le sens olfactif dans l'amour. Étude psycho-physiologique*, Paris, Dentu, 1886.
- Gay, Victor, Henri Stein, *Glossaire archéologique du Moyen Âge et de la Renaissance*, Paris, Société bibliographique, 1974, t. 2.
- Gerkin, Richard C., Jason B. Castro, «The Number of Olfactory Stimuli that Humans Can Discriminate Is Still Unknown», eLife Research article, Neuroscience, 7 juillet 2015, http://dx.doi.org/10.7554/eLife.08127

- Girard, P. S., «Recherches sur les établissements de bains publics à Paris depuis le ive siècle jusqu'à présent», *Annales d'hygiène publique et de médecine légale*, t. 7, 1re partie, 1832, p. 5-59.
- Godard de Donville, Louise, *Signification de la mode sous Louis XIII,* Aix-en-Provence, Édisud, 1978.
- Goffman, Erving, *La Mise en scène de la vie quotidienne*, Paris, Éditions de Minuit, 1973, 2 vol. (1re éd. américaine, 1959).
- Guerrand, Roger-Louis, *Les Lieux. Histoire des commodités*, Paris, La Découverte, 1997.
- Guerrand, Roger-Louis, «Prolégomènes à une géographie des flatulences», dans R. Dulau, J.-R. Pitte (dir.), *op. cit.*, p. 73-77.
- Hatt, Hanns, Regine Dee, *La Chimie de l'amour. Quand les sentiments ont une odeur*, Paris, CNRS Éditions, 2009.
- Herz, Rachel, *The Scent of Desire. Discovering Our Enigmatic Sense of Smell*, New York, William Morrow (Harper Collins), 2007.
- Holley, André, Éloge de l'odorat, Paris, Odile Jacob, 1999.
- «Hommes, parfums et dieux», *Le Courrier du musée de l'Homme*, n° 6, novembre 1980 (journal d'exposition).
- Kassel, Dominique, «La pharmacie au Grand Siècle. Image et rôle du pharmacien au travers de la littérature», IVe rencontres d'histoire de la médecine et des représentations médicales dans les sociétés anciennes, université de Reims-Champagne-Ardennes, Troyes, 20-21 janvier 2006, http://artetpatrimoinepharmaceutique.fr/Publications/p63/La-pharmacie-au-Grand-siecle-image-et-role-du-pharmacien-au-travers-de-la-litterature (site visité le 31 janvier 2017).

- Kauffeisen, L., «Au temps de la Marquise de Sévigné. L'eau d'émeraude, l'essence d'urine et l'eau de millefleurs», *Bulletin de la Société d'histoire de la pharmacie*, vol. 16, 1928, p. 162-165.
- Klein, H. Arthur, *Graphic Worlds of Peter Bruegel the Elder,* New York, Dover Publications, 1963.
- Laget, Mireille, «Les livrets de santé pour les pauvres aux xviie et xviiie siècles», *Histoire, économies et sociétés,* t. 4, 1984, p. 567-582.
- Laporte, Dominique, *Histoire de la merde*, Paris, Christian Bourgeois, 1978.
- Lardellier, Pascal (dir.), À fleur de peau. Corps, odeurs *et parfums*, Paris, Belin, 2003.
- Le Breton, David, *La Saveur du monde. Une anthropologie des sens*, Paris, Métailié, 2006.
- Le Guérer, Annick, *Les Pouvoirs de l'odeur*, Paris, François Bourin, 1998.
- Le Guérer, Annick, *Le Parfum, des origines à nos jours,* Paris, Odile Jacob, 2005.
- Leguay, Jean-Pierre, *La Rue au Moyen Âge*, Rennes, Ouest France, 1984.
- Leguay, Jean-Pierre, *La Pollution au Moyen Âge dans le royaume de France et dans les grands fiefs,* Paris, Gisserot, 1999.
- Leguay, Jean-Pierre, «La laideur de la rue polluée à la fin du Moyen Âge : "*Immondicités, fiens et bouillons*" accumulés sur les chaussées des villes du royaume de France et des grands fiefs au xve siècle», *Le Beau et le Laid au Moyen Âge*, Aix-en-Provence, Presses universitaires de Provence, 2000, p. 301-317.
- Liebel, Silvia, *Les Médées modernes. La cruauté féminine d'après les canards imprimés (1574-1651),* Rennes, PUR, 2013.
- Mandrou, Robert, *Introduction à la France moderne. Essai de psychologie historique, 1500-1640*, Paris, Albin

Michel, 1961; rééd. 1998.

- Matthews-Grieco, Sara, *Ange ou diablesse. La représentation de la femme au xvie siècle,* Paris, Flammarion, 1991.
- Meister, Markus, «On the Dimensionality of Odor Space», eLife Research article, Computational and systems biology, Neuroscience, 7 juillet 2015, http://dx.doi.org/10.7554/eLife.07865
- Menjot, Denis (dir.), *Les Soins de beauté au Moyen-Âge et début des Temps modernes*, actes du IIIe colloque international de Grasse, 26-28 avril 1985, Nice, université de Nice, 1987.
- Michaud, Louis-Gabriel, *Biographie universelle, ancienne et moderne*, nouvelle éd., Paris, A. Thoisnier Desplaces, 1852, t. 10.
- Muchembled, Robert, *L'Invention de l'homme moderne. Culture et sensibilités en France du xve au xviiie siècle*, Paris, Hachette, 1994.
- Muchembled, Robert, *La Société policée. Politique et politesse en France du xvie au xxe siècle,* Paris, Seuil, 1998.
- Muchembled, Robert, *Une histoire du Diable, xiie-xxe siècle*, Paris, Seuil, éd. Point, 2002.
- Muchembled, Robert, *Passions de femmes au temps de la reine Margot, 1553-1615*, Paris, Seuil, 2003.
- Muchembled, Robert, «Fils de Caïn, enfants de Médée : homicide et infanticide devant le parlement de Paris, 1575-1604», *Annales Histoire, Sciences sociales*, t. 62, 2007, p. 1063-1094.
- Muchembled, Robert, Hervé Bennezon, Marie-José Michel, *Histoire du grand Paris, de la Renaissance à la Révolution*, Paris, Perrin, 2009.

- Musset, Didier, Claudine Fabre-Vassas (dir.), *Odeurs et parfums,* Paris, Comité des travaux historiques et scientifiques, 1999.
- Nagnan-Le Meillour, Patricia, «Les phéromones : vertébrés et invertébrés», dans R. Salesse, R. Gervais (dir.), *op. cit.*, p. 39-46.
- Pérez, Stanis, «L'eau de fleur d'oranger à la cour de Louis XIV», dans *Corps parés, corps parfumés*, *op. cit.,* p. 107-125.
- Pérouse, Gabriel A., *Nouvelles françaises du xvie siècle. Images de la vie du temps,* Genève, Droz, 1977.
- Poiret, Nathalie, «Odeurs impures. Du corps humain à la Cité (Grenoble, xviiie-xixe siècle)», *Terrain,* n° 31, septembre 1998, p. 89-102.
- Renaud, Michel, *Pour une lecture du Moyen de parvenir de Béroalde de Verville*, 2e éd. rev., Paris, Champion, 1997.
- Roubin, Lucienne A., *Le Monde des odeurs. Dynamique et fonctions du champ odorant,* Paris, Méridiens Klincksieck et Cie, 1989.
- Roudnitska, Edmond, *Le Parfum,* Paris, PUF, 1990.
- Salesse, Roland, Rémi Gervais (dir.), *Odorat et goût. De la neurobiologie des sens chimiques aux applications*, Versailles, Éditions Quæ, 2012.
- Salmon, Xavier (dir.), *De soie et de poudre. Portraits de cour dans l'Europe des Lumières*, Arles, Actes Sud, 2004.
- Salzmann, «Masques portés par les médecins en temps de peste», Æsculape, n° 1, janvier 1932, p. 5-14.

- Saulnier, Verdun L., «Étude sur Béroalde de Verville. Introduction à la lecture du *Moyen de parvenir*», *Bibliothèque d'Humanisme et Renaissance,* t. 5, 1944, p. 209-326.
- Schivelbusch, Wolfgang, *Histoire des stimulants*, Paris, Le Promeneur, 1991.
- Secundo, Lavi, *et al.*, «Individual Olfactory Perception Reveals Meaningful Non Olfactory Genetic Information», *Proceedings of the National Academy of Sciences of the United States of America,* vol. 112, no 28, 14 juillet 2015, p. 8750-8755.
- Sennett, Richard, *Les Tyrannies de l'intimité,* Paris, Seuil, 1979.
- Soussignan, Robert, Fayez Kontar, Richard-E. Tremblay, «Variabilité et universaux au sein de l'espace perçu des odeurs : approches inter-culturelles de l'hédonisme affectif», dans R. Dulau, J.-R. Pitte (dir.), *op. cit.*, p. 25-48.
- Sulmont-Rossé, Claire, Isabel Urdapilletta, «De la mise en mots des odeurs», dans R. Salesse, R. Gervais (dir.), *op. cit.*, p. 373-379.
- Süskind, Patrick, *Le Parfum*, Paris, Fayard, 1985.
- Syme, Rachel, «Do I smell a bat ? Oh, it's you», *The New York Times*, 27 octobre 2016, p. D5.
- Tran Ba Huy, Patrice, «Odorat et histoire sociale», *Communications et langages,* vol. 126, 2000, p. 84-107.
- Viala, Alain, *Naissance de l'écrivain. Sociologie de la littérature à l'âge classique*, Paris, Éditions de Minuit, 1985.
- Vigarello, Georges, *Le Propre et le Sale. L'hygiène du corps depuis le Moyen Âge,* Paris, Seuil, 1985.
- *Vigée Le Brun*, catalogue d'exposition, éd. par Joseph Baillio, Katharine Baetjer, Paul Lang, New York, The Metropolitan Museum of Art, 2016.

- Winter, Ruth, *Le Livre des odeurs,* Paris, Seuil, 1978.
- Zoologist perfumes, https://www.zoologistperfumes.com/ (site visité le 24 janvier 2017).
- Zucco, Gesualdo M., Rachel S. Herz, Benoist Schaal (éd.), *Olfactory Cognition. From Perception and Memory to Environmental Odours and Neuroscience (Advances in Consciousness Research)*, Amsterdam-Philadelphie, John Benjamins Publishing C°, 2012.
- Zucco, Gesualdo M., Benoist Schaal, Mats Olsson, Ilona Croy, foreword by Richard J. Stevenson, *Applied Olfactory Cognition*, Frontiers Media S.A., Frontiers in Psychology, 2014, Ebook (site visité le 31 janvier 2017).

圖片來源

圖 1 Isaac van Ostade, Foire de village avec une église (detail), 1643. Royal Collection Trust / © Her Majesty Queen Elizabeth II, 2017.

圖 2 Isaac van Ostade, Foire de village avec une église, 1643. Royal Collection Trust / © Her Majesty Queen Elizabeth II, 2017.

圖 3 Isaac van Ostade, Paysans devant une ferme en train de découper un porc, 1641 (collection particuliere, USA). © The Norton Simon Foundation.

圖 4 Pierre Bruegel, dit l'Ancien (vers 1525-1569), Le Mercier pillé par les singes, 1562. Source Wikicommons.

圖 5 Les Cincq sens et pour le premier cest l'odorat. Recueil de figures de la Bible de Jean Mes (1590-1591), Folio 9. Gravure d'Adriaen Collaert (vers 1560-1618), d'apres Maarten De Vos (1532-1603). Bibliotheque Nationale de France.

圖 6 Gravure du neerlandais Crispin Van De Passe (vers 1564-1637).

圖 7 Gravure de Jan Pieterszoon Saenredam (1565-1607), d'apres Hendrik Goltzius (1558-1617), Odoratus, 1595.

圖 8 Allégorie des sens, attribuee a Angelo Caroselli (1585-1652), huile sur toile. Collection privee. Photo

© Christie's Images / Bridgeman Images.

圖9 L'Odorat (periode 1625-1627). Bibliotheque Nationale de France.

圖10 L'Odorat. Un amour présente une rose à une femme (vers 1662-1663). Gravure de Jeremias Falck (1609/1610-1677). Bibliotheque Nationale de France.

圖11 L'Odorat. Bibliotheque Nationale de France. Copie anonyme (inversee) d'une des plus celebres gravures d'Abraham Bosse (1602/1604-1676), realisee vers 1638.

圖12 Les mois de l'année.-L'Odorat.-Mars. Gravure de Jeremias Falck (1609/1610-1677). Ed. Le Blond (1640-1641). Bibliotheque Nationale de France.

圖13 Costume du médecin de peste à Rome. Gravure sur cuivre de Paul Furst, 1656. Source Wikicommons.

圖14 L'Odorat (1700). A Paris, chez J. Mariette, rue Saint-Jacques, aux Colonnes d'Hercule. Bibliotheque Nationale de France.

圖15 L'Odorat (vers 1695-1696). Une femme etendue sur un divan sentant une fleur. Bibliotheque Nationale de France.

圖16 Giuseppe Maria Crespi, dit l'Espagnol (1665-1747), Femme avec une rose et un chat (c. 1700-1710), huile sur toile. Pinacotheque Nationale de Bologne. Photo Mondadori Portfolio/Electa/Cesare Somaini – Bridgeman Images.

圖17 Coffret contenant quatre flacons a parfum et un entonnoir, fin xviie siecle (ivoire, or, diamant et soie; 7,5 x 6,4 x 4,1 cm). Photo Kunsthistorisches Museum-Museumsverband.

圖18 Bezoard oriental monte sur une structure en forme de chene avec un porc, vers 1700 (or et coquillage; 17,8 cm). Photo Kunsthistorisches Museum-Museumsverband.

圖19 Elisabeth-Louise Vigee-Le Brun (1755-1842), Portrait de Marie-Antoinette en robe de mousseline blanche, huile sur toile, 1783. Darmstadt, Schlosmuseum – Photo akg-images. Source Wikicommons.

圖20 Elisabeth-Louise Vigee-Le Brun (1755-1842), Marie-Antoinette et ses enfants, huile sur toile, 1787. Chateau de Versailles – Photo Bridgeman Images. Source Wikicommons.

圖21 Elisabeth-Louise Vigee-Le Brun (1755-1842), Portrait de Charles-Alexandre de Calonne, huile sur toile, 1784. Royal Collection Trust © Her Majesty Queen Elizabeth II, 2017 / Bridgeman Images.

圖22 Jean-Baptiste-Pierre Le Brun (1748-1813), Portrait par lui-même, huile sur toile, 1795. Photo Peter Horree / Alamy Stock Photo. Source Wikicommons.

圖23 Anonyme, «Habit de parfumeur», 1695. Source Wikicommons.

索引

書籍、電影、畫作

一至三畫

四畫

五畫

六畫

七畫

八畫

人名

五畫

六畫

七畫

八畫

九畫

十四畫

十五畫

十六畫以上

地名、建築

三畫

四畫

五畫

六畫

七畫

八畫

九畫

十畫

十一至十二畫

十三畫

十四畫

十五畫以上

其他

貓頭鷹書房 466

氣味文明史：
從惡魔的呼吸到愉悅的香氣，一段文藝復興起始的人類嗅覺開發史

作　　者　羅勃・穆尚布萊
譯　　者　邱瑞鑾
責任編輯　張瑞芳
編輯協力　李鳳珠
校　　對　魏秋綢
版面構成　張靜怡
封面設計　児日設計
行銷統籌　張瑞芳
行銷專員　段人涵
總 編 輯　謝宜英
出 版 者　貓頭鷹出版

發 行 人　涂玉雲
發　　行　英屬蓋曼群島商家庭傳媒股份有限公司城邦分公司
104 台北市中山區民生東路二段 141 號 11 樓
劃撥帳號：19863813；戶名：書虫股份有限公司
城邦讀書花園：www.cite.com.tw　購書服務信箱：service@readingclub.com.tw
購書服務專線：02-2500-7718~9（周一至周五上午 09:30-12:00；下午 13:30-17:00）
24 小時傳真專線：02-2500-1990~1
香港發行所　城邦（香港）出版集團／電話：852-2877-8606 ／傳真：852-2578-9337
馬新發行所　城邦（馬新）出版集團／電話：603-9056-3833 ／傳真：603-9057-6622
印 製 廠　中原造像股份有限公司
初　　版　2022 年 4 月
定　　價　新台幣 660 元／港幣 220 元（紙本平裝）
新台幣 462 元（電子書）
I S B N　978-986-262-539-2（紙本平裝）
978-986-262-540-8（電子書 EPUB）

讀者意見信箱　owl@cph.com.tw
投稿信箱　owl.book@gmail.com
貓頭鷹臉書　facebook.com/owlpublishing

國家圖書館出版品預行編目資料

氣味文明史：從惡魔的呼吸到愉悅的香氣，一段文藝復興起始的人類嗅覺開發史／羅勃・穆尚布萊著；邱瑞鑾譯. -- 初版. -- 臺北市：貓頭鷹出版：英屬蓋曼群島商家庭傳媒股份有限公司城邦分公司發行, 2022.04
面；　公分. --（貓頭鷹書房；466）
譯自：La civilisation des odeurs.
ISBN 978-986-262-539-2（平裝）

1. CST：嗅覺　2. CST：文明史
3. CST：歐洲

740.3　　111001963

SVPERBIA

SVPERBIA